AP* Spanish

Preparing for the Language Examination

Third Edition

José M. Díaz

Margarita Leicher-Prieto

Gilda Nissenberg

PEARSON

Prentice Hall

* Advanced Placement, Advanced Placement Program, and AP are registered trademarks of the College Board, which was not involved in the production of, and does not endorse, this product.

Source acknowledgements begin on page 293, which constitutes an extension of this copyright page.

ISBN 0-13-166094-2
1 2 3 5 6 7 8 9 10   10 09 08 07 06

Table of Contents

Consultants

Previous Editions:

Judith E. Liskin-Gasparro
Ángel Rubio
Raúl S. Rodríguez
Ana Goicoa Colbert
Marisol Maura

Third Edition:

María Elena Villalba, Foreign Language Department, Miami Palmetto Senior High School
Ann Mar, Alamo Heights High School, San Antonio, Texas
María Vázquez, World Languages Department, Millburn High School, Millburn, New Jersey

Preface

This third edition of *AP* Spanish: Preparing for the Language Examination* addresses the latest changes in the examination, which go into effect in May 2007. Because we do not have released examples of the free-response sections of an actual exam, we have relied on the sample tasks and released field tests. This information does not give a complete picture of the different types of tasks, but we have prepared a book that covers all of the new types of questions, and, in a few instances, we have included different variations on tasks to give students ample practice and a clearer vision of how the new tasks may be introduced in the future. In the short period of time we have had to prepare this edition, we have worked with a superb team of consultants and editorial professionals who have allowed us to write a very complete and improved third edition.

Rather than structure the text by sections of the exam (Section I: Multiple Choice and Section II: Free Response), we have grouped the sections by skill. The text is divided into four units —Listening, Reading, Writing, and Speaking. Within each unit, each part represents a section of the actual examination. As in the previous editions, the level of difficulty of some of the exercises goes beyond what is required on the actual examination. We have done this to make students comfortable when they finally take the examination. Teachers who have used previous editions find that the high level of difficulty of some exercises builds a stronger foundation, and when the time to take the AP* Examination arrives, students' preparation is such that they can take it with confidence.

This completely revised third edition:
- addresses the latest changes in the examination
- is accompanied by a teacher support website with the latest information from the College Board
- incorporates a wide variety of authentic sources in all the units
- includes expanded appendices with deceptive words and expressions for effective written and spoken communication
- describes exam formats and provides related strategies at the beginning of each unit

Since heritage speakers of Spanish and mixed classes are common, we have also included information in the *To the Teacher* section in which we address some of the special challenges resulting from these situations. Suggestions on how to deal with these types of classes are also provided. Needless to say, ours are just a few of many possible approaches. You must take into account your own particular needs, as there is no sure way to deal with each situation.

We have used the latest "Directions" for each section of the examination, so that when students get to the examination, they will not have to waste time reading the directions and can use the time instead to finish the tasks. We strongly recommend that you visit the College Board site regularly to obtain the latest updated instructions and scoring guidelines for each part of the examination.

The Audio Program that accompanies the book includes:
- authentic material from print media recorded as audio
- a wide range of voices with accents from different parts of the Spanish-speaking world
- time built in for students to respond (for most exercises)

The Teacher's Manual contains the scripts for the units and parts on listening comprehension, formal writing, formal speaking, and informal speaking. Answers to all exercises that are not open-ended are also included.

The Teacher Support Website provides up-to-date information on the AP* Exam. Teachers can go to the site to check for updates and to hear what colleagues have to say. Additional information about the Website, as well as the URL, is included in the Teacher's Manual.

Although this book is intended primarily for students preparing to take the AP* examination, teachers may use it in other advanced courses. The book offers practice with aspects of Spanish language learning from which any student can benefit by reinforcing the skills necessary for successful communication and understanding of texts. Thus, the book can be used as a complementary text in any advanced course.

The authors are grateful to the suggestions and comments we have received from teachers and students throughout the years. We have taken them into consideration while developing the book. We always welcome your comments. You may do so by writing to us in care of the publisher.

J.M.D.
M.L.P.
G.N.

Acknowledgements

When the time comes to acknowledge the people involved in the production of a textbook, the authors are always grateful for all the assistance they received from the publishing professionals involved in the project. They indeed need recognition, but in the case of this edition of *AP* Spanish: Preparing for the Language Examination*, the recognition goes beyond a simple but heartfelt thank you. We can truly say that this book would not have been published if it were not for the commitment and dedication of the team at Prentice Hall. Dealing with the "unknown" in terms of the information needed to develop the manuscript ruled the process. Many times we had to go back and change the text at the last minute as new information became available. The entire staff was very patient and understanding, and we are extremely grateful to all of them.

Cathy Wilson's vision and keen sense of teachers' and students' needs has been a great motivational factor for us. Her knowledge and understanding of the profession has guided us from the first day we embarked in this third edition.

Amy Baron has been both a supporter and an encourager. Her flexibility and understanding of our challenges and concerns have allowed us to revise the plans many times during the process. She was always there to give us what we needed —a new design, clerical support, additional artwork, and more. She did this without blinking an eye and always in a timely fashion.

We could not have asked for a better editor than Kris Swanson. In a way, Kris became the fourth author. She was always encouraging, she understood the issues we were facing, and she kept a very close eye on the enormous amount of details the book required. Her suggestions, flexibility, and camaraderie made us strive to accomplish the writing just because of the way in which she treated us.

Finally, a special thanks to Sharon Inglis and the entire Prentice Hall production team, who guided the manuscript through the production phase and allowed us to make as many last-minute changes as we needed to.

J.M.D.
M.L.P.
G.N.

UNIT I Listening Comprehension

Part A Short Dialogues
Part B Short Narratives
Part C Long Dialogues
Part D Long Narratives

The Listening Comprehension is the first section of the AP* exam. This section consists of two types of selections. First you will listen to a series of short dialogues and narratives that are between two to three minutes in length (Parts A and B). After each one of the short dialogues and narratives, you will hear the questions you are to answer. The four answer options are printed in your test booklet. The short dialogues and narratives are usually about everyday situations, conversational topics, or cultural information related to the Hispanic world and cultures.

The second part of this Unit (Parts C and D) consists of longer selections. These selections may be dialogues, interviews, narratives, or other kinds of longer passages, each of approximately five minutes duration. In contrast to the shorter selections, in these longer selections both the questions and the answer options are printed on the exam and are accessible to you as you listen.

Strategies

1. **Listen several times.** As you begin to practice for your test, it may be a good idea to listen to the selections more than once. Remember, the exam is timed, and only some questions in the short dialogues and narratives may be "replay" items. With a replay item, you will hear a question followed by a short portion of the message again.

2. **Follow a two-step process: before and while listening.** Practice for this section of the test can be described as a two-step process: before listening and while listening. As you become more proficient in the language and you enhance your listening comprehension skills, you will go through the process more quickly. This practice will improve your skills in two other sections of the AP* test: the formal oral presentation and the informal speaking (simulated conversation) sections.

   • **Before listening**
   —Listen to the title and any other information that may precede the dialogue or narrative and make predictions about what you are about to hear. Do you know anything about the theme? Start connecting thoughts to what you may already know about the subject.

- **While listening**
  —Be ready to determine the gist of what is being said. Remember you do not have to know every word to understand the passage. Do the people seem angry? Worried? Happy?
  —There may be sounds that will help you place the listening text in a specific context, such as traffic noise, crowd voices, laughter, etc.
  —Visualize as you listen: it will help you understand what you hear.
  —Focus on associations and connections (background knowledge) triggered by the dialogue, narrative, or interview.
  —Pay attention to details. Do the voices in the dialogues or interviews communicate a certain mood? Is a person trying to persuade, demand, complain, convey a message, etc.?
  —Derive meaning from the context. This will allow you to draw inferences. Do not focus on words you do not understand: it is not very productive, as it will prevent you from fully understanding what is being said.

3. **Read the answers first.** With the short dialogues and short narratives, scan the options for the answers. This will help you anticipate the possible questions you will be asked to answer. Keep in mind that some questions require that you make inferences or predictions based on the information you have heard.

4. **Decide when to make an "educated guess."** Remember that for each incorrect answer in the actual examination, you will be penalized one-third of a point. Guess only when you can eliminate at least one of the options and make an "educated" guess. Consider whether or not you want to take a chance.

5. **Listen to authentic spoken Spanish.** Try to listen to Spanish radio, television, and podcasts as much as possible. You may want to start with newscasts, since you may be familiar with the content being presented. Soap operas come from different parts of the Spanish-speaking world, so you must give yourself time to become accustomed to the different accents and certain regionalisms. You will hear different accents in the actual exam.

6. **Read the questions when available.** Remember that in the longer selections of Parts C and D, you have the opportunity to look at the questions as well as the options while you are listening. Time will be built in for you to read the questions. That way you will know what to pay attention to as you listen. The questions are usually in the same order as the information in the selection. Again, with practice, you will learn to work more efficiently. You must develop your own style. Some students do better when they concentrate on the selection; others find it easier to read the questions while they are listening. But, be careful; you may get bogged down by the questions and options and lose the thread of what you are hearing. Some students take notes, others do not. When looking at the options or the questions highlight or underline proper names. This will help you sort out the different people in the conversation or narrative.

7. **Focus and concentrate!** Finally, in these longer selections, students tend to lose interest or give up since they may not be used to selections of this length. Don't give up! If your mind wanders for a few seconds, concentrate again and keep listening.

Part A Short Dialogues

Directions: You will now listen to several selections. After each one, you will be asked some questions about what you have just heard. Select the best answer to each question from among the four choices printed in your test booklet and fill in the corresponding oval on the answer sheet.

Instrucciones: Ahora vas a escuchar varias selecciones. Después de cada una se te harán varias preguntas sobre lo que acabas de escuchar. Para cada pregunta elige la mejor respuesta de las cuatro opciones escritas en tu libreta de examen y rellena el óvalo correspondiente en la hoja de respuestas.

DIALOGUE NUMBER 1

1. (A) Porque le dan mareos
   (B) Porque le teme a las alturas
   (C) Porque tiene problemas físicos
   (D) Porque está muy cansado

2. (A) Que vayan despacio
   (B) Que regresen a casa
   (C) Que le saque unas fotos
   (D) Que recuerde el viaje

3. (A) Está enojada con su amigo.
   (B) Está cansada de subir las escaleras.
   (C) Está lista para llevar a casa a su amigo.
   (D) Está dispuesta a ayudar a su amigo.

4. (A) Visitar otras ruinas
   (B) Hacer planes para otro viaje
   (C) Continuar subiendo las ruinas
   (D) Esperar hasta el próximo día

DIALOGUE NUMBER 2

1. (A) Muy activo
   (B) Muy disciplinado
   (C) Muy estudioso
   (D) Muy tímido

2. (A) Molestar a los vecinos
   (B) Mantener limpio el apartamento
   (C) Cansarse demasiado
   (D) Discutir con los vecinos

3. (A) Que los vecinos se quejan
   (B) Que los vecinos andan de viaje
   (C) Que Pedrito juega con las maletas
   (D) Que Pedrito corre fuera del edificio

4. (A) No va a oír la risa de los vecinos.
   (B) Pedrito no va a correr más.
   (C) No va a oír los gritos de Susana.
   (D) Pedrito no va a jugar fuera de casa.

DIALOGUE NUMBER 3

1. (A) Que nunca recuerda sacar la basura
   (B) Que nunca acaba de leer los periódicos
   (C) Que no compra periódicos interesantes
   (D) Que no sabe lo que está pasando en el mundo

2. (A) Ignacio va a investigar la verdad.
   (B) Ignacio ya trabajará de periodista.
   (C) Ignacio va a instalar el Internet.
   (D) Ignacio ya sabrá lo que pasó.

3. (A) Leer los periódicos en línea
   (B) Practicar la lectura diariamente
   (C) Deshacerse de los periódicos
   (D) Contarle las noticias a Gilda

4. (A) Desprecia a los periodistas.
   (B) Le molestan los periódicos de Ignacio.
   (C) Le fastidian las noticias que lee Ignacio.
   (D) Detesta a Ignacio.

1. (A) No se lleva bien con su novia.
   (B) No quiso ir de vacaciones.
   (C) Echa de menos a su novia.
   (D) Le hace falta hablar con su novia.

2. (A) Porque ella es buena compañía
   (B) Porque él está en contacto con su novia
   (C) Porque su novia regresa en unos días
   (D) Porque hay otras chicas interesadas en él

3. (A) Mantenerse ocupado
   (B) Visitar a su novia
   (C) Salir con Ofelia
   (D) Aconsejar a su novia

4. (A) Espera que Gilberto regrese.
   (B) Trata de animar a Gilberto.
   (C) Le pide consejos a Gilberto.
   (D) Va a hablar con la novia de Gilberto.

1. (A) Porque espera una llamada
   (B) Porque quiere ver un partido
   (C) Porque va a salir con su esposa
   (D) Porque va de viaje por el fin de semana

2. (A) Recibir una llamada de él
   (B) Pasar tiempo con él
   (C) Trabajar los fines de semana
   (D) Asistir a los partidos de fútbol

3. (A) La amistad entre Gerardo y José
   (B) El interés de José por el fútbol
   (C) La buena relación entre el matrimonio
   (D) El respeto de Gerardo por los jugadores

4. (A) De poder trabajar con Gerardo por las noches
   (B) De poder seguir yendo a casa de Gerardo
   (C) De no perder el partido ese fin de semana
   (D) De no interferir en el matrimonio de Gerardo

1. (A) De los padres de Ana
   (B) De la fiesta de cumpleaños de Ana
   (C) De un regalo para Ana
   (D) Del cumpleaños de Alberto

2. (A) Tener un carro semejante al que tiene
   (B) Tener un carro del último modelo
   (C) Tener un carro completamente nuevo
   (D) Tener un carro que funcione como nuevo

3. (A) Un carro nuevo
   (B) Un carro económico
   (C) El carro de Ana
   (D) Un carro viejo

4. (A) Un pase para el transporte público
   (B) Un carro nuevo de último modelo
   (C) Un carro recientemente acondicionado
   (D) Un cheque para comprar un carro

1. (A) La acompaña a la tienda de alimentos.
   (B) La ayuda con las compras.
   (C) Discute los preparativos para la cena.
   (D) Limpia el refrigerador.

2. (A) Se equivocó de lista.
   (B) Se le olvidaron las naranjas.
   (C) Se cayó en la cocina.
   (D) Se le perdió una lista.

3. (A) De su madre
   (B) De su padre
   (C) De su hermana
   (D) De una compañera

4. (A) A la librería
   (B) A la escuela
   (C) De compras
   (D) De viaje

1. (A) Tranquila
   (B) Preocupada
   (C) Cansada
   (D) Indispuesta

2. (A) Piensa que es algo muy serio.
   (B) No quiere ayudar a Emilia.
   (C) Se siente muy preocupado.
   (D) Trata de calmar a Emilia.

3. (A) Se le olvidó hacerlo.
   (B) No le gusta ir a la lavandería.
   (C) Se le perdió el recibo.
   (D) No tuvo tiempo de hacerlo.

4. (A) Cocinar la carne
   (B) Comprar la carne
   (C) Descongelar la carne
   (D) Sazonar la carne

5. (A) Ser muy amable con la mamá
   (B) Mentirle a la mamá
   (C) Hacerle una buena cena a la mamá
   (D) Invitarlo a cenar en su casa

1. (A) Terminando la tarea de química
   (B) Escribiendo una composición
   (C) Leyendo *El Quijote*
   (D) Mirando una guía

2. (A) Que su hijo no se divierta
   (B) Que su hijo no asista a sus clases
   (C) Que su hijo no tenga amigos en la escuela
   (D) Que su hijo no saque buenas calificaciones

3. (A) Ver lo que él quiera
   (B) Leer *El Quijote* ese fin de semana
   (C) Terminar su tarea más tarde
   (D) Salir con sus amigos

4. (A) Que vale la pena mirarlo
   (B) Que no es recomendable
   (C) Que no es muy popular
   (D) Que empieza demasiado tarde

1. (A) Leer un libro
   (B) Comprar un cuaderno
   (C) Ver un documental
   (D) Copiar unos apuntes

2. (A) Ver una película
   (B) Leer el libro de Rosa
   (C) Ir a la librería con Rosa
   (D) Viajar el fin de semana

3. (A) No la mostraron ese fin de semana.
   (B) Era diferente al libro.
   (C) Era algo complicada.
   (D) No se la quisieron alquilar.

4. (A) De que algunos no habían cumplido con su deber
   (B) De que Rosa no era muy tolerante
   (C) De que Francisco no había aprendido nada
   (D) De que nadie había hecho la tarea

5. (A) Porque ha encontrado el libro que buscaba
   (B) Porque ha terminado de hacer su tarea
   (C) Porque ahora va a tener más tiempo para el trabajo
   (D) Porque ahora va a evitar un problema

1. (A) En una barbería
   (B) En una lavandería
   (C) En una tienda para niños
   (D) En una tienda para caballeros

2. (A) Porque no es la temporada apropiada
   (B) Porque no viene en sus colores favoritos
   (C) Por el estilo que le gusta
   (D) Por sus características físicas

3. (A) Van a acortarle las mangas al traje.
   (B) Van a ahorrarle mucho dinero al cliente.
   (C) Van a arreglarle lo que el cliente escoja.
   (D) Van a enviarle el traje cuanto antes.

4. (A) De tela ligera
   (B) De tonos claros
   (C) De corte elegante
   (D) De colores oscuros

5. (A) Perezosa
   (B) Eficiente
   (C) Indiferente
   (D) Graciosa

6. (A) Sabe hacer arreglos para trajes.
   (B) Debe adquirir más experiencia.
   (C) Logra convencer al cliente.
   (D) Debe rebajar la ropa de verano.

1. (A) Que Petra viva en la misma ciudad que él
   (B) Que Petra sólo coma vegetales
   (C) Que Petra le alquile su apartamento
   (D) Que Petra pueda tener un jardín

2. (A) Petra es vegetariana.
   (B) A Petra le gusta gastar poco dinero.
   (C) A Petra le gusta la comida saludable.
   (D) Petra es agricultora.

3. (A) Se relaja en el jardín.
   (B) Se acuesta en la terraza.
   (C) Alimenta a los pájaros.
   (D) Cocina los tomates.

4. (A) Unos árboles
   (B) Unas aves
   (C) Un espantapájaros
   (D) Un cubrecamas

5. (A) Infestadas de insectos
   (B) Destruidas por los pájaros
   (C) Aplastadas por el viento
   (D) Cubiertas de polvo

6. (A) Un cambio de planes
   (B) Pimientos en vez de tomates
   (C) Regalarle un espantapájaros
   (D) Una regadera para los tomates

1. (A) Del plano del basurero
   (B) De un informe sobre el café
   (C) Del final de una obra de Sergio
   (D) De una carta personal de Sergio

2. (A) Los puso en el escritorio.
   (B) Los tiró al cesto de los papeles.
   (C) Los guardó en una gaveta.
   (D) Los tiró a la basura.

3. (A) Porque estaban incompletos
   (B) Porque estaban manchados
   (C) Porque no los miraba nunca
   (D) Porque no los leía jamás

4. (A) Que le devuelva los papeles
   (B) Que vaya con él al café
   (C) Que le limpie el escritorio
   (D) Que suba al camión de la basura

5. (A) Porque ella duda encontrar lo que busca
   (B) Porque ella necesita que él la ayude
   (C) Porque ella ignora donde está la basura
   (D) Porque ella necesita salir por una horas

1. (A) Por el mal tiempo
   (B) Por la condición del coche
   (C) Por la escasez de la gasolina
   (D) Por el mal estado de la carretera

2. (A) Seguir conduciendo
   (B) Escuchar la radio
   (C) Interrumpir el viaje
   (D) Descansar un rato

3. (A) Que Felipe la ignora
   (B) Que Felipe le hace chistes
   (C) Que Felipe la consiente
   (D) Que Felipe le dice tonterías

4. (A) De negocios
   (B) De placer
   (C) De estudios
   (D) De compras

5. (A) Marta desea convencer a Felipe.
   (B) Marta quiere que su abuela vaya de compras.
   (C) Marta quiere que Felipe pase tiempo con los abuelos.
   (D) Marta desea complacer a Felipe.

6. (A) Ver televisión
   (B) Ir a un museo
   (C) Ir de compras
   (D) Ver a la abuela

1. (A) La situación de las viviendas hoy en día
   (B) La opinión de los padres
   (C) Las dificultades de encontrar una casa
   (D) Los anuncios de un periódico

2. (A) Irritada
   (B) Contenta
   (C) Satisfecha
   (D) Celosa

3. (A) Visitar a los padres de Claudia
   (B) Persuadir a Claudia
   (C) Asustar a Claudia
   (D) Leer la sección de deportes

4. (A) Porque prefiere las casas pequeñas
   (B) Porque encuentra defectos a todas las casas
   (C) Porque no quiere mudarse a otra casa
   (D) Porque no quiere vivir cerca de sus padres

5. (A) Es un esposo complaciente.
   (B) Parece un poco egoísta.
   (C) Es un esposo amoroso.
   (D) Parece un poco descuidado.

6. (A) El tamaño de la casa
   (B) La distancia hasta la casa
   (C) El costo de la casa
   (D) El vecindario de la casa

7. (A) Porque están muy cansados
   (B) Porque hace mal tiempo
   (C) Porque es muy tarde
   (D) Porque van a tener visita

── DIALOGUE NUMBER 16 ──

1. (A) Porque a ella le robaron el pasaporte
   (B) Porque ella no quiere ir a Tijuana
   (C) Porque a ella se le ha olvidado algo
   (D) Porque ella no trajo su mochila

2. (A) En la mochila
   (B) En el bolsillo
   (C) En la maleta
   (D) En el coche

3. (A) Saludar a sus primas
   (B) Recuperar su pasaporte
   (C) Llevar su equipaje
   (D) Visitar Tijuana

4. (A) Que vaya con él a resolver sus asuntos
   (B) Que le diga lo que ella quiere comprar
   (C) Que llame a sus primas por teléfono
   (D) Que trate de conseguirle una nueva mochila

5. (A) El padre de Cecilia es cruel.
   (B) Cecilia aprende a conducir.
   (C) Cecilia recibe una lección.
   (D) El padre de Cecilia la consiente.

── DIALOGUE NUMBER 17 ──

1. (A) En una tienda de equipaje
   (B) En un aeropuerto
   (C) En una oficina
   (D) En una tienda de ropa

2. (A) Su equipaje
   (B) Su pasaporte
   (C) Su dirección
   (D) Su correa

3. (A) Es desconsiderado
   (B) Es despistado
   (C) Está cansado
   (D) Está aburrido

4. (A) Que quizás dejó sus maletas en el hotel
   (B) Que le llevarán las maletas al hotel
   (C) Que ella lo visitará al día siguiente
   (D) Que el periodista tiene su ropa

5. (A) Tiene que ir a una reunión.
   (B) Tiene que hacerse una foto.
   (C) Tiene que visitar a su esposa.
   (D) Tiene que hacer sus maletas.

── DIALOGUE NUMBER 18 ──

1. (A) En una tienda
   (B) En una casa
   (C) En un coche
   (D) En una estación

2. (A) Porque quieren encontrar el coche más tarde
   (B) Porque hay muchos robos en las tiendas
   (C) Porque los estacionamientos son peligrosos
   (D) Porque hay demasiada gente en la calle

3. (A) Se le perdió el coche.
   (B) Encontró todas las tiendas cerradas.
   (C) Se confundió de coches.
   (D) No encontró el estacionamiento.

4. (A) Hasta que viniera la policía
   (B) Hasta que cerraran las tiendas
   (C) Hasta que llegara Julia
   (D) Hasta que trajeran el coche

5. (A) Sabe que Ricardo es olvidadizo.
   (B) Quiere ayudar a Ricardo con sus compras.
   (C) Sabe donde hay ventas especiales.
   (D) Quiere elegir donde poner el auto.

1. (A) La ambición de los jóvenes
   (B) La falta de buena comida
   (C) La raíz de los problemas de los jóvenes
   (D) La asistencia a los desafortunados

2. (A) Resolver el problema de la vivienda
   (B) Aprender a tocar un instrumento musical
   (C) Ayudar a Gonzalo a encontrar casa
   (D) Conseguir un trabajo de verano

3. (A) Porque ve la desigualdad en el mundo
   (B) Porque no tiene mucho tiempo para sí misma
   (C) Porque no sabe cocinar muy bien
   (D) Porque observa la falta de cooperación de los jóvenes

4. (A) Trabaja en un restaurante.
   (B) Coopera en una organización benéfica.
   (C) Asiste a la directiva en una casa para ancianos.
   (D) Es el gerente de una agencia sin fines de lucro.

5. (A) Que Georgina trabaje con él
   (B) Que Georgina vaya de compras
   (C) Que vayan a hablar en la cocina
   (D) Que vayan a comer algo

6. (A) Un poco triste
   (B) Más segura de sí misma
   (C) Con más esperanzas
   (D) Furiosa con Gonzalo

1. (A) A los gustos de los consumidores hispanos
   (B) Al nivel de educación de los hispanohablantes
   (C) A las costumbres culturales de los hispanos
   (D) A la importancia política de los hispanos

2. (A) En los sondeos de la nación
   (B) En el número de la población hispana
   (C) En el turismo de Latinoamérica
   (D) En los medios de comunicación

3. (A) Al aumento de la emigración hispana
   (B) Al desarrollo de la publicidad hispana
   (C) Al establecimiento de la programación hispana
   (D) Al aumento de la circulación de periódicos

4. (A) Los hispanos descartan las encuestas.
   (B) A los hispanos les apasiona la publicidad.
   (C) A los hispanos les encanta la prensa.
   (D) Los hispanos responden a la publicidad.

5. (A) Los consumidores norteamericanos
   (B) Las industrias de exportaciones a América Latina
   (C) Los periodistas hispanos de los Estados Unidos
   (D) Las industrias hispanas de los Estados Unidos

1. (A) Es un monumento muy típico.
   (B) Es un lugar poco común.
   (C) Es un templo espiritual.
   (D) Es un edificio moderno.

2. (A) Representa un elegante estilo de vida.
   (B) Es el refugio de unos inmigrantes.
   (C) Recibe a invitados importantes.
   (D) Es el testimonio de una cultura.

3. (A) Allí ocurrían eventos memorables.
   (B) Guardaba las memorias de una guerra.
   (C) Allí vivió el presidente Porfirio Díaz.
   (D) Incluía una biblioteca.

4. (A) Huían de la Inquisición.
   (B) Tenían miedo de la guerra.
   (C) Esperaban vivir en un palacio mexicano.
   (D) Iban atraídos por el gobierno mexicano.

5. (A) Para educar a los niños inmigrantes
   (B) Para recibir a los recién llegados
   (C) Para reuniones políticas
   (D) Para exposiciones fotográficas

6. (A) A su presidente
   (B) A una guía mexicana
   (C) A su pareja
   (D) A unos jóvenes conversos

7. (A) Orgullo
   (B) Desprecio
   (C) Tolerancia
   (D) Envidia

1. (A) Celebrar la independencia de Argentina
   (B) Destacar las atracciones de una ciudad
   (C) Vender los billetes a una población
   (D) Desarrollar el turismo de una zona

2. (A) Una palabra francesa
   (B) Una costumbre española
   (C) Una frase quechua
   (D) Una tradición argentina

3. (A) Para demostrar su conocimiento
   (B) Para explicar su significado
   (C) Para subrayar las costumbres coloniales
   (D) Para elogiar la cultura colonial española

4. (A) Por el color del edificio
   (B) Por la antigüedad
   (C) Porque está en la Plaza 9 de julio
   (D) Porque está en el centro colonial

5. (A) A la celebración de un evento
   (B) Al contraste de dos épocas
   (C) Al ruido de una fuente
   (D) A la ceremonia de una boda

6. (A) Desagrado
   (B) Satisfacción
   (C) Indiferencia
   (D) Alegría

7. (A) A una mina de plata
   (B) A la base de un safari
   (C) A la montaña
   (D) A la catedral

8. (A) Una película para los mineros
   (B) Una alternativa para los turistas
   (C) Un viaje a las nubes en un tren moderno
   (D) Un paseo a la fuente de la catedral

1. (A) Divertirse con la sátira
   (B) Entrenar a los deportistas
   (C) Combatir el desempleo
   (D) Animar a los políticos

2. (A) Una clase de combustible
   (B) Un tipo de estatua
   (C) Un modelo de asociación
   (D) Una categoría de artista

3. (A) Los turistas
   (B) Los niños
   (C) Los gremios
   (D) Los artistas

4. (A) Sube el precio del combustible.
   (B) Asciende el número de turistas.
   (C) Crece el tamaño de la fiesta.
   (D) Aumenta la cotización del euro.

5. (A) No deben destruir las figuras.
   (B) Son demasiado críticas.
   (C) Son excesivamente peligrosas.
   (D) No deben hacer llorar a los niños.

6. (A) No entienden el sentido de las Fallas.
   (B) Son muy ahorrativos.
   (C) Temen al fuego.
   (D) No tienen sentido de la lógica.

7. (A) Subirá el precio de la entrada.
   (B) La fiesta animará a los políticos.
   (C) El espectáculo será más peligroso.
   (D) Aumentará el número de monumentos.

Part B Short Narratives

--------------------------- NARRATIVE NUMBER 1 ---------------------------

1. (A) El fin de la influencia árabe
   (B) La riqueza de Andalucía
   (C) El descubrimiento de América
   (D) La receta de los romanos

2. (A) Conejo
   (B) Confusión
   (C) Verdura
   (D) Importación

3. (A) Se acompaña con vinos y frutas.
   (B) Se sirve con una base de crema espesa.
   (C) Se prepara con aceite y tomate.
   (D) Se cocina con un hueso de jamón.

4. (A) Es una receta similar a la de Andalucía.
   (B) Tiene la influencia clara de la Costa del Sol.
   (C) Es un plato de diferentes tipos de carne.
   (D) Incluye el huevo duro y el jamón.

5. (A) Se prepara sin agua.
   (B) Se le añade un trozo de perdiz.
   (C) Se le añade un pedazo de conejo.
   (D) Se prepara sin jamón.

6. (A) Aumenta la energía.
   (B) Ayuda a mantener la línea.
   (C) Contribuye a conciliar el sueño.
   (D) Sostiene la concentración mental.

--------------------------- NARRATIVE NUMBER 2 ---------------------------

1. (A) Alocada
   (B) Inconforme
   (C) Coqueta
   (D) Romántica

2. (A) Transformar las tiras cómicas
   (B) Competir con Charlie Brown
   (C) Defender a los oprimidos
   (D) Proteger a los niños

3. (A) El creador de la tira Mafalda
   (B) El padre biológico de Mafalda
   (C) Un empleado del Palacio de Hielo
   (D) Un profesor de la Escuela de Bellas Artes

4. (A) Porque no podía pagar la matrícula
   (B) Porque se mudó a la Argentina
   (C) Porque no tenía vocación por el arte
   (D) Porque quería dibujar historietas

5. (A) La publicación de un nuevo libro
   (B) El cumpleaños de Mafalda
   (C) El matrimonio de Quino
   (D) La última historieta de Mafalda

6. (A) El público paga mucho por los libros.
   (B) Se publica en varios idiomas.
   (C) Se estudia en muchas escuelas.
   (D) La aprecian mucho los coleccionistas.

7. (A) Quino hace olvidar los problemas.
   (B) Mafalda se dedica a la fisioterapia.
   (C) Mafalda provoca comentarios inoportunos.
   (D) Quino puede ganar el Premio Nóbel.

1. (A) Los sistemas de cultivos agrícolas
   (B) La habilidad para la transportación
   (C) Los logros arquitectónicos
   (D) La habilidad para las matemáticas

2. (A) No tenían caballos.
   (B) No tenemos evidencia de tráfico rodado.
   (C) Usaban juguetes como modelos para vehículos.
   (D) Necesitaban mejorar las carreteras.

3. (A) Juguetes con ruedas
   (B) Canastas grandes
   (C) Evidencia de restaurantes
   (D) Carros con ruedas

4. (A) Carretillas con canastas
   (B) Cargadores con cestas
   (C) Burros con cintas en la frente
   (D) Medios de transporte sofisticados

5. (A) En las selvas
   (B) En las ciudades
   (C) En el fondo de los lagos
   (D) Al lado de los ríos

6. (A) Era la antigua capital de los mayas.
   (B) Es el museo de artefactos mayas de Yucatán.
   (C) Era un punto estratégico para el comercio maya.
   (D) Es un símbolo de la decadencia de la civilización maya.

1. (A) Por ser un autor muy renombrado
   (B) Por ser la gran figura del cine mexicano
   (C) Por ser miembro de la Real Academia Española
   (D) Por ser el torero más popular

2. (A) Que era de una familia poderosa de México
   (B) Que no pudo regresar a México
   (C) Que empezó a trabajar cuando era muy joven
   (D) Que no tenía muchos hermanos

3. (A) Ilegales
   (B) Aburridas
   (C) Humildes
   (D) Intelectuales

4. (A) En imitar a los actores famosos de su época
   (B) En ser ventrílocuo
   (C) En hacer siempre el papel de torero
   (D) En hablar sin comunicar algo concreto

5. (A) Criticaba a la sociedad.
   (B) Era idealista.
   (C) Era versátil.
   (D) Creaba palabras nuevas.

1. (A) Está en una barriada europea.
   (B) Tiene una playa famosa.
   (C) Está en un barrio céntrico.
   (D) Tiene un centro de artesanía.

2. (A) Hacer objetos de cerámica
   (B) Ir de compras
   (C) Beber café
   (D) Hacer un experimento químico

3. (A) Un gerente
   (B) Un turista
   (C) Un artista
   (D) Un camarero

4. (A) Un método fotoquímico
   (B) Un procedimiento para recoger café
   (C) Un sistema agrícola
   (D) Un símbolo para productos nacionales

5. (A) Porque usa el café para escribir
   (B) Porque ha hecho que los europeos prefieran el café
   (C) Porque usa el café para procesar fotos
   (D) Porque ha hecho que aumente la popularidad del café

6. (A) Una reproducción de cerámica local
   (B) Una oportunidad única para revelar fotos
   (C) Una ocasión ideal para ahorrar dinero
   (D) Una obra auténtica costarricense

1. (A) Elogiar la riqueza cultural de Brasil
   (B) Anunciar la inauguración de un museo
   (C) Comunicar el impacto de una rueda de prensa
   (D) Destacar la capacidad de un artista

2. (A) Argentina
   (B) Brasileña
   (C) Española
   (D) Francesa

3. (A) Por sus esculturas
   (B) Por sus conferencias
   (C) Por su obra literaria
   (D) Por su preocupación social

4. (A) Porque ha durado más de quince años
   (B) Porque ayudará a la economía brasileña
   (C) Porque es la primera vez que ocurre en un museo
   (D) Porque es la primera vez que ocurre en Latinoamérica

5. (A) Celebró su cumpleaños.
   (B) Se reunió con sus críticos.
   (C) Ofreció una conferencia.
   (D) Estudió pintura brasileña.

6. (A) Clásico
   (B) Polifacético
   (C) Descontento
   (D) Hipócrita

1. (A) Aumentar la devoción a la patrona de México
   (B) Escribir crónicas religiosas de las Américas
   (C) Explicar costumbres de Hispanoamérica
   (D) Criticar la actitud de los devotos hispanoamericanos

2. (A) A través de unos poemas
   (B) A través de unas leyendas
   (C) A través de unos cuadros
   (D) A través de unas estatuas

3. (A) Se duda de la veracidad de los hechos.
   (B) Se desconfía de los que viajan solos.
   (C) Se desconoce el origen de la santa.
   (D) Se rechaza la teoría de las leyendas.

4. (A) Ocurren ante un grupo numeroso de personas.
   (B) La aparición asusta a los testigos.
   (C) Ocurren en lugares apartados.
   (D) La imagen proclama una celebración.

5. (A) Que les construyan un templo
   (B) Que vayan a rezarles inmediatamente
   (C) Que caminen de rodillas
   (D) Que les hagan una estatua

6. (A) Puede suceder una desgracia.
   (B) Cesan las dificultades.
   (C) Puede ocurrir una tormenta.
   (D) Cesan las apariciones.

7. (A) Cobardes
   (B) Decididas
   (C) Devotas
   (D) Humildes

1. (A) Denunciar una costumbre morbosa
   (B) Anunciar la llegada de El Día de los Muertos
   (C) Criticar las costumbres religiosas
   (D) Aclarar un concepto equivocado

2. (A) La religiosidad de los festejantes
   (B) La alegría de la celebración
   (C) La morbosidad de la celebración
   (D) La participación de los sacerdotes

3. (A) Es la fiesta principal del año
   (B) Es el día de los deportes
   (C) Es el día de la penitencia
   (D) Es la fiesta de la independencia nacional

4. (A) En las iglesias
   (B) En los cementerios
   (C) En los mercados
   (D) En las escuelas

5. (A) Flores y velas
   (B) Cohetes y piñatas
   (C) Incienso y comida
   (D) Fotos y decoraciones

6. (A) El desarrollo comercial del pueblo
   (B) El mito de la conquista
   (C) La fusión de dos tradiciones
   (D) La desvalorización de una cultura

1. (A) Cómo llegar a ser famoso
   (B) Cómo apreciar la música
   (C) Cómo superar la adversidad
   (D) Cómo ganar en los Juegos Olímpicos

2. (A) Un político barcelonés
   (B) Un gran artista español
   (C) Un productor de discos
   (D) Un autor de óperas

3. (A) Imitaba a un cantante famoso.
   (B) Se interesaba mucho por la política.
   (C) Viajaba mucho entre Argentina y España.
   (D) Cantaba en un grupo de rock.

4. (A) Prefiere sólo la música clásica.
   (B) Le gusta sólo la música americana.
   (C) Prefiere sólo la música española.
   (D) Le gusta sólo la buena música.

5. (A) Porque su hijo la padece
   (B) Porque tiene amigos con esa enfermedad
   (C) Porque él padeció esa enfermedad
   (D) Porque sus padres murieron de la enfermedad

6. (A) Al progreso de la ciencia médica
   (B) Al éxito de su carrera profesional
   (C) Al estado físico en que se mantenía
   (D) Al apoyo de amigos y familiares

7. (A) Promover el estudio de la ópera en España
   (B) Ayudar a encontrar la cura para la leucemia
   (C) Establecer nuevos hospitales alrededor del mundo
   (D) Proclamar la importancia de la música española

1. (A) Una vieja tradición
   (B) El origen del té
   (C) Una cualidad guaraní
   (D) El valor del mate

2. (A) Para hacer una infusión
   (B) Para nutrir a los animales
   (C) Para hacer bebidas alcohólicas
   (D) Para honrar a los indígenas

3. (A) Es demoníaca.
   (B) Es estomacal.
   (C) Es sedante.
   (D) Es despreciable.

4. (A) Canceló las ceremonias religiosas.
   (B) Envenenó a muchos españoles.
   (C) Echó a los indígenas de la ciudad.
   (D) Prohibió el consumo de yerba mate.

5. (A) Trabajaban demasiado.
   (B) Se quejaban constantemente.
   (C) Se convirtieron en adictos.
   (D) Sufrieron grandes enfermedades.

6. (A) Destruyeron la yerba mate.
   (B) Celebraron ceremonias satánicas.
   (C) Repartieron el mate que habían recogido.
   (D) Asesinaron a muchos indígenas.

7. (A) Eliminaron el cultivo de la yerba mate.
   (B) Restablecieron una costumbre.
   (C) La sanción impidió el desarrollo de la yerba.
   (D) Rehabilitaron a los españoles.

1. (A) Sus creaciones artísticas
   (B) Su habilidad como navegantes
   (C) Sus creencias religiosas
   (D) Su habilidad para cazar tesoros

2. (A) Una ciudad
   (B) Un templo
   (C) Una mina
   (D) Un barco

3. (A) Eran extravagantes.
   (B) Eran venerables.
   (C) Eran indiscretos.
   (D) Eran prudentes.

4. (A) La destrucción de una civilización
   (B) El amor por la conquista de los mares
   (C) El poder económico de los reyes
   (D) La mezcla de las dos culturas

5. (A) Vale lo que pesa.
   (B) Está hecho en Potosí.
   (C) Es una joya peruana.
   (D) Su valor es incalculable.

6. (A) Un cazatesoros de los incas
   (B) Un barco cargado de tesoros
   (C) Una mina importante del Perú
   (D) Una empresa de exportación

7. (A) Que la flota de la plata era perseguida siempre por piratas
   (B) Que hay inmensas fortunas escondidas en el mar
   (C) Que el tesoro de los incas iba a dar siempre al fondo del mar
   (D) Que hay viejos galeones equipados con cazatesoros

1. (A) Cómo conservar una lengua
   (B) La desaparición de una lengua
   (C) La conclusión de una conferencia
   (D) Cómo conservar objetos antiguos

2. (A) Lo estudian las mujeres chinas.
   (B) Lo hablan en Pekín.
   (C) Es una lengua oficial en China.
   (D) Es una lengua extinguida.

3. (A) Hablaba varios dialectos.
   (B) No podía escribir en chino.
   (C) No podía recordar el nushu.
   (D) Hablaba un dialecto popular.

4. (A) A través de objetos de uso personal
   (B) Por medio de papel de arroz
   (C) Por medio de periódicos
   (D) A través de señales con las manos

5. (A) La destrucción de los mensajes
   (B) La enseñanza en las escuelas
   (C) Usarlo cada tres días
   (D) Usar pocas palabras

6. (A) Traduciendo los mensajes al nushu
   (B) Entrevistando a quienes hablan nushu
   (C) Leyendo la palma de la mano
   (D) Estudiando el legado de una mujer china

7. (A) No discrimina a las mujeres.
   (B) Es muy tradicionalista.
   (C) Desdeña las tradiciones antiguas.
   (D) No le rinde tributo a Yang Hanui.

1 (A) Cada siglo
   (B) A finales del año
   (C) Todos los años
   (D) Cada mes

2. (A) Los holandeses
   (B) Los miembros de cooperativas
   (C) Los que comercian con plantas
   (D) Los pintores

3. (A) Para exhibir plantas hermosas
   (B) Para vender productos locales
   (C) Para promover productos holandeses
   (D) Para impulsar la industria turística en la zona

4. (A) Para ayudar a agricultores del lugar
   (B) Para crear una cooperativa en Holanda
   (C) Para inaugurar la carretera 340
   (D) Para entrenar a horticultores sudamericanos

5. (A) Un bello cuadro de Van Gogh
   (B) El cartel de la carretera 340
   (C) Una próspera cooperativa de vacas
   (D) El paisaje de los cultivos

6. (A) Pintaría un cuadro de Holambra.
   (B) Sentiría nostalgia por Holambra.
   (C) Entendería mejor a Holambra.
   (D) Compraría unas flores en Holambra.

7. (A) Implica agradecimiento.
   (B) Glorifica el comercio.
   (C) Rinde tributo a la horticultura.
   (D) Simboliza la floricultura

1. (A) De Colombia
   (B) De Etiopía
   (C) De Arabia
   (D) De Holanda

2. (A) En el resto del mundo
   (B) En los países europeos
   (C) En la China
   (D) En el Vaticano

3. (A) Que bebieran café en Londres
   (B) La popularidad del café en las Américas
   (C) La prohibición del café a los cristianos
   (D) Que los italianos abusaran del café

4. (A) El lugar donde se servía el mejor café
   (B) El establecimiento que sirvió primero el café
   (C) El lugar donde se consume más café
   (D) El establecimiento donde se prohibió el café

5. (A) Favorable
   (B) Crítica
   (C) Indiferente
   (D) Neutral

6. (A) Seguirá ganando consumidores.
   (B) Aumentará el volumen de sus exportaciones.
   (C) Será considerada como una bebida nutritiva.
   (D) Aumentarán las diferentes maneras de beberlo.

Part C Long Dialogues

DIALOGUE NUMBER 1

1. ¿Dónde tiene lugar esta conversación?
   (A) En un sala de conciertos
   (B) En una estación de radio
   (C) En un festejo de pueblo
   (D) En una casa particular

2. ¿Qué quiere saber Miguel sobre doña Lola?
   (A) Si ella sabe cantar
   (B) Si ella sabe tocar la guitarra
   (C) Si ella es músico profesional
   (D) Si ella escribió la canción

3. Según doña Lola, ¿quién escribió "Las lavanderas"?
   (A) Un compositor famoso
   (B) Una amiga de doña Lola
   (C) Doña Lola cuando era joven
   (D) La patrona de doña Lola

4. ¿Qué dice doña Lola sobre su educación?
   (A) Que es analfabeta
   (B) Que estudió música por unos años
   (C) Que su patrona le enseñó todo lo que sabe
   (D) Que ella misma se educó

5. ¿Qué piensa doña Lola sobre Miguel?
   (A) Que él no puede componer una canción
   (B) Que él no sabe gozar de la celebración
   (C) Que él no sabe mucho sobre la ocupación de las lavanderas
   (D) Que él no tiene mucha experiencia en su propia ocupación

6. ¿Por que había trabajado doña Lola de lavandera?
   (A) Porque era la única manera que podía cantar
   (B) Porque necesitaba ayudar con el mantenimiento de su familia
   (C) Porque quería recibir una buena educación
   (D) Porque era uno de los oficios que pagaban bien

7. ¿Qué instigó a doña Lola para componer su canción?
   (A) La familia
   (B) La naturaleza
   (C) Su afición a la música
   (D) Su ambición artística

1. ¿En qué está interesado el señor Vargas?
   (A) En la familia de doña Flor
   (B) En los festivales del pueblo
   (C) En la economía del pueblo
   (D) En el negocio de doña Flor

2. De acuerdo a doña Flor, ¿qué impulsó a las mujeres a formar la empresa?
   (A) Mejorar la vida de la familia
   (B) Competir con otras empresas
   (C) Darle fama al pueblo
   (D) Entretenerse durante el día

3. ¿Cuáles son las reglas que gobiernan el negocio?
   (A) Doña Flor es la directora perpetua.
   (B) Eligen una directora cada tres meses.
   (C) La que más produce es la directora.
   (D) Todas tienen la misma voz en todo.

4. ¿Dónde trabaja el grupo de mujeres?
   (A) Tienen un centro de trabajo.
   (B) Cada una independientemente
   (C) Alternan de casa en casa.
   (D) En casa de doña Flor

5. ¿Por qué dice doña Flor que les fue fácil organizarse?
   (A) Porque ella es muy buena organizadora
   (B) Porque para todas es una tarea conocida
   (C) Porque tienen mucho tiempo libre
   (D) Porque podían trabajar juntas en un centro

6. Según la selección, ¿qué inspiró al grupo a organizar el negocio?
   (A) Los turistas que visitaban el pueblo
   (B) El número de comercios ya establecidos
   (C) La necesidad de tener alguna diversión
   (D) La falta de ropa de buena calidad

7. ¿Qué dice doña Flor sobre los diseños de las prendas de vestir?
   (A) Son difíciles de describir.
   (B) Cada uno es único.
   (C) Llevan mucho tiempo en desarrollar.
   (D) Están basados en la última moda internacional.

1. ¿Qué contribuyó a que el Sr. Hurtado comenzara su negocio?
   (A) Que no tenía hijos
   (B) Que no tuvo muchos juguetes
   (C) Que los Reyes Magos eran sus ídolos
   (D) Que le gustaban las fiestas religiosas

2. Según el Sr. Hurtado, ¿cómo eran los juguetes que él recibía?
   (A) Sencillos
   (B) Frágiles
   (C) Aburridos
   (D) Enormes

3. ¿Cómo son los juguetes típicos de hoy día de acuerdo con el Sr. Hurtado?
   (A) No requieren usar mucho la mente.
   (B) No satisfacen las necesidades de los niños.
   (C) Tienen demasiados botones.
   (D) Afectan la inteligencia negativamente.

4. ¿Qué se puede apreciar en los juguetes que fabrica la compañía del Sr. Hurtado?
   (A) Los últimos avances electrónicos
   (B) Las influencias de los símbolos religiosos
   (C) Rasgos culturales hispanos
   (D) Símbolos patrióticos norteamericanos

5. ¿En qué actividades están involucrados los empleados de la fábrica?
   (A) En trabajar en centros comunitarios
   (B) En enviar juguetes a su país de origen
   (C) En distribuir juguetes a los necesitados
   (D) En adoptar a niños sin familia

6. ¿Qué prometió el Sr. Hurtado antes de comenzar su negocio?
   (A) Contribuir a la comunidad
   (B) Enseñar su negocio a otros
   (C) Regresar a su país
   (D) Llevar su negocio a otros países

7. Según el Sr. Hurtado, ¿qué es lo más importante para una persona que quiere comenzar un negocio?
   (A) Pronosticar los posibles problemas
   (B) Estudiar el mercado cuidadosamente
   (C) Juntarse con otros comerciantes
   (D) Tener fe en sus ideas

1. ¿Cuál es el tema del libro que escribió Danila Cocuyame?
   (A) La dominación de la mujer
   (B) Los logros de las mujeres en la política
   (C) Los esfuerzos de la mujer en el campo
   (D) La emancipación de la mujer

2. Según la selección, ¿a qué se debe el cambio que ha ocurrido últimamente?
   (A) A una preparación más sólida
   (B) A las nuevas leyes
   (C) A la falta de buenos trabajos
   (D) A los esfuerzos de los hombres

3. ¿Qué contribuyó al éxito de Nina Pacari en Ecuador?
   (A) La ayuda que recibió de sus hijos
   (B) El ánimo que le dio su padre
   (C) La experiencia política de su familia
   (D) Las conexiones que tenía en el gobierno

4. ¿Qué logra romper Nina Pacari?
   (A) Los "prejuicios" en contra de las lenguas indígenas
   (B) La carencia de oportunidades educacionales para las mujeres
   (C) La prohibición de aceptar mujeres en el ejército
   (D) La falta de reconocimiento por ser mujer e indígena

5. ¿Quién es Lourdes Flores?
   (A) Una líder de jóvenes peruanos
   (B) La esposa del Presidente de Perú
   (C) Una candidata a la presidencia de Perú
   (D) La representante de las etnias indígenas peruanas

6. Según Danila Cocuyame, ¿qué es importante además de ser "primera"?
   (A) Recordar sus antepasados constantemente
   (B) Animar el apoyo de los hombres
   (C) Hacer que los logros sean duraderos
   (D) Reclutar a otras personas de la comunidad

7. ¿Qué quiere decir la Sra. Cocuyame cuando dice: "Se dice que se exige menos de los hombres, y que a las mujeres les dan menos margen para el error."?
   (A) Que la mujer tiene un reto mayor
   (B) Que el hombre no le permite progresar a la mujer
   (C) Que la mujer tiene menos posibilidades de cometer errores
   (D) Que el hombre es demasiado exigente

8. ¿Qué parece insinuar la Sra. Cocuyame cuando dice: "Sí, pero me parece de mal gusto. Parece implicar un grupo de señoras que sirve a un hombre. ¡Bromas machistas!"?
   (A) Que no hay lugar para chistes en la política
   (B) Que las esposas de los presidentes no son independientes
   (C) Que no hay nada malo en servir a un hombre
   (D) Que los hombres nunca podrán dejar de ser machistas

9. ¿Qué idea comunicó la Dra. Bachelet durante su campaña para la presidencia?
   (A) La igualdad de los sexos cuando formara su gabinete
   (B) El comienzo de nuevas leyes beneficiando a la mujer
   (C) La eliminación de cámaras separadas para los hombres
   (D) El reconocimiento de los esfuerzos de los indígenas

1. ¿En qué está basado el origen de los juegos vascos?
   (A) En la necesidad de conmemorar las leyendas
   (B) En la falta de distracciones en las áreas rurales
   (C) En la popularidad de otros eventos deportivos
   (D) En los trabajos de los campesinos

2. En las leyendas vascas, ¿qué demostraban sus héroes?
   (A) Su gran inteligencia
   (B) Su admirable elegancia
   (C) Sus increíbles magias
   (D) Sus habilidades físicas

3. Los siguientes juegos forman parte de los juegos vascos, EXCEPTO…
   (A) la carrera de animales
   (B) la siega de la hierba
   (C) el corte de troncos
   (D) el levantamiento de piedra

4. ¿Qué deporte nació de la necesidad de construir casas?
   (A) El campo y pista
   (B) El corte de troncos
   (C) El arrastre de piedra
   (D) El juego de pelota

5. ¿Cuál es el desafío del levantamiento de piedra?
   (A) La posición y restricción del cuerpo del participante
   (B) La forma y el peso de la piedra
   (C) Mantener la piedra en el hombro por mucho tiempo
   (D) Levantar más de una piedra a la vez

6. ¿En qué consiste la *sokatira*?
   (A) En amarrar a varios animales
   (B) En cortar madera de varias dimensiones
   (C) En arrastrar al equipo contrario
   (D) En conseguir atar las manos del equipo contrario

7. ¿Qué contribuye a que la *sokatira* sea un reto más difícil?
   (A) El uso de piedras pesadas
   (B) El poder usar sólo las manos
   (C) El necesitar usar los muslos
   (D) El uso de troncos gruesos

8. ¿Qué necesitan hacer los participantes del pequeño maratón?
   (A) Cargar un objeto pesado
   (B) Llenar varios sacos de maíz
   (C) Saltar por encima de barriles
   (D) Llevar a una persona en los hombros

9. ¿Qué causó la evolución del juego de pelota vasca?
   (A) El descubrimiento de documentos de los mayas y aztecas
   (B) El aumento en la altura de las paredes de los frontones
   (C) El uso de un material nuevo para construir las pelotas
   (D) El diseño de frontones al aire libre

1. ¿Cuál parece ser el objetivo del programa "Conozca nuestra América"?
   (A) Transmitir noticias de última hora.
   (B) Divulgar culturas de las Américas.
   (C) Revelar secretos de tesoros escondidos.
   (D) Anunciar viajes a Alemania.

2. De acuerdo al programa, ¿qué significaba el oro para los indígenas?
   (A) Tenía un gran valor comercial.
   (B) Lo usaban como monedas de cambio.
   (C) Creaba una conexión con lo divino.
   (D) Lo utilizaban como piezas de regalo.

3. Según el programa, ¿por qué salían obras precolombinas fuera de Colombia?
   (A) Las autoridades las prestaban a museos extranjeros.
   (B) El país las exportaba para la venta.
   (C) Los oportunistas las vendían de manera ilegal.
   (D) Las máscaras quimbayas eran usadas en funerales europeos.

4. ¿Qué sabemos acerca de la familia de Evelyn?
   (A) Es de origen europeo.
   (B) Desciende de los conquistadores.
   (C) Quiere mudarse a Miami.
   (D) Quiere estudiar la cultura tairona.

5. ¿Qué quiere decir la frase "los europeos aprecian estas piezas exóticas para ellos"?
   (A) No aprecian lo que viene de otros lugares.
   (B) Les gusta lo que es diferente a su cultura.
   (C) Les atrae todo lo que viene de América.
   (D) No estiman el arte precolombino.

6. ¿A qué se dedicaba el padre de Evelyn?
   (A) Era director de un museo en Munich.
   (B) Era un buscador de tesoros.
   (C) Tenía una panadería.
   (D) Tenía una joyería.

7. ¿A qué se refiere Evelyn cuando dice de sus hijas que son "con las palabras de mi padre de esa expresión de nuestro idioma, las que ponen 'las manos en la masa'"?
   (A) Preparan la masa del pan en la panadería.
   (B) Trabajan el oro con sus propias manos.
   (C) Diseñan las joyas de "Mi-Oma".
   (D) Copian los diseños del Museo del Oro.

8. Podemos inferir que, gracias a la entrevista, Evelyn podrá lograr conseguir todo EXCEPTO...
   (A) vender más joyas en su tienda
   (B) hacer que más visitantes vayan al Museo del Oro
   (C) recuperar las piezas de los museos europeos
   (D) educar al público sobre el arte precolombino

1. ¿Qué representan las palabras *huachu* y *chaucho*?
   (A) Posibles orígenes de la palabra gaucho
   (B) Descendientes de los gauchos
   (C) Nombres de soldados independentistas
   (D) Lugares donde habitaban los gauchos

2. ¿Cómo se veía al gaucho durante cierto tiempo?
   (A) No se le aceptaba como ciudadano argentino.
   (B) No se le consideraba una persona digna.
   (C) Se creía que había sido opresor.
   (D) Se pensaba que era un traidor.

3. ¿Qué papel jugó el gaucho en las guerras?
   (A) Instigador de las masas
   (B) Mensajero militar
   (C) Protector de los indígenas
   (D) Soldado valiente

4. ¿Quién es Martín Fierro?
   (A) Un autor famoso
   (B) Un gran historiador
   (C) Un personaje ficticio
   (D) Un distinguido general

5. ¿Qué son las *payadas*?
   (A) Canciones populares
   (B) Personas de descendencia europea
   (C) Admiradores del presidente Sarmiento
   (D) Documentos históricos

6. ¿Por qué es importante Martín Fierro?
   (A) Por su papel de líder
   (B) Por sus escritos sobre la guerra
   (C) Por protestar en contra de las ideas del presidente
   (D) Por haber conseguido la publicación de ciertos documentos

7. Según la entrevista, ¿qué podemos encontrar en el barrio Mataderos?
   (A) Libros sobre los gauchos
   (B) Casas típicas de los gauchos
   (C) Gauchos de nuestros tiempos
   (D) Estatuas de varios gauchos

8. ¿Para qué usaban las boleadoras los guachos?
   (A) Para cocinar
   (B) Para abrigarse
   (C) Para comunicarse
   (D) Para defenderse

1. ¿Cuál era la situación de Diana Montenegro después de graduarse?
   (A) Trabajaba en las áreas rurales de Perú.
   (B) Le era difícil encontrar empleo.
   (C) Le hacía falta experiencia en su área de estudios.
   (D) Dirigía una fundación benéfica.

2. ¿Qué ventaja tenía Diana para conseguir el puesto en la reserva?
   (A) Había participado en un programa de la fundación.
   (B) Había leído mucho sobre la agricultura peruana.
   (C) Había dirigido los programas de la fundación.
   (D) Había nacido en la misma zona de la reserva.

3. ¿Qué ocurría a finales de los años setenta?
   (A) Se empezaba a descubrir el valor de la lana de vicuña.
   (B) Se empezaban a organizar grupos de cazadores.
   (C) Comenzó la migración de las vicuñas.
   (D) Disminuía el número de vicuñas.

4. ¿Por qué era difícil evitar la caza de las vicuñas?
   (A) Porque su carne era muy deseada
   (B) Porque beneficiaban los cultivos
   (C) Porque los campesinos necesitaban el dinero
   (D) Porque se desconocían las leyes del país

5. ¿Qué es el *chaccu*?
   (A) Una manera de congregar las vicuñas
   (B) Una especie de vicuña casi extinguida
   (C) Un emperador inca
   (D) Un líder de los campesinos

6. ¿Qué efecto tuvo el *chaccu* en la población de vicuñas?
   (A) Hizo que aumentara.
   (B) Permitió que mejorara la calidad de la lana.
   (C) Recuperó las especies desconocidas hasta entonces.
   (D) Solidificó la legalidad de la caza.

7. ¿Qué importancia tenía la lana de la vicuña durante la época de los incas?
   (A) Ayudó a mantener la paz entre varios grupos.
   (B) Contribuyó a desarrollar una nueva manera de hacer negocios.
   (C) Era usada principalmente para intercambiar servicios.
   (D) Era usada exclusivamente para la ropa de la clase alta.

8. ¿Cuál de las siguientes características **NO** es particular a las vicuñas?
   (A) Las hembras pueden dar a luz hasta once crías.
   (B) El período de embarazo dura once meses.
   (C) Los machos se encargan de proteger la familia.
   (D) La alpaca pertenece a la misma familia.

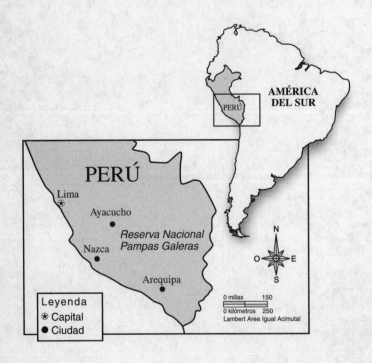

1. ¿Por qué estaba listo Eduardo Mendoza para el papel de su nueva película?
   (A) Había leído mucho sobre el tema.
   (B) Había hecho un papel similar en el pasado.
   (C) Se encontraba en buena condición física.
   (D) Se podía identificar con el personaje principal.

2. ¿Qué atrajo a Eduardo Mendoza a hacer el papel de Ismael Benavides?
   (A) El desarrollo personal del personaje
   (B) La intriga entre los diferentes personajes
   (C) La universalidad del tema
   (D) La insistencia del director

3. ¿En qué medio es mejor conocido Eduardo Mendoza?
   (A) En el teatro
   (B) En la televisión
   (C) En la radio
   (D) En la publicidad

4. ¿Qué experiencia quiso obtener Eduardo antes de comenzar la película "Cuestión de orgullo"?
   (A) Vivir en el extranjero
   (B) Visitar varias embajadas
   (C) Pasar tiempo en una prisión
   (D) Trabajar como oficinista

5. ¿Por qué encuentra Eduardo que ser actor es una profesión digna?
   (A) Porque puede vivir la vida del personaje que representa
   (B) Porque puede llevar un mensaje a su público
   (C) Porque puede hacer mejores sugerencias para los problemas del mundo
   (D) Porque su trabajo puede beneficiar su relación con otras personas

6. ¿De quién recibió ayuda Eduardo para prepararse para el papel?
   (A) De su familia
   (B) De un diplomático
   (C) De su mejor amigo
   (D) De un oficinista

7. Por lo que ha logrado en la película, ¿qué podemos inferir sobre Eduardo Mendoza?
   (A) Que es un poco atrevido
   (B) Que es muy exigente
   (C) Que es demasiado crítico
   (D) Que es muy modesto

8. ¿De qué tipo de personaje le gustaría hacer el papel a Eduardo en el futuro?
   (A) De uno que haya existido
   (B) De uno que haya influido en su vida
   (C) De uno que pueda conocer en persona
   (D) De uno que pueda contribuir al guión

1. ¿Por qué se escribe el nombre de la ciudad *Albuquerque*
   y no *Alburquerque*?
   (A) Para burlarse del nombre del Duque
   (B) Porque el gobernador se equivocó
   (C) Porque era más fácil de pronunciar
   (D) Para evitar confusión con la ciudad en España

2. ¿Cómo era la vida de los habitantes de Albuquerque
   cuando llegaron los colonizadores?
   (A) Llena de ansiedad por las guerras y enfermedades
   (B) Placentera por la protección de los colonizadores
   (C) Miserable a causa del clima
   (D) Feliz a causa de la riqueza del terreno

3. ¿Cómo se construyó la iglesia de San Felipe de Neri?
   (A) Con la ayuda financiera de España y Estados Unidos
   (B) Con la ayuda financiera y laboral de los ciudadanos
   (C) Con dinero recaudado en una subasta
   (D) Con sólo la ayuda del gobierno estadounidense

4. Según la entrevista, ¿qué evidencia encontramos en la
   ciudad de la Guerra de Secesión?
   (A) Documentos históricos
   (B) Uniformes de los soldados
   (C) Armas enterradas en la plaza
   (D) Marcas en los edificios de la plaza

5. ¿Cuándo surgieron los nombres de Pueblo Nuevo y
   Pueblo Viejo para referirse a diferentes partes de la
   ciudad?
   (A) Cuando el río inundó la ciudad
   (B) Cuando llegó la guerra
   (C) Cuando cerraron la mayoría de los negocios
   (D) Cuando llegó el ferrocarril

6. Según la selección, ¿cómo es el español que se habla
   en Nuevo México?
   (A) Se mantiene puro por la influencia española.
   (B) Ha sido enriquecido por varias lenguas.
   (C) Está totalmente basado en las lenguas indígenas.
   (D) Se ha modernizado por la influencia de los
       inmigrantes.

7. ¿Qué demuestra el uso de palabras como *naiden*, *truje*
   y *vide*?
   (A) La influencia del inglés
   (B) La antigüedad del español
   (C) El uso de palabras indias
   (D) El habla de los nuevos inmigrantes

8. Según la selección, ¿qué le ha dado fama mundial a la
   ciudad de Albuquerque?
   (A) La contribución a la Guerra de Secesión
   (B) La variedad de estilos arquitectónicos
   (C) Las fiestas religiosas
   (D) Las competencias de globos

Part D Long Narratives

Directions: You will now listen to a selection of about five minutes duration. First you will have two minutes to read the questions silently. Then you will hear the selection. You may take notes in the blank space provided as you listen. You will not be graded on these notes. At the end of the selection, you will answer a number of questions about what you have heard. Based on the information provided in the selection, select the BEST answer for each question from among the four choices printed in your test booklet and fill in the corresponding oval on the answer sheet.

Instrucciones: Ahora escucharás una selección de unos cinco minutos de duración. Primero tendrás dos minutos para leer las preguntas en voz baja. Después escucharás la selección. Se te permite tomar apuntes en el espacio en blanco de esta hoja mientras escuchas. Estos apuntes no serán calificados. Al final de la selección, elige la MEJOR respuesta a cada pregunta de las cuatro opciones impresas en tu libreta de examen y rellena el óvalo correspondiente en la hoja de respuestas.

NARRATIVE NUMBER 1

1. Según el narrador, ¿cómo reacciona la gente cuando él trata de sacarles fotos en los mercados?
   (A) Generalmente aceptan sin ningún problema.
   (B) Usualmente esperan alguna recompensa.
   (C) Le piden que salga del mercado.
   (D) Le piden que les envíe las fotos.

2. ¿Cómo caracteriza los mercados el narrador?
   (A) Muy organizados
   (B) Muy variados
   (C) Demasiado atestados
   (D) Demasiado caros

3. Según la selección, ¿qué son las *chivas*?
   (A) Un tipo de animal
   (B) Un grupo de vendedores
   (C) Un medio de transporte
   (D) Un estilo de sombrero

4. Según la narración, los mercados se pueden encontrar en los siguientes lugares, EXCEPTO en…
   (A) los ríos
   (B) las plazas
   (C) las calles
   (D) los parques

5. ¿Qué nos dice el narrador sobre la manera en que los animales llegan al mercado?
   (A) Llegan caminando libremente con sus vendedores.
   (B) Son transportados de una manera bastante cruel.
   (C) No tienen que viajar mucho pues los crían cerca de los mercados.
   (D) No permiten que los transporten en jaulas no aprobadas por los vendedores.

6. ¿Por qué llama "casera" a la comida que se encuentra en los mercados?
   (A) Porque los vendedores la traen de su casa
   (B) Porque la venden en pequeñas casas en el mercado
   (C) Porque la hacen con mucho esmero delante del cliente
   (D) Porque la hacen según el deseo del cliente extranjero

7. Según la narración, ¿qué ha contribuido a los cambios en los mercados recientemente?
   (A) Las exigencias económicas del país
   (B) Las condiciones del clima
   (C) El gran número de grandes almacenes
   (D) El decaimiento de las tradiciones

8. Al final de la narración, la frase "significa bajar una persiana de la amplia ventana que nos permite ver otros mundos" nos da la impresión de que el narrador se siente…
   (A) satisfecho
   (B) curioso
   (C) horrorizado
   (D) pesimista

1. ¿Por qué sigue siendo Pau Casals un desconocido en España?
   (A) Por haber concentrado sus actuaciones al Japón
   (B) Por haber sido muy controversial en cuanto a su estilo
   (C) Por negarse a vender sus discos en España
   (D) Por haberse exiliado en el momento cumbre de su carrera

2. ¿Qué no podía prever nadie sobre Pau Casals?
   (A) El éxito que le esperaba
   (B) El trágico final de su vida
   (C) La traición de su familia
   (D) La actitud competitiva

3. ¿Cuál fue la amargura que tuvo que enfrentar Pau Casals?
   (A) La promoción inadecuada
   (B) La tiranía franquista
   (C) La depresión constante
   (D) La arrogancia de los críticos

4. ¿Qué abrió nuevos caminos a la técnica musical de los que tocan el violonchelo?
   (A) La interpretación de piezas desconocidas
   (B) La posición del instrumento
   (C) El abandono del uso de los dedos
   (D) El uso de ambos brazos

5. ¿Qué efecto tuvieron la Guerra Civil y la Segunda Guerra Mundial en la vida de Casals?
   (A) Lo motivaron a empezar a tocar por muchos años.
   (B) Le ofrecieron oportunidades para crear música de protesta.
   (C) Hicieron que se preocupara por la injusticia en el mundo.
   (D) Lo condenaron a pasar varios años en la cárcel.

6. ¿Qué rehusó hacer Casals en 1948?
   (A) Contribuir fondos para los exiliados
   (B) Reunirse con el Presidente Kennedy
   (C) Continuar dando conciertos
   (D) Viajar a Puerto Rico

7. ¿Qué relación tuvo Casals con las Naciones Unidas?
   (A) Sirvió de Secretario General.
   (B) Escribió una composición musical para la organización.
   (C) Interpretó allí un oratorio escandaloso.
   (D) Participó como delegado de la Asamblea General.

8. En la narración se usa la frase "Casals fue muy duro con los demás y consigo mismo" para explicar que Casals era…
   (A) testarudo en cuanto a sus ideas
   (B) sencillo en cuanto a sus metas
   (C) demasiado pesimista
   (D) bastante incomprensible

1. De acuerdo con la selección, al autor le parece increíble que en el pasado…
   (A) los indios no comieran la papa
   (B) la papa no tuviera mucho valor para los nativos
   (C) mucha gente no supiera que la papa existía
   (D) solamente los irlandeses consumieran la papa

2. En los países andinos, ¿a qué se refiere la palabra *chuño*?
   (A) A una papa seca
   (B) A un proceso científico
   (C) A una plaga agrícola
   (D) A un ídolo indígena

3. Según la selección, con las papas se puede hacer vodka, cola y...
   (A) aceite
   (B) azúcar
   (C) combustible
   (D) vinagre

4. La primera mención escrita de la papa describe una planta cuyo uso principal era...
   (A) medicinal
   (B) ornamental
   (C) fortificante
   (D) alimenticio

5. ¿Qué pasó en muchos países de Europa cuando llegó la papa?
   (A) La recibieron con gran admiración.
   (B) La recibieron con miedo y sospecha.
   (C) La usaron como alimento básico.
   (D) La usaron como cura para la lepra.

6. ¿Cuándo se interesó el señor E. Thomas Hughes por la papa?
   (A) Al ver que era muy popular en Bélgica
   (B) Cuando sus estudiantes se la sirvieron
   (C) Al ver que los belgas no la conocían todavía
   (D) Durante sus viajes por los países sudamericanos

7. ¿Dónde se encuentra el Museo de la Papa hoy día?
   (A) En Lima
   (B) En Bruselas
   (C) En Washington, D.C.
   (D) En Nueva York

1. ¿Por qué jugó Sevilla un papel histórico en las relaciones comerciales con América?
   - (A) Por estar situada cerca de un río
   - (B) Por cultivar productos muy deseados
   - (C) Por haber sido la capital de España
   - (D) Por tener las mejores carreteras de España

2. ¿Por qué decidió el rey incorporar las sílabas Nooo Do en el escudo de Sevilla?
   - (A) Para agradecerle la lealtad al pueblo
   - (B) Para reconocer al organizador de la feria
   - (C) Para celebrar el triunfo de la monarquía
   - (D) Para resaltar su conexión con América

3. ¿Con qué propósito se originó la feria?
   - (A) Para informar a los ciudadanos
   - (B) Para honrar al rey Alfonso X
   - (C) Para efectuar negocios
   - (D) Para celebrar la Pascua

4. ¿Cuál fue una de las razones por la que les pareció inadecuado a muchos el lugar donde se celebró la primera feria?
   - (A) Por las atrocidades ocurridas allí
   - (B) Por estar inaccesible a los ciudadanos
   - (C) Por la escasez de actividad agrícola
   - (D) Por el resentimiento hacia el monarca

5. ¿Cuál fue el resultado de la primera Feria de Abril de Sevilla?
   - (A) Hubo muchas protestas.
   - (B) Tuvo un resultado muy positivo.
   - (C) Inició un cambio en el gobierno.
   - (D) Causó cambios en el trato de los animales.

6. ¿Qué es el *Pescaíto*?
   - (A) Un baile típico de la feria
   - (B) La primera noche de la feria
   - (C) El traje típico de la feria
   - (D) La plaza central de la feria

7. ¿Dónde tiene su origen el vestido típico de las mujeres en la feria?
   - (A) En la corte de Isabel II
   - (B) En el barrio Los Remedios
   - (C) En los países de América
   - (D) En los campos sevillanos

8. Según la narración, ¿cómo se trata de conservar el carácter original de la feria?
   - (A) Con vestidos de la época medieval
   - (B) Con eventos de tipo religioso
   - (C) Con la participación de caballos
   - (D) Con la venta de animales

1. De acuerdo con el comentario, hasta ahora los estudios sobre la independencia no han examinado a fondo...
   (A) los detalles en su totalidad
   (B) las causas y los efectos de la revolución
   (C) la importancia del papel femenino
   (D) las acciones de los líderes políticos

2. ¿Qué atraía a muchas mujeres durante la época colonial?
   (A) La vida de la alta sociedad
   (B) La vida en el convento
   (C) Enseñar en las escuelas
   (D) Estudiar historia

3. ¿Cómo era la vida de las mujeres en los conventos de aquellos tiempos?
   (A) Agradable y mundana
   (B) Restrictiva pero lujosa
   (C) Austera pero afortunada
   (D) Triste y severa

4. La Madre Castillo y Santa Teresa de Ávila, aparte de ser monjas, se hicieron famosas como...
   (A) maestras
   (B) escritoras
   (C) políticas
   (D) revolucionarias

5. A principios del siglo XIX, ¿para qué se unieron las mujeres a los hombres?
   (A) Para desarrollar la literatura
   (B) Para castigar a los esclavos
   (C) Para luchar en contra de la iglesia
   (D) Para oponerse a los españoles

6. ¿Quiénes eran las mujeres conocidas como *juanas* o *cholas*?
   (A) Las mujeres que compartían con los hombres el campo de batalla
   (B) Las mujeres que escribían en contra de los españoles durante esa época
   (C) Las mujeres que trabajaban en las cárceles como cocineras
   (D) Las mujeres que dedicaban su vida a la religión

7. ¿Qué hacían muchas veces las mujeres para participar en la lucha?
   (A) Se casaban con los españoles.
   (B) Cambiaban de nacionalidad.
   (C) Aparentaban ser monjas.
   (D) Se vestían de hombre.

1. ¿Qué nos dice la narración sobre el origen de los mariachis?
   (A) Que su origen es francés
   (B) Que no están seguros de su origen
   (C) Que pueden haber surgido en Bélgica
   (D) Que es un fenómeno del siglo XX

2. ¿Por qué se popularizaron el charro y el mariachi en los años treinta?
   (A) Porque el pueblo necesitaba un símbolo distintivo
   (B) Porque otros tipos de música no le gustaban al público
   (C) Porque le gustaba mucho a la esposa de Maximiliano
   (D) Porque hasta entonces habían estado prohibidos

3. ¿Cuál es la importancia de la película "Ay Jalisco, no te rajes"?
   (A) Obtuvo varios premios por su música.
   (B) Presentó por primera vez la serenata.
   (C) Mostró los defectos del típico hombre mexicano.
   (D) Introdujo a un personaje que todos querían imitar.

4. ¿A qué compara el narrador la serenata?
   (A) A una obra de teatro
   (B) A un rito tranquilizante
   (C) A los cantos de unos animales
   (D) A la ceremonia de un matrimonio

5. ¿Qué es "El Vargas de Tecalitlán"?
   (A) Una canción famosa
   (B) Una escuela de música
   (C) Un mariachi famoso
   (D) Un evento musical

6. Según la narración, además de mostrar su talento en la Plaza Garibaldi, los músicos van allí para…
   (A) conocer a chicas
   (B) buscar trabajo
   (C) compartir experiencias
   (D) vender sus grabaciones

7. Entre otras razones, ¿qué va a tener gran impacto en el futuro del mariachi?
   (A) Las influencias de otros tipos de música
   (B) Los gastos relacionados con la producción
   (C) La falta de interés en lo romántico
   (D) La competencia en la industria de la música

8. En general, ¿qué podemos inferir sobre el futuro del mariachi?
   (A) Será el modelo de otros estilos de música.
   (B) Cambiará la música mexicana.
   (C) Seguirá evolucionando.
   (D) Regresará a sus orígenes.

1. Según la selección, ¿cómo ha sido afectada la industria chocolatera a través de los años?
   (A) Ha prosperado.
   (B) Ha disminuido.
   (C) No ha cambiado.
   (D) No ha dado buenos resultados.

2. ¿Por qué se conocía el chocolate como el alimento de los dioses?
   (A) Porque según la leyenda vino del cielo
   (B) Porque sus semillas eran milagrosas
   (C) Porque sólo podía tomarlo Quetzalcóatl
   (D) Porque se usaba en ceremonias religiosas

3. ¿Qué le sucedió a Quetzalcóatl?
   (A) Lo enviaron al paraíso.
   (B) Lo metieron en la cárcel.
   (C) Lo castigaron.
   (D) Lo asesinaron.

4. ¿Qué sabemos sobre Moctezuma II y el chocolate?
   (A) Prohibió su cultivo.
   (B) Le gustaba mucho.
   (C) No permitía que sus tropas lo tomaran.
   (D) No dejaba que se usara en ceremonias religiosas.

5. ¿Por qué no les gustaba el chocolate a los primeros europeos que llegaron a América?
   (A) Porque se servía frío
   (B) Porque no era dulce
   (C) Porque era muy duro
   (D) Porque no era soluble

6. Además de proporcionar energía, el chocolate se servía como...
   (A) refresco
   (B) postre
   (C) medicina
   (D) alimento

7. Los españoles mejoraron el método azteca de preparación del chocolate de todas las siguientes formas, EXCEPTO...
   (A) sirviéndolo caliente
   (B) poniéndole azúcar
   (C) añadiéndole distintos sabores
   (D) echándole una pizca de chile

8. ¿Qué creían los españoles sobre el chocolate?
   (A) Que prolongaba la vida
   (B) Que era un símbolo aristocrático
   (C) Que traía buena suerte
   (D) Que tenía poco valor alimenticio

UNIT I

1. ¿Por qué se puede considerar erróneo el informe que apareció en los años cincuenta sobre los kunas?
   (A) Porque contenía datos falsificados
   (B) Porque no tomó en cuenta la geografía del área
   (C) Porque se concentró en las diferencias raciales
   (D) Porque la identidad de la etnia no ha desaparecido

2. ¿Qué les garantizó la Constitución panameña a los kunas?
   (A) Amplia independencia
   (B) Ayuda económica
   (C) Protección militar
   (D) Apoyo religioso

3. La frase "En el mundo del hombre blanco, los kunas se mueven como consumidores conscientes en un gran almacén del que escogen sólo lo que realmente les sirve para adaptarlo a su propia cultura" es una indicación de que…
   (A) son gente con gran conocimiento del comercio
   (B) hacen todo lo posible por mantener sus costumbres
   (C) consumen todo lo que esté a su disposición
   (D) rechazan todo tipo de desperdicio de dinero

4. ¿Quiénes son los *sailas*?
   (A) Los que abandonan la etnia
   (B) Los que se ocupan de las plantaciones
   (C) Los que pasan sus conocimientos a otros
   (D) Los que están a cargo de los enfermos

5. Según la narración, ¿cuál es la misión de los kunas?
   (A) Preservar el medio ambiente
   (B) Diseminar la democracia
   (C) Educar a los extranjeros
   (D) Obedecer las órdenes de los dioses

6. ¿Qué es la *mola*?
   (A) Una reunión comunal
   (B) Una prenda de vestir
   (C) Un rito religioso
   (D) Un sacerdote protector

7. La frase que mejor describiría a los kunas sería…
   (A) "firmes en sus tradiciones"
   (B) "acogedores de extranjeros"
   (C) "guerreros hasta la muerte"
   (D) "creadores sin límites"

1. ¿Qué sabemos hoy gracias al descubrimiento de las momias de los *chinchorro*?
   (A) Las creencias en la reencarnación
   (B) La procedencia de muchas enfermedades
   (C) Las consecuencias de los avances tecnológicos
   (D) La imaginación de una antigua cultura

2. ¿Por qué abandonaron los *chinchorro* la región donde vivían originalmente?
   (A) Por la falta de agua
   (B) Por las constantes guerras
   (C) Por las enfermedades
   (D) Por la amenaza de la civilización

3. La momificación, ¿qué les permitía hacer a los *chinchorro*?
   (A) Manifestar gratitud a los dioses
   (B) Hacer uso de sus conocimientos médicos
   (C) Mostrar su reconocimiento a los líderes de su pueblo
   (D) Comunicar sus conocimientos a sus descendientes

4. ¿Qué sabemos acerca de los individuos seleccionados para ser momificados?
   (A) Sólo escogían a personas de cierta edad.
   (B) Alternaban a personas de diferentes sexos.
   (C) No parecía haber un sistema definitivo.
   (D) No momificaban a las mujeres.

5. ¿Cuál parece ser la característica principal de las momias negras?
   (A) La manera complicada de momificación
   (B) La falta de durabilidad del proceso
   (C) Las joyas que las acompañaban
   (D) La localidad donde se encontraron

6. ¿Qué distinguía a las momias rojas del resto de las momias?
   (A) El uso de pieles de lobos marinos
   (B) La falta de huellas de cabello humano
   (C) Los cuerpos eran alterados muy poco
   (D) Las otras eran de colores llamativos

7. ¿Qué nos dice la selección acerca de la sociedad de los chinchorro?
   (A) Que el matriarcado era muy importante
   (B) Que la democracia casi no existía
   (C) Que la individualidad era secundaria
   (D) Que la organización era muy complicada

8. ¿Qué ocurrió en la cultura chinchorro alrededor de 1.700 años antes de la era cristiana?
   (A) Desaparecieron la mayoría de sus integrantes.
   (B) Desarrollaron un nuevo método de momificación.
   (C) Decidieron regresar a la región árida.
   (D) Dejaron de practicar la momificación.

9. Según el final de la selección, ¿en qué se diferencia la cultura chinchorro a los egipcios?
   (A) En el sistema político
   (B) En los ritos funerarios
   (C) En la aceptación de la muerte
   (D) En los métodos de subsistencia

1. ¿Cuál fue el propósito original de la antigua torre?
   (A) Proporcionar agua al ejercito estadounidense
   (B) Proteger el canal en caso de agresión
   (C) Servir como centro de transmisiones radiales
   (D) Controlar el tráfico aéreo en la zona

2. ¿De dónde se deriva el nombre del cerro donde está situada la Canopy Tower?
   (A) De los instrumentos que facilitaban el paso de los barcos
   (B) De los colores en que está pintada la torre
   (C) Del nombre que usaban para los soldados en ese lugar
   (D) Del nombre de uno de los animales que habita allí

3. ¿Qué es interesante sobre el Camino de Cruces?
   (A) Su importancia histórica
   (B) Su ubicación lejos del canal
   (C) La larga distancia que cubre
   (D) La poca vegetación que lo rodea

4. ¿Por qué estaban preocupadas las autoridades panameñas?
   (A) Por la misión militar de la torre
   (B) Por la falta de interés en el área
   (C) Por los efectos en el medio ambiente
   (D) Por las quejas del gobierno estadounidense

5. Además de negociar con la burocracia, ¿qué otro reto encontró Arias de Para?
   (A) La contaminación del agua
   (B) La altura de la torre
   (C) La falta de electricidad
   (D) La escasez de agua

6. ¿Qué le ayudó a hacer un ciudadano estadounidense a Arias de Para?
   (A) Negociar con el gobierno
   (B) Encontrar donde había agua
   (C) Convencer a los inversores
   (D) Purificar el agua del lugar

7. ¿Cómo era la familia de Arias de Para?
   (A) Humilde
   (B) Corrupta
   (C) Innovadora
   (D) Ilustre

8. ¿A qué se debe el interés por la selva de parte de Arias de Para?
   (A) A su trabajo en el gobierno
   (B) A sus viajes fuera del país
   (C) A las experiencias de su niñez
   (D) A su educación en el área agrícola

UNIT II Reading Comprehension

Each section of this unit consists of a reading passage selected for its linguistic, cultural, or literary value as well as for its varied themes and topics. The selections are arranged in order of increasing difficulty and are designed to give you practice in reading comprehension. You are not expected to know every word, but rather to grasp general meaning from the context first and then concentrate on the details.

The AP* Language Course and exam emphasize the honing of your reading skills. Many of the sections of the exam will require you to be an effective reader. As you prepare for the exam and practice the reading comprehension section, it will help you with other sections, such as Formal Writing and Formal Speaking.

The reading component of the test includes literary and journalistic selections followed by multiple-choice questions. You will be asked to identify the main points and significant details and to make inferences and predictions from the written texts. The journalistic passages are more contextualized: they include a title and a brief headline about the passage or other introductory information, as you would find in a newspaper or magazine article. Many of the literary pieces include a line of introduction, just as you might see at the beginning of a short story or a chapter in a novel. Some of the passages may include a visual element to aid your comprehension.

Strategies

1. **Make connections to other subject areas.** Although the reading comprehension section of the exam is designed to test your reading skills, in a sense, you are also tested on your general knowledge. The more background knowledge you have about a subject and the richer your vocabulary is, the better you will understand the passage. As you practice your reading skills (determine the main idea, the purpose of the passage, the parts of vocabulary words, etc.) while reading the passages, connect to the knowledge you have gained in other classes: science, art, social studies, psychology, geography, and others. You will be able to transfer this knowledge to the reading passage. It may be a cliché, but it is applicable: "Knowledge is power," and this power will make you a more successful reader. Novelists and newspaper journalists write for an educated audience. You are a member of that audience.

2. **Rely on what you already know.** When there is introductory information included, such as a title or introductory text, get as much information as you can from it. This will help you trigger ideas about what you already know regarding the subject matter, the area of the Hispanic world where this passage takes place, and similar situations you have read or heard about. This will help you make all sorts of connections to what you will read in the passage.

3. **Use visuals.** Some of the reading passages here and in other sections of the test include a visual element to help you focus on the content of the text. Establish the relationship between any visuals—such as maps, illustrations, or charts—and ideas or objects mentioned in the passage.

4. **Recognize cultural differences between yourself and the original intended audience.** Some questions will test your ability to make cultural inferences. For example, suppose you are asked to read an article printed in a newspaper from Colombia.

- If the article describes a tradition, a custom, or a holiday celebrated in that country, that is a cultural **practice** that may be different from yours.

- If the article discusses a type of food, a piece of art, or some other object that is well known to the audience for whom the passage is intended, that is a cultural **product** that you may not be familiar with.

- If, as you read, you come to the conclusion (you infer) that the passage reflects the way the ideas are viewed in that culture, this is a **cultural perspective**, a view that may be different from your own.

5. **Remember how to make inferences.** Your ability to make inferences will be tested in several ways.

- In some cases, you will be asked to choose the most appropriate place to insert an additional sentence in the text. Choosing the best position means you will need to focus on the idea presented in the question and re-read the passage. Does it add an example to an idea already presented? Does it summarize what is stated in one of the paragraphs? Is there a vocabulary/grammar cue in the sentence that helps you eliminate wrong choices and place it appropriately in the reading passage?

- Some questions may require that you interpret linguistic cues to infer social relationships. Does the article talk about a specific sociocultural group? Does it discuss different ethnic groups and their contributions to society? Does it present ideas about religion, government, or education? Does it include a dialogue that allows you to focus on how people use formal or informal language to address each other?

- At times, you may be asked to identify the tone of a selection. Look for cues that will help you identify if the passage is funny, romantic, pessimistic, nostalgic, etc.

6. **Follow the reading process.** As you start practicing for the exam, use the following reading process: pre-reading, reading, and post-reading. As you become more proficient in the language and reading, you will be able to go through the steps more quickly.

- **Pre-reading:** Read the title and any other information that precedes the article and make predictions about what it might contain.

- **Reading:** Start connecting to what you already know about the subject.
  —Use graphic organizers as you read: create a chart to list places, characteristics, etc., or use Venn diagrams to compare and contrast.
  —Read the first paragraph and continue to make predictions.
  —Focus on details and language.
  —Visualize the passage content as you read.
  —Focus on associations and connections (background knowledge) triggered by the text.
  —Derive meaning from the context; avoid the bilingual dictionary. Remember you do not have to know every word to understand the passage. Use your ability to make inferences, recognize cognates and words of the same family, break up prefixes, and suffixes, and, if necessary, make educated guesses.
  —Watch out for false cognates.
  —Pay attention to word order. Sometimes the sentences may not have the order you are used to seeing (subject followed by verb).

- **Post-reading:** Synthesize what you have learned from the text. (This is a skill you will use again in the Formal Writing and Formal Oral Presentation sections of the exam.)
  —Are there any questions that remain unanswered about the reading?
  —Did you come to any new conclusions during the second reading?
  —Were you able to make successful connections?

7. **Use common sense.** Remember:

- It is always a good idea to read the questions before you read the passage; that way, you will know what information you should be looking for.

- As you work through the practice passages, you may want to use a highlighter or a pen to underline the main ideas.

- Check the tense in which the passage is written.

- You will lose 1/3 of a point if you choose the incorrect answer on the actual test, so if you do not understand the question or cannot eliminate at least one of the options, it may be a good idea not to answer the question at all. But, as you practice in class, you should always make an educated guess.

Reading Comprehension

Directions: Read the following passages carefully for comprehension. Each passage is followed by a number of incomplete statements or questions. Select the completion or answer that is best according to the passage and fill in the corresponding oval on the answer sheet.

Instrucciones: Lee con cuidado cada uno de los pasajes siguientes. Cada pasaje va seguido de varias preguntas u oraciones incompletas. Elige la mejor respuesta o terminación, de acuerdo con el pasaje, y rellena el óvalo correspondiente en la hoja de respuestas.

SECTION 1

Este fragmento es del artículo "Príncipe de Asturias: 25 años de premiar a la Humanidad" por Juana Vera, publicado en la revista **Ecos**.

Príncipe de Asturias

—*M. D. Albiac Murillo*

25 años de Premiar a la Humanidad

Los mejores impulsos de la humanidad se intentan reconocer en España con los Premios Príncipe de Asturias, que otorga el propio heredero de la Corona española. Es una fiesta que une a instituciones y sociedad como en ningún otro momento y, además, es una mirada global positiva, ajena a los avatares locales diarios. La cita tiene ya renombre internacional, aunque cumple ahora veinticinco años; es bastante menos cuantiosa que los veteranos Nobel y sin el espectáculo de los Oscar.

Nacieron con la joven democracia para —tras décadas de aislamiento— reconocer el esfuerzo internacional en campos tan diversos como la política, la cooperación o la comunicación, las artes y las letras, las ciencias sociales o la técnica, el deporte o la concordia. Comenzaron por premiar el propio esfuerzo nacional de reconciliación, pero se hicieron cada vez más globales, sin descuidar nunca a los españoles más internacionales, los vecinos europeos y los hermanos latinoamericanos, pero también a judíos y árabes, determinantes en la identidad nacional.

Al final, la galería de premiados reúne a las personalidades, equipos e instituciones más decisivas e implicadas en los desafíos de la humanidad en el último cuarto de siglo, sean de la alta política o del cotidiano combate de la pobreza, de la investigación de punta o del esfuerzo individual deportivo o creativo. Y todo con un cuidado equilibrio norte/sur y continental, entre instituciones gubernamentales o civiles, poderosos y desvalidos, oficialistas e incómodos, blancos anglosajones o africanos, más hombres, pero también muchas mujeres: "el cuadro de honor de la Humanidad", como define la UNESCO al apadrinar estas 'bodas de plata'.

Lo mejor del mundo

Los descubridores de la World Wide Web o del genoma, pero también quienes luchan con el cáncer y el sida, se alternan con los mejores sopranos, pintores, compositores, juristas, pensadores, actores, economistas, literatos o arquitectos, junto a organismos como la estación internacional del Espacio o de la Antártida, las misiones españolas en Burundi y Ruanda o la universidad que dirigían los jesuitas asesinados en El Salvador.

Quizás este difícil equilibrio hace a estos premios tan especiales y reconocidos, por mucho que el monto sea simbólico, su glamour poco mediático y se exija de los premiados cierto contacto con el público. Así, un tímido Woody Allen se ganó pronto al auditorio, Jane Goodall contagió su fascinación por los chimpancés, el lenguaje de la guitarra de Paco de Lucía recordó la dignidad de los gitanos, Joanne Kathleen Rowling consiguió que los niños volvieran a leer gracias a su Harry Potter, y la ya anciana escritora feminista Doris Lessing recordó la convivencia de cristianos, judíos y árabes en España, un mes después de los atentados de Nueva York y Washington. Aunque algunos premiados ya no están, como Yitzhak Rabín y Yassir Arafat o la republicana y filósofa española María Zambrano, recién regresada del exilio, buena parte de ellos se volverán a reunir ahora.

Los premios han crecido con el propio Príncipe, que se estrenó en la vida pública con el discurso de la inauguración y el pasado año los concedió ya casado, precisamente con la periodista Letizia Ortiz, nacida en esta región de Asturias, escenario de la ceremonia y de la que él es Príncipe.

1. Según la selección, en comparación a otros premios, ¿cómo podríamos caracterizar los Premios Príncipe de Asturias?
   (A) Exclusivos
   (B) Numerosos
   (C) Austeros
   (D) Modestos

GO ON TO NEXT PAGE ➡

2. Al principio, ¿cuál parece haber sido la razón por la cual se crearon los premios?
   (A) Destacar a los que trabajaban por crear una nueva nación
   (B) Reconocer a los que no eran reconocidos por otros premios
   (C) Premiar a los españoles que se encontraban fuera del país
   (D) Celebrar el nacimiento del heredero a la Corona española

3. Acerca de los candidatos y los premiados podemos decir que…
   (A) abarcan a personas de todo el mundo
   (B) son solamente gente célebre
   (C) tienen que haber residido en España por veinticinco años
   (D) han sido reconocidos antes a nivel mundial

4. ¿Cuál parece ser una dificultad que enfrentan los premios?
   (A) Pedirles a los premiados que continúen su trabajo
   (B) Mantener igualdad entre los diversos campos que se premian
   (C) No ofender a gobiernos con falta de democracia
   (D) No incluir a organizaciones gubernamentales

5. ¿Quién presenta los premios a los ganadores?
   (A) Un representante de las Naciones Unidas
   (B) Un dignatario elegido del gobierno español
   (C) El próximo rey de España
   (D) La mejor periodista de Asturias

*Este fragmento es del artículo "Talleres de Fotografía Social" por Luisa Moreno publicado en la revista **Ecos**.*

Talleres de Fotografía Social

—Luisa Moreno

Lo que más tarde se convertiría en un movimiento reivindicativo de los derechos de los campesinos y trabajadores indígenas peruanos, comenzó a principios de los ochenta, cuando Helga Müller-Herbon y Thomas Müller le entregaron a Gregorio Condori, un campesino indígena amigo de ellos, una cámara automática que Condori les había pedido prestada. El resultado fue sorprendente. Gregorio consiguió lo que un fotógrafo profesional bien equipado no hubiera logrado: captar escenas de la realidad más recóndita del pueblo. A partir de entonces, el interés por retratar su propia realidad, analizarla y darla a conocer fue creciendo entre los representantes de comunidades de campesinos de los Andes peruanos.

Las primeras experiencias fotográficas se fueron concretando y, como relata Thomas Müller, en 1986 se creó en Oncongate el primer TAFOS (Taller de Fotografía Social). A él acudieron ocho representantes de pueblos y de agricultores; para asistir al TAFOS, algunos de ellos recorrieron todo un día decenas de kilómetros a pie, otros viajaron hasta allí durante muchas horas. Los Müller habían comprado, ayudados por amigos y familiares, 5 cámaras fotográficas y 200 carretes. A cada participante se le entregó una cámara y un carrete de fotos en blanco y negro. La actividad de los fotógrafos se fue organizando de forma que cada treinta días se reunían, entregaban su carrete para revelar y se llevaban otro para ese mes.

Las cámaras se fueron convirtiendo en verdaderas armas pacíficas contra la injusticia. Ya Condori, el primer fotógrafo de los TAFOS, captó con la pequeña cámara prestada el momento en que el juez de paz de su aldea aceptaba un soborno; esa foto sirvió para apartar al juez de su cargo. Los espontáneos fotógrafos documentaron sus marchas para pedir tierra, la muerte de un compañero minero accidentado, las reuniones de agricultores, el cultivo del campo, los asesinatos de campesinos a manos del grupo terrorista Sendero Luminoso, las manifestaciones… Algunos de ellos fueron amenazados o perseguidos y detenidos por represores, unas veces militares y otras terroristas. Otros, alguna vez tuvieron que salvar el carrete arrancándolo de la cámara y escondiéndolo en lugares insospechados. El minero-fotógrafo Simón Díaz fue detenido durante una manifestación por hacer fotos de la policía disparando y de los heridos. Con la rápida intervención de un abogado, Díaz fue puesto en libertad a las pocas horas, y hoy puede contarlo. Fueron muchas las

organizaciones de base que utilizaron la fotografía como medio de comunicación; el colectivo de mineros sindicados consiguió con sus imágenes llamar la atención sobre sus condiciones laborales.

Con el paso de los años, aquella solidaridad que fue la fuerza de cohesión de los TAFOS se tornó en lucha individual por la supervivencia a la miseria y a la crisis. Hoy los TAFOS no tienen tantas organizaciones de base como a finales de los ochenta, y su estrategia está más dirigida a internacionalizar las luchas por sus derechos que están librando muchos pueblos de América Latina.

1. ¿Qué nos dice la selección sobre los inicios de la "fotografía social"?
   (A) Que surgió por casualidad
   (B) Que costó mucho trabajo
   (C) Que causó violencia
   (D) Que fue censurada

2. ¿Cuál fue el propósito de TAFOS?
   (A) Organizar a los fotógrafos
   (B) Representar a los fotógrafos
   (C) Documentar los logros del gobierno
   (D) Recompensar el trabajo de los peruanos

3. Las personas que vinieron al primer TAFOS demostraron que…
   (A) estaban muy necesitadas
   (B) tenían mucho interés
   (C) querían ser profesionales
   (D) sospechaban del gobierno

4. ¿Para qué sirvió la cámara de Condori?
   (A) Para documentar un crimen
   (B) Para defenderse en un ataque
   (C) Para hacerse juez
   (D) Para conseguir un premio

5. ¿Cómo se puede caracterizar la vida de muchos de los fotógrafos que participaban en el programa?
   (A) Placentera
   (B) Peligrosa
   (C) Divertida
   (D) Decadente

6. ¿Qué consiguieron los peruanos a través de la fotografía?
   (A) Contribuir a la cultura del país
   (B) Derrotar al gobierno existente
   (C) Luchar por sus derechos
   (D) Impedir el crimen

Mi vida transcurría monótonamente, pues tengo un testigo constante que me prohíbe la felicidad: mi dolencia. El doctor Edgardo es la única persona que lo sabe.

Hasta el momento de conocerlo viví ignorando que algo dentro de mi organismo me carcomía. Ahora conozco todo lo que sufro: el doctor Edgardo me lo ha explicado. Es mi naturaleza: Algunos nacen con ojos negros, otros con ojos azules.

Parece imposible que siendo tan joven sea tan sabio; sin embargo, me he enterado de que no se precisa ser un anciano para serlo. Su piel lisa, sus ojos de niño, su cabellera rubia, ensortijada, son para mí el emblema de la sabiduría.

Hubo épocas en que lo veía casi todos los días. Cuando yo estaba muy débil venía a mi casa a verme. En el zaguán al despedirse me besó varias veces. Desde hace un tiempo me atiende sólo por teléfono.

—Qué necesidad tengo de verla si la conozco tanto: es como si tuviera su organismo en mi bolsillo, como el reloj. En el momento en que usted me habla puedo mirarlo y contestar a cualquier pregunta que me haga.

Le respondí:

—Si no necesita verme, yo necesito verlo a usted.

A lo que replicó:

—¿Mi retrato y mi voz no le bastan?

1. ¿Qué le ha explicado el doctor Edgardo a la narradora?
   (A) Que no le debe confiar su dolencia a nadie
   (B) Que el color de sus ojos no pueden cambiar
   (C) Que no puede cambiar su manera de ser
   (D) Que la naturaleza define lo que somos

2. ¿Qué le parece imposible a la narradora?
   (A) Que el doctor se sintiera tan joven
   (B) Que el doctor fuera tan viejo
   (C) Que el doctor supiera tanto
   (D) Que el doctor rehusara tratar su mal

3. ¿De qué se ha enterado la narradora?
   (A) De que la edad no afecta los conocimientos
   (B) De que los ancianos saben mucho
   (C) De que su apariencia lo hace lucir más viejo
   (D) De que la juventud se debe gozar

4. Por lo que dice el doctor, a él le parece que…
   (A) ella debe quedarse en su casa
   (B) ella funciona como un reloj
   (C) necesita tenerla cerca siempre
   (D) puede tratarla sin verla

5. ¿Qué trata de hacer el doctor al final de la selección?
   (A) Darle esperanza a la narradora
   (B) Buscar una excusa para no verla
   (C) Poner un final a su matrimonio
   (D) Animar a la narradora para que lo vea

6. ¿Cuál parece ser el propósito del autor en esta selección?
   (A) Explicar las dificultades de una diagnosis
   (B) Mostrar una relación complicada
   (C) Poner a prueba la importancia de la edad
   (D) Describir lo que representa la felicidad

"La casa de azúcar" es un cuento de Silvina Ocampo. La siguiente selección relata un incidente extraño entre un esposo, que es el narrador, y su esposa.

Una mañana sonó el timbre de la puerta de calle. Yo estaba afeitándome y oí la voz de Cristina. Cuando concluí de afeitarme, mi mujer ya estaba hablando con la intrusa. Por la abertura de la puerta las espié. La intrusa tenía una
(5)   voz tan grave y los pies tan grandes que eché a reír.

—Si usted vuelve a ver a Daniel, lo pagará muy caro, Violeta.

—No sé quién es Daniel y no me llamo Violeta —respondió mi mujer.

(10)   —Usted está mintiendo.

—No miento. No tengo nada que ver con Daniel.

—Yo quiero que usted sepa las cosas como son.

—No quiero escucharla.

Cristina se tapó las orejas con las manos. Entré en el
(15)   cuarto y dije a la intrusa que se fuera. De cerca le miré los pies, las manos y el cuello. Entonces advertí que era un hombre disfrazado de mujer. No me dio tiempo de pensar en lo que debía hacer; como un relámpago desapareció dejando la puerta entreabierta tras de sí.

(20)   No comentamos el episodio con Cristina; jamás comprenderé por qué; era como si nuestros labios hubieran estado sellados para todo lo que no fuese besos nerviosos, insatisfechos o palabras inútiles.

En aquellos días, tan tristes para mí, a Cristina le dio
(25)   por cantar. Su voz era agradable, pero me exasperaba, porque formaba parte de ese mundo secreto, que la alejaba de mí. ¡Por qué, si nunca había cantado, ahora cantaba noche y día mientras se vestía o se bañaba o cocinaba o cerraba las persianas!

(30)   Un día en que oí a Cristina exclamar con un aire enigmático:

—Sospecho que estoy heredando la vida de alguien, las dichas y las penas, las equivocaciones y los aciertos. Estoy embrujada —fingí no oír esa frase atormentadora.
(35)   Sin embargo, no sé por qué empecé a averiguar en el barrio quién era Violeta, dónde estaba, todos los detalles de su vida.

1. ¿Qué reacción tuvo el narrador cuando vio a la intrusa?
    (A) Le irritó su presencia.
    (B) Le trajo malos recuerdos.
    (C) Empezó a temer un enfrentamiento.
    (D) Encontró su apariencia cómica.

2. Por la conversación que tenían las dos mujeres, parece que…
    (A) la intrusa estaba celosa
    (B) Violeta le debía dinero
    (C) el narrador era infiel
    (D) Daniel era amigo del narrador

3. Cuando el narrador se acercó a la intrusa, se dio cuenta de que ella…
    (A) era alguien a quien conocía
    (B) era algo imaginario
    (C) no era tan antipática
    (D) no era lo que aparentaba

4. La frase "era como si nuestros labios hubieran estado sellados para todo lo que no fuese besos nerviosos, insatisfechos o palabras inútiles" (líneas 21–23) significa que…
    (A) estaban verdaderamente enamorados
    (B) temían revelar el culpable del crimen
    (C) evitaban hablar del incidente
    (D) se sentían aliviados por el incidente

5. ¿Por qué pasaba días tristes el narrador?
    (A) Porque sospechaba que Cristina ocultaba algo.
    (B) Porque el secreto de él había sido descubierto.
    (C) Porque la música le hacía revivir el pasado.
    (D) Porque detestaba el mensaje de las canciones.

6. ¿Qué sospechaba Cristina?
    (A) Que se convertía en otra persona
    (B) Que su esposo le mentía
    (C) Que se estaba volviendo loca
    (D) Que la intrusa regresaría

7. Al final de la selección el narrador estaba interesado en…
    (A) hablar con Violeta
    (B) conocer la identidad de Violeta
    (C) decirle sus sentimientos a Cristina
    (D) descubrir el pasado de Cristina

8. Los eventos descritos por el narrador tuvieron como resultado que él se sintiera…
    (A) ensimismado
    (B) decepcionado
    (C) alarmado
    (D) insultado

La siguiente selección trata de los sentimientos de una esposa hacia su esposo.

En los primeros tiempos de su vida de casada, Rosalía mantenía la casa como una casa de muñecas. Todo estaba ordenado y limpio. Para su marido, preparaba comidas muy complicadas. En la puerta de la calle, ahí no más, se tomaba olor a frituras apetitosas. Que una mujer tan delicada como ella, sin mayor conocimiento de lo que es manejar una casa, supiera desenvolverse, causaba admiración. El marido, embobado, no sabía qué regalos hacerle. Le regaló un collar de oro, una bicicleta, un abrigo de piel y finalmente, como si no fuera bastante, un reloj, engarzado con pequeños brillantes, muy costoso.

Rosalía sólo pensaba en una cosa: en cómo perder el asco y la repulsión por el hombre. Durante días imaginó maneras de volverlo más simpático. Trataba de que sus amigas se enamoraran de él, para poder de algún modo llegar al cariño, a través de los celos, pero dispuesta a abandonarlo, eso sí, a la menor traición.

A veces cerraba los ojos para no verle la cara, pero su voz no era menos odiosa. Se tapaba las orejas, como alisándose el pelo, para no oírlo: su aspecto le daba náuseas. Como una enferma que no puede vencer su mal, pensó que no tenía cura. Durante mucho tiempo, como pan que no se vende, anduvo perdida, con los ojos extraviados. Para sufrir menos, la pobrecita comía siempre caramelos, como esas criaturas que se consuelan con pavadas. Mi socia me decía:

—¿Qué le pasa a esa señora? El marido anda loco por ella, ¿qué más quiere?

—Ser amada no da felicidad, lo que da felicidad es amar, señora —yo le respondía.

1. La manera en que Rosalía manejaba la casa se puede describir como...
   (A) ejemplar
   (B) dictatorial
   (C) despreocupada
   (D) juguetona

2. Por el comportamiento del esposo sabemos que él se sentía muy...
   (A) agradecido
   (B) poderoso
   (C) desanimado
   (D) delicado

3. ¿Qué trataba de hacer Rosalía?
   (A) Poner fin al matrimonio
   (B) Conseguir amar a su esposo
   (C) Recibir el perdón de su esposo
   (D) Mostrar el cariño que sentía

4. ¿Qué le permitirían los celos a Rosalía?
   (A) Sentirse una esposa ideal
   (B) Apreciar más a sus amigas
   (C) Empezar a querer a su esposo
   (D) Volverse más simpática

5. ¿Por qué comía caramelos Rosalía?
   (A) Para aumentar de peso
   (B) Para sentirse mejor
   (C) Para premiar el amor de su esposo
   (D) Para evitar las náuseas

6. A través de la selección es evidente que Rosalía estaba...
   (A) descontenta con su situación
   (B) locamente enamorada
   (C) mejorando de salud
   (D) luchando con sus celos

UNIT II

Este fragmento es del artículo "Todos a bailar merengue" por Aralís Rodríguez, publicado en la revista Ecos.

República Dominicana: Todos a bailar merengue

—*Aralís Rodríguez*

Se dice que los dominicanos "sudan merengue", y es que esta música y baile acompañan todo tipo de celebración en el país caribeño. Para festejar lo que es el símbolo más representativo de la cultura quisqueyana, desde hace varios años se celebra en esta tierra el Festival del Merengue, una cita de verano que reúne a miles de dominicanos y extranjeros para disfrutar de ese baile tan contagioso.

Mezcla de culturas

El merengue es la típica música bailable de República Dominicana, que tiene un origen trirracial, tanto en su raíz como en su instrumentación, pues utiliza la tambora africana, la güira indígena y el acordeón europeo.

Antes de que el merengue fuera la música nacional de República Dominicana, esta isla tenía cientos de ritmos por áreas geográficas, como palos, atabales, mangulina, sarambo, guarapo, carabiné, etc.

A finales del siglo XIX, en República Dominicana se vivía una pésima situación económica. El presidente de entonces, Buenaventura Báez, trató de anexar el país a Estados Unidos, pero el Senado lo rechazó. El caos político interno continuó hasta provocar que el siguiente presidente, Ulises Heureaux (Lilís) se convirtiera en un férreo dictador. Por ese entonces, Estados Unidos —tras recuperarse de su guerra civil— comenzó a extender su influencia sobre las Antillas. En 1907 impuso al país un tratado económico-político, que preanunciaba la "diplomacia del dólar". Valiéndose de ese tratado y del caos reinante, invadió República Dominicana en 1916, imponiéndole un protectorado hasta 1924. Los marines norteamericanos comenzaron a desembarcar en el país a partir del 4 de mayo, y el argumento que se utilizó fue similar al que usó 49 años después para volver a intervenir militarmente en República Dominicana (en 1965): "salvar vidas".

Según varios investigadores musicales, de la primera invasión estadounidense nace el merengue actual, llamado "pambiche". El compositor Antonio Abréu cambió el ritmo lineal como se tocaba la tambora para adecuarlo al paso más lento de los marines estadounidenses; y el resultado fue una música que ni era merengue ni música norteamericana, a la que se llamó "pambiche" (corrupción del léxico "Palm Beach"), pues en ese tiempo había un tejido de moda de ese nombre que no era dril ni casimir.

La llegada del acordeón desde Alemania, en 1870, introduce un elemento nuevo en la música dominicana y desplaza a la guitarra, que desde ese momento sólo se utiliza para interpretar los ritmos más lentos.

El merengue bajo la dictadura

La llegada de Trujillo al poder, en 1930, y la aparición de la radio como elemento de comunicación de masas, hace que el merengue sea más aceptado como música dominicana. El merengue se tocaba y bailaba entre las clases populares, pero Trujillo lo introdujo en las fiestas oficiales y en los grandes salones; para atender las preferencias de este nuevo público, el ritmo del merengue se hizo más lento. A partir de la muerte de Trujillo, en 1961, el merengue comienza a acelerarse, pues la censura y la disciplina tiránica de Trujillo lo mantuvieron melódica y armónicamente en un solo punto.

La aparición del famoso cantante Juan Luis Guerra, a principios de los años 90, con una nueva concepción en la letra y en la música, le da un nuevo aire al merengue dominicano.

1. ¿Cómo era la música dominicana antes de que el merengue se convirtiera en la música nacional?
   (A) Totalmente africana
   (B) Variada según la región
   (C) Limitada en cuanto a los instrumentos
   (D) Llena de tono racial

2. Según el artículo, ¿cuál fue el propósito de la invasión norteamericana a la República Dominicana?
   (A) Liberarla de un dictador horrible
   (B) Recuperar las tierras perdidas
   (C) Defenderla de otros invasores
   (D) Proteger la vida de los habitantes

3. ¿Qué es el "pambiche"?
   (A) Un estilo de merengue
   (B) Un apodo para los soldados
   (C) Un instrumento musical
   (D) Un tipo de conjunto musical

4. ¿Qué efecto tuvo el acordeón en el merengue?
   (A) Lo hizo más tradicional.
   (B) Lo hizo más popular.
   (C) Le dio una nueva dimensión.
   (D) Le dio un ritmo más romántico.

5. ¿Con qué propósito se hizo más lento el merengue a la llegada de Trujillo al poder?
   (A) Para que complaciera a los soldados
   (B) Para que fuera más apropiado para la radio
   (C) Para que lo disfrutara la clase con el poder
   (D) Para que se oyeran mejor las letras

Esta selección trata de una conversación entre miembros de una familia que discuten algunos cambios en su vida.

Aquella tarde mi padre entró en el comedor como todos los días al regresar de la oficina. Besó a mi madre en la frente y luego dijo con ese acento categórico de amo que usan todos los empleados humildes dentro de su casa:

—Ya está todo resuelto; a principios de mes nos vamos a Entre Ríos.

El ruido de la máquina de coser de mi madre cesó bruscamente:

—¡No! —exclamó mi madre—. ¿Lo dices en serio? ¡No es posible!

—¿Por qué no va a ser posible? Tus hermanos son unos incapaces y no me inspiran fe; quiero ir yo mismo a regir tu campo. Ya verás cómo lo hago rendir.

—Pero es una extensión muy chica —arguyó mi madre—, y si pierdes tu empleo, a la vuelta no encontrarás otro. Recuerda que este te lo dio el padrino cuando bautizamos a Diego, pero ahora las cosas no están fáciles para el partido.

—¿Y crees que voy a seguir pudriéndome en una oficina por cuatrocientos miserables pesos? Ni siquiera me alcanzan para mantener a mi familia, y eso que nunca voy al café. Ya estoy harto de ahogar entre cuatro paredes los mejores años de mi vida.

—Pero antes era peor. El taller sólo daba gastos…

—Bueno; pediré licencia sin goce de sueldo y después veremos. Pero tengo confianza en el campo. El tuyo es alto, rico…

—La casa es casi un rancho…

—¿Acaso esto es un palacio?

Entonces mi madre pronunció la frase decisiva, sorprendente. Resistiendo por primera vez a una orden del marido, exclamó:

—No, yo no me voy. No quiero irme… No puedo… por Diego.

¿Por mí? ¿Por qué podía ser yo un impedimento para ese viaje? ¡Si nadie tenía tantas ganas como yo de vivir en el campo! Quería correr el día entero al aire libre, como los chicos ricos durante los meses de vacaciones.

—No puedo admitir que una leyenda estúpida destruya nuestras vidas —rugió mi padre—. Sería completamente absurdo…

—Pero ¿de qué se trata? —inquirió mi tía.

Mis padres parecieron titubear; por fin mi madre contestó:

—Diego es el menor de siete hermanos varones…

—¿Y… ?

—Tengo miedo —sollozó mi madre—, miedo de las noches de luna llena.

1. ¿Qué anunció el padre al llegar a su casa una tarde?
   (A) Que había perdido su empleo
   (B) Que la familia se iba a mudar
   (C) Que ya no se encontraba a gusto en su casa
   (D) Que le molestaba el ruido de la máquina de coser

2. ¿Por qué quería ir a Entre Ríos el padre?
   (A) Porque echaba de menos a los hermanos de su esposa.
   (B) Porque quería bautizar a Diego.
   (C) Porque no se llevaba bien con su esposa.
   (D) Porque no les tenía confianza a los hermanos de su esposa.

3. ¿Qué parecía preocuparle a la esposa con respecto a su esposo?
   (A) Que el padrino se enojara con él
   (B) Que perdiera su puesto para siempre
   (C) Que no pudiera vender el rancho
   (D) Que no pudiera unirse al partido en el futuro

4. Según la selección, ¿cómo consiguió el padre el empleo que tenía ahora?
   (A) Un pariente se lo dio.
   (B) Un colega de su esposa se lo ofreció.
   (C) El partido lo asignó a ese puesto.
   (D) Recibió una merecida promoción.

5. La opinión del padre sobre su empleo se debía a que…
   (A) no ganaba lo suficiente
   (B) no era un reto para él
   (C) no respetaban sus ideas
   (D) no estaba en un lugar conveniente

6. ¿Cómo reaccionó la madre a la sugerencia de su esposo?
   (A) La aceptó con reservaciones.
   (B) Le dio varias opciones posibles.
   (C) Se entusiasmó mucho.
   (D) Estuvo en contra de la sugerencia.

7. Por lo que dijo el narrador, podemos deducir que a él…
   (A) le daba miedo mudarse lejos
   (B) le gustaría conocer a un chico rico
   (C) le importaba apoyar a su madre
   (D) le gustaría vivir en le campo

8. Por lo que expresó la madre al final de la selección, podemos deducir que ella es…
   (A) débil
   (B) indecisa
   (C) supersticiosa
   (D) vengativa

*Este fragmento es del artículo "La narrativa dominicana empieza a ser conocida" por Juana Vera publicado en la revista **Ecos**.*

La narrativa dominicana empieza a ser conocida

—*Juana Vera*

El año pasado, la Dirección General del Libro, la Casa de América y la Editorial Siruela publicaron "Cuentos dominicanos", una antología en la que participan ocho autores de ese país. Cada autor escribió tres cuentos; con
(5) ellos se formó este libro que nos muestra la realidad de la República Dominicana a lo largo del siglo XX.

"Rítmicos, sincréticos, onomatopéyicos, nostálgicos, románticos, insólitos, cálidos, híbridos, eclécticos, acuáticos, atléticos, gastronómicos, mágicos, oníricos, líricos...,"
(10) fueron algunos de los adjetivos esdrújulos que el escritor Manuel Llibre Otero utiliza para definir a los dominicanos.

Los autores y su país

Ángela Hernández Núñez, otra de las autoras de la antología, definió así su país: "El 50% de la población
(15) dominicana es analfabeta. Por ello, aprender a escribir y a leer fue un privilegio para mí. Nací en Buena Vista, un lindo valle entre montañas. Allí no había libros pero sí provocaciones para la imaginación. Las aguas eran voluptuosas y también terribles. No había reloj[(A)], y la televisión,
(20) que tampoco había, se sustituía por las tertulias. No había libros, pero sí una realidad para leer: los ciclones doblaban las casas, los apellidos eran, en su mayoría, malditos, porque Trujillo, el dictador, los había condenado a muerte. A pesar de todo, había sueños y un firme hilo de sabor en
(25) la memoria".

Dentro y fuera de la isla

Metamorfosis, magia, lirismo, psicoanálisis y la realidad putrefacta de la dictadura que asoló el país durante años[(B)], se mezclan con las palabras llenas de resonancias
(30) en este libro y nos abren una ventana que nos acerca a la literatura dominicana, una de las más ricas del Caribe insular, junto con la cubana y la de Puerto Rico. Pero si estas dos últimas literaturas son bien conocidas en el mundo, la dominicana es la gran olvidada, la gran
(35) desconocida. Esta situación ha comenzado a cambiar, gracias a iniciativas como las de Danilo Manera, responsable de esta antología, que también apareció en lengua italiana.

Hoy, más de un millón de dominicanos viven en Nueva
(40) York, donde se ha creado una colonia tan grande que se puede encontrar casi todo lo que hay en la isla, desde música hasta los más autóctonos platos de la gastronomía tradicional. Allí viven también Julia Álvarez y Junot Díaz, autores dominicanos que escriben en inglés. Pero, ¿son de verdad
(45) dominicanos? Este asunto crea gran polémica en la República Dominicana y las opiniones son diversas.

"Para mejorar el país necesitamos inversión y educación. Hoy todavía hay funcionarios del tiempo de Trujillo en las escuelas. Esto es terrible, porque transmiten visiones
(50) xenófobas del haitiano, nuestro vecino y ciudadano de uno de los países más pobres del mundo[(C)]. Esta realidad se refleja en 'Cuentos dominicanos', pero la literatura no basta para solucionarla. Con respecto al problema con Haití, tienen que intervenir las instituciones internacionales. Con
(55) respecto a la educación y al fin del analfabetismo en nuestro país, sólo nosotros podemos hacerlo luchando contra la corrupción", comenta Marcio Veloz, el autor más veterano de esta antología, un intelectual de gran talla en Latinoamérica y un cuentista por antonomasia, pues, como
(60) él bien dice, "yo sólo escribo cuentos"[(D)].

1. Según el artículo, ¿cuál es el propósito de esta antología?
   (A) Presentar la situación dominicana del siglo pasado
   (B) Compensar con dinero a los nuevos autores
   (C) Reconocer los errores del pasado dominicano
   (D) Definir lo que significa ser un autor dominicano

2. ¿Qué inspiró a Angela Hernández Núñez a escribir?
   (A) La lectura a una temprana edad
   (B) El deseo de ayudar a los analfabetos
   (C) El ambiente donde nació
   (D) La situación política de su país

3. Entre los temas que encontramos en la antología, ¿qué tema es recurrente a través de los cuentos?
   (A) La importancia de las tertulias
   (B) La influencia de la literatura de otras islas
   (C) La persistencia del analfabetismo
   (D) La horrible situación política

4. ¿En qué se diferencia la literatura dominicana de la de Cuba y Puerto Rico?
   (A) Es más lírica.
   (B) Es más profunda.
   (C) Es menos conocida.
   (D) Es menos realista.

GO ON TO NEXT PAGE ➤

5. ¿Qué problema existe hoy día con respecto a la literatura dominicana?
   (A) Algunos consideran que las obras en inglés no son dominicanas.
   (B) Los libros escritos fuera de la isla son demasiado dogmáticos.
   (C) Los escritores fuera de la isla no comprenden la realidad dominicana.
   (D) Algunos piensan que no presenta la diversidad de ideas existentes.

6. ¿Qué parece afectar negativamente a la República Dominicana?
   (A) La influencia estadounidense
   (B) La cercanía a Haití
   (C) Los nuevos funcionarios gubernamentales
   (D) Los residuos de regímenes previos

7. Podríamos resumir que las ideas de Marcio Veloz están basadas en…
   (A) la pobreza del país
   (B) el pasado histórico
   (C) la falta de ayuda internacional
   (D) el aislamiento que prevalecía

8. La siguiente frase se puede añadir al texto: **pero las horas se medían por las sombras de las casas**.
   ¿Dónde serviría mejor la frase?
   (A) Posición A (línea 19)
   (B) Posición B (línea 29)
   (C) Posición C (línea 51)
   (D) Posición D (línea 60)

Este pasaje es un fragmento del cuento "El guardagujas" del autor mexicano Juan José Arreola.

El forastero llegó sin aliento a la estación desierta. Su gran valija, que nadie quiso cargar, le había fatigado en extremo. Se enjugó el rostro con un pañuelo, y con la mano en visera miró los rieles que se perdían en el hori-
(5) zonte. Desalentado y pensativo consultó su reloj: la hora justa en que el tren debía partir.

Alguien, salido de quién sabe donde, le dio una palma-da muy suave. Al volverse, el forastero se halló ante un viejecillo de vago aspecto ferrocarrilero. Llevaba en la
(10) mano una linterna roja, pero tan pequeña, que parecía de juguete. Miró sonriendo al viajero, que le preguntó con ansiedad:

—Usted perdone, ¿ha salido ya el tren?

—¿Lleva usted poco tiempo en este país?

(15) —Necesito salir inmediatamente. Debo hallarme en T mañana mismo.

—Se ve que usted ignora las cosas por completo. Lo que debe hacer ahora mismo es buscar alojamiento en la fonda para viajeros —y señaló un extraño edificio ceni-
(20) ciento que más bien parecía un presidio.

—Pero yo no quiero alojarme, sino salir en el tren.

—Alquile usted un cuarto inmediatamente, si es que lo hay. En caso que pueda conseguirlo, contrátelo por un mes, le resultará más barato y recibirá mejor atención.

(25) — ¿Está usted loco? Yo debo llegar a T mañana mismo.

—Francamente, debería abandonarlo a su suerte. Sin embargo, le daré unos informes.

—Por favor…

(30) —Este país es famoso por sus ferrocarriles, como usted sabe. Hasta ahora no ha sido posible organizarlos debidamente, pero se han hecho grandes cosas en lo que se refiere a la publicación de itinerarios y a la expedición de boletos. Las vías ferroviarias abarcan y enlazan todas las
(35) poblaciones de la nación; se expenden boletos hasta para las aldeas más pequeñas y remotas. Falta solamente que los convoyes cumplan las indicaciones contenidas con las guías y que pasen efectivamente por las estaciones. Los habitantes del país así lo esperan; mientras tanto, aceptan
(40) las irregularidades del servicio y su patriotismo les impide cualquier manifestación de desagrado.

1. ¿Por qué estaba fatigado el forastero?
   (A) Porque había tenido que cargar su pesado equipaje.
   (B) Porque ya llevaba varios meses de viaje.
   (C) Porque estaba herido y no podía caminar.
   (D) Porque había corrido tratando de alcanzar el tren.

2. ¿Por qué le parece al viejecillo que el viajero lleva poco tiempo en el país?
   (A) Porque no conoce la situación de los trenes.
   (B) Porque no habla bien la lengua.
   (C) Porque anda vestido de forastero.
   (D) Porque se refiere al pueblo donde quiere ir como T.

3. El viejecillo le sugirió al viajero que buscara aloja-miento porque…
   (A) venía una tormenta muy fuerte
   (B) podía ver que el viajero necesitaba descansar
   (C) el viajero no iba a poder salir por mucho tiempo
   (D) el viajero no podía dejar su equipaje en la estación

4. ¿Por qué piensa el viajero que el viejecillo está loco?
   (A) Porque le sugiere que compre una fonda.
   (B) Porque le pide que lo trate con respeto.
   (C) Porque le dice que se quedará en el presidio.
   (D) Porque le insinúa que pasará allí mucho tiempo.

5. ¿Qué sugiere acerca del viajero la siguiente frase "… debería abandonarlo a su suerte" (línea 27)?
   (A) No hay nada que el viajero pueda hacer.
   (B) Debería dejar su equipaje allí mismo.
   (C) No puede depender de la suerte.
   (D) Parece una persona sin mucha suerte.

6. ¿Qué problema tienen los trenes de este país?
   (A) No están al alcance de todos los ciudadanos.
   (B) No hacen lo que dicen las guías.
   (C) No pasan por las aldeas remotas.
   (D) No permiten el transporte forastero.

7. Según el forastero, ¿cómo reaccionan los ciudadanos al servicio de trenes?
   (A) Encuentran las guías demasiado difíciles de leer.
   (B) Están resignados con el servicio existente.
   (C) Creen que hay irregularidades sin razón.
   (D) Se quejan de que los billetes son demasiado caros.

8. ¿Qué podemos deducir acerca de esta frase: "… aceptan las irregularidades del servicio y su patriotismo les impide cualquier manifestación de desagrado." (líneas 39–41)?
   (A) Los habitantes temen repercusiones.
   (B) Los habitantes pueden ir a la cárcel.
   (C) Los habitantes aman mucho su tierra natal.
   (D) Los habitantes tienen que trabajar para la compañía.

Volví a Granada, recién licenciado, con el pelo todavía cortado a la manera del cuartel, sin un céntimo, sin más expectativa que la de encerrarme a preparar unas oposiciones en las que sería muy difícil que ganara una plaza, porque éramos miles los aspirantes a cada una de ellas. En un bar alguien me habló de Funes: se había casado con Juana Rosa, por lo civil, desde luego, y no en los juzgados de la capital, sino en una aldea alpujarreña, en la que es probable que, para satisfacción de Juana Rosa, el juez de paz llevara abarcas manchadas de estiércol y un mono azul de tractorista. Ahora vivían en una de las zonas más remotas y despobladas de la provincia, hacia los páramos del noroeste, que en invierno no son mucho más hospitalarios que el desierto del Gobi. Una mañana fui a tomar café al bar San Isidro, donde tantos cafés y cañas y vasos de vino y copas de coñac había compartido con Funes, y al mirar hacia el portal de nuestra antigua casa tras las cristaleras se me rompió el corazón. Añoré la amistad, que ya no recuperaría, percibí el paso del tiempo como una injuria prematura y absurda, porque al fin y al cabo iba a cumplir veinticinco años, me sentí perdido y vulnerable en el mundo, sin dinero, sin porvenir, sin nombre, sin aquella ficción de estabilidad y ordenados propósitos que me había permitido la carrera. También el dueño del San Isidro me habló de Funes: él y su señora estuvieron saludándolo unas semanas antes; él ya era abogado, y con un puesto muy bueno en un pueblo, que es donde se gana dinero, y ella médica, o doctora, pero seguían igual que siempre, con la misma sencillez, con la misma pinta, dijo el dueño, casi emocionado, vamos, como usted o como yo. No quiso cobrarme luego el café con leche: gracias a eso pude comprar cigarrillos aquel día.

1. ¿Con qué propósito regresó el narrador a Granada?
   (A) Para continuar sus estudios
   (B) Para conseguir un puesto
   (C) Para enlistarse en el ejercito
   (D) Para obtener una licencia

2. ¿Quién parecía ser Funes?
   (A) Un antiguo amigo
   (B) Un pariente lejano
   (C) Un mesero en el bar
   (D) Un campesino conocido

3. ¿De qué manera describió el narrador la situación actual de Funes?
   (A) Con envidia
   (B) Con alabanza
   (C) Con diplomacia
   (D) Con sarcasmo

4. ¿Cómo podemos describir el estado de ánimo en que se encontraba el narrador cuando estaba en el bar San Isidro?
   (A) Agradable
   (B) Indeciso
   (C) Nostálgico
   (D) Romántico

5. ¿De qué parece preocuparse el narrador?
   (A) De su futuro
   (B) De su juventud
   (C) Del dueño del bar
   (D) De Funes

6. ¿Cuál es el propósito del autor en esta selección?
   (A) Mostrar los resultados de una vida desorganizada
   (B) Mostrar las dificultades de un joven licenciado
   (C) Describir el significado de una buena amistad
   (D) Describir los éxitos de un hombre de carrera

UNIT II

El profesor se dejó caer sentado en su sillón, con ademán de abatimiento. Ella insistía en su gesto de alargarle el cuaderno y el bolígrafo, pero él tardó un rato en responder. Tomó al fin el bolígrafo y el cuaderno y ella comprendió que aquel hombre había sufrido —estaba sufriendo— una nueva transformación. Pues en lugar de escribir con la precisión y rapidez a que acostumbraba, comenzó a hacerlo con torpeza y lentitud que recordaba el esfuerzo de un escolar que elaborase sus primeros palotes.

Al cabo de un tiempo, le mostró el mensaje, hecho con letras deformes y temblequeantes: «Me cuesta mucho», decía. Como si recuperase el aliento y reuniese sus fuerzas, esperó un tiempo antes de continuar. Se inclinó por fin otra vez sobre el cuaderno: «Olvido las letras. Es el fin», escribió.

La ayudante Vallejo se fue de allí muy afectada. Aquella misma semana, el profesor se ausentó sin dejar señal alguna. Y casi un mes más tarde llegó la noticia de su extraña desaparición en la llamada Costa de la Muerte, al borde de una playa apartada, donde había sido localizado su automóvil y, dentro de él, ropas y objetos que le pertenecían.

Cuando la policía tuvo testimonios de la peculiar conducta del profesor Souto en los últimos meses, supuso que él mismo había sido el causante de su desaparición, posiblemente dando fin a su vida entre aquellas olas turbulentas, aunque su cuerpo no hubiese sido localizado todavía entonces, como no lo ha sido hasta la fecha.

La noticia desazonó tanto a Celina Vallejo, que emprendió de inmediato el largo viaje a las tierras gallegas. Recuperar los cuadernos que el desaparecido llevaba consigo le costó algunos prolijos trámites, pero al fin se los entregaron. En cuanto a la cartera y los cheques de gasolina, así como la ropa —arrebujada en una bolsa de plástico— deben esperar, para su entrega, una tramitación más compleja.

1. Al principio de la selección la mujer estaba tratando que el profesor…
   (A) se comunicara con ella
   (B) se sentara a su lado
   (C) se entusiasmara un poco
   (D) se preparara para el viaje

2. ¿Cómo sabemos que el profesor había sufrido una transformación?
   (A) Por la manera en que le hablaba
   (B) Por la manera en que escribía
   (C) Por la rapidez con que le contestó
   (D) Por la falta de interés en la conversación

3. Por la descripción de las acciones del profesor en el segundo párrafo sabemos que él…
   (A) no quería gastar su dinero
   (B) no recordaba el mensaje
   (C) no comprendía a la mujer
   (D) no podía hablar

4. Según la selección, ¿qué había sucedido esa misma semana?
   (A) El profesor no quiso ir más a la playa.
   (B) El profesor no aparecía por ninguna parte.
   (C) La ayudante Vallejo se fue a una playa desierta.
   (D) La ayudante Vallejo se llevó sus pertenencias.

5. ¿A qué conclusión había llegado la policía?
   (A) Que el profesor se había mudado
   (B) Que el profesor se había ahogado
   (C) Que el profesor actuaba como de costumbre
   (D) Que el profesor ocultaba un pasado turbulento

6. ¿Por qué fue Celina Vallejo a las tierras gallegas?
   (A) Quería obtener las pertenencias del profesor.
   (B) Quería alejarse de la Costa de la Muerte.
   (C) Necesitaba recuperarse.
   (D) Necesitaba hablar con el profesor.

*Este fragmento es del artículo "Chupa Chups" por Lola Tanibo, publicado en la revista **Ecos**.*

Chupa Chups

—*Lola Tanibo*

¿Quién no ha chupado un "chupa chups"? Creo que nadie en Europa, Estados Unidos y gran parte de Latinoamérica, pues la empresa española produce cuatro millones de chupa chups al año en todo el mundo, de más
(5) de 40 sabores diferentes, incluido uno de chile para el mercado mexicano.

Chupa Chups fue el primer caramelo con palo que se consumió en el espacio, saboreado por los cosmonautas de la estación espacial Mir, en 1995, y es el de mayor ventas
(10) en el mundo. Su inventor, Enric Bernat Fontlladosa, murió el pasado 27 de diciembre en su casa de Barcelona a los 80 años de edad, retirado de los negocios tras padecer una grave enfermedad.[A]

La prensa española e internacional se hizo eco de la
(15) noticia con la publicación de biografías y notas necrológicas dedicadas al creador del caramelo con palo más vendido del mundo.

El inventor

Enric Bernat, el arquetipo de hombre de negocios hecho a
(20) sí mismo y con gran carisma vendedor, nació el 20 de octubre de 1923, y estudió hasta cuarto de Bachillerato y, posteriormente, tres cursos de Comercio.[B]

A finales de los 50, a Bernat, hijo de una familia de confiteros catalanes, se le ocurrió crear un caramelo redondo
(25) con palo (*lollipops*), después de ver cómo los niños se ensuciaban los dedos comiendo los dulces de aquella época.

El empresario catalán patentó este invento, que en un primer momento fabricó y comercializó a través de la compañía Granja Asturias, S.A. (1958) con el nombre de Chups.
(30) Bernat introdujo en los años sesenta un sistema de autodistribución innovador, con la financiación de unos Seat 600 decorados con la imagen del chupa chups, con la que creó una amplia red de vendedores que distribuían, vendían y facturaban la mercancía en el momento.[C]
(35) En 1969, Salvador Dalí diseña el logotipo de la marca Chupa Chups, por una suma millonaria, y los dulces salen al mercado al precio de una peseta, mucho dinero para aquella época en la que la economía de España trataba de despegar y el nivel salarial medio era muy bajo.

A la conquista del mercado (40)

La internacionalización de Chupa Chups se llevó a cabo en los años setenta y ochenta, con exportaciones a Alemania, Italia, EEUU, Japón y Australia, y el establecimiento de nuevas filiales comerciales en el extranjero.

El éxito de Chupa Chups, que emplea en la actualidad (45) a 1.700 personas en todo el mundo, se debe también al éxito de la estrategia comercial aplicada por su fundador, que en sus comienzos se remitió al eslogan: "es redondo y dura mucho, Chupa Chups", y a su apuesta por el mercado internacional. (50)

Enric Bernat creó un imperio con una simple idea: poner un palo a un caramelo para adaptarlo mejor a sus mejores clientes, los niños, para evitar que se ensuciaran los dedos.[D]

1. Según el primer párrafo de la selección, ¿qué podemos deducir sobre la producción de los Chupa Chups?
   (A) La producción ha disminuido en España.
   (B) La producción es mayormente en Latinoamérica.
   (C) Se trata de satisfacer todos los gustos.
   (D) Se trata de limitar los países productores.

2. ¿Qué relación existe entre la estación espacial Mir y los Chupa Chups?
   (A) Sirvieron de alimento para los cosmonautas.
   (B) Se hicieron experimentos para mejorar el sabor del producto.
   (C) La compañía patrocinó parte del vuelo.
   (D) Se hicieron varios anuncios publicitarios en la estación.

GO ON TO NEXT PAGE ➤

UNIT II

3. ¿A causa de qué se publicaron artículos sobre Enric Bernat?
   (A) A causa de su jubilación
   (B) A causa de su muerte
   (C) A causa de la venta de la compañía
   (D) A causa de su enfermedad

4. ¿De dónde le surgió a Bernat la idea para la invención de los Chupa Chups?
   (A) Al querer una manera más limpia de comer caramelos
   (B) Al recordar su placentera niñez
   (C) Al ver la falta de competencia en la industria
   (D) Al descubrir un método fácil para hacer caramelos

5. ¿Por qué fueron importantes los años sesenta para la compañía?
   (A) Porque se decidió mantener el diseño original del producto.
   (B) Porque se modificó el modelo de hacer negocios.
   (C) Porque se compensó a los vendedores con coches Seat.
   (D) Porque se automatizó la venta de los caramelos.

6. ¿Cuál fue una de las características qué contribuyó al éxito de los Chupa Chups?
   (A) Que no se consumían rápidamente
   (B) Que no se encontraban fácilmente en el mercado
   (C) Que los vendedores recibían grandes recompensas
   (D) Que la economía española mejoraba mucho

7. Según la selección, ¿qué circunstancias existían en España cuando salieron los Chupa Chups al mercado?
   (A) Los patentes se conseguían fácilmente.
   (B) El costo de la producción era muy bajo.
   (C) La economía intentaba prosperar.
   (D) La población estaba interesada en un nuevo producto.

8. La siguiente oración se puede añadir al texto: **Sería como comerse un caramelo con tenedor, pensó** [Bernat]. ¿Dónde serviría mejor la oración?
   (A) Posición A (línea 13)
   (B) Posición B (línea 22)
   (C) Posición C (línea 34)
   (D) Posición D (línea 54)

En la siguiente selección, el narrador habla de las reacciones de las personas ante una situación inesperada.

Yo estaba en la fila de registro detrás de una anciana holandesa que demoró una hora discutiendo el peso de sus once maletas. Empezaba a aburrirme cuando vi la aparición instantánea que me dejó sin aliento, así que no (5) supe como terminó el altercado, hasta que la empleada me bajó de las nubes con un reproche por mi distracción. A modo de disculpa le pregunté si creía en los amores a primera vista. "Claro que sí", me dijo. "Los imposibles son los otros." Siguió con la vista fija en la pantalla de la (10) computadora, y me preguntó qué asiento prefería: fumar o no fumar.

—Me da lo mismo —le dije con toda intención—, siempre que no sea al lado de las once maletas. Ella lo agradeció con una sonrisa comercial sin apartar la vista de (15) la pantalla fosforescente.

—Escoja un número —me dijo—: tres, cuatro o siete.
—Cuatro.

Su sonrisa tuvo un destello triunfal.

—En quince años que llevo aquí —dijo—, es el (20) primero que no escoge el siete.

Marcó en la tarjeta de embarque el número del asiento y me la entregó con el resto de mis papeles, mirándome por primera vez con unos ojos de color de uva que me sirvieron de consuelo mientras volvía a ver a la bella. Sólo (25) entonces me advirtió que el aeropuerto acababa de cerrarse y todos los vuelos estaban diferidos.

—¿Hasta cuándo?

—Hasta que Dios quiera —dijo con una sonrisa—
La radio anunció que será la nevada más grande del año.

1. ¿Qué hacía la anciana holandesa al principio de la selección?
   (A) Discutía con la empleada.
   (B) Le gritaba al narrador.
   (C) Se paseaba de un lado al otro.
   (D) Buscaba algo en su equipaje.

2. ¿Por qué no supo el narrador lo que sucedió con la anciana holandesa?
   (A) Porque hablaba con otra empleada.
   (B) Porque se durmió de aburrimiento.
   (C) Porque estaba algo distraído.
   (D) Porque trabajaba en la computadora.

3. ¿Qué está interesada en saber la empleada?
   (A) Si el narrador está enamorado
   (B) Si el narrador lleva sobrepeso
   (C) Dónde prefiere sentarse el narrador
   (D) Cuál es el destino del narrador

4. ¿A qué se refieren los números que discuten el narrador y la empleada?
   (A) Al número de personas
   (B) Al número de maletas
   (C) Al número del vuelo
   (D) Al número del asiento

5. ¿Qué parece indicar este comentario de la empleada: "En quince años que llevo aquí —dijo—, es el primero que no escoge el siete." (líneas 19–20)?
   (A) Los viajeros son indiferentes a los números.
   (B) La empleada no sabe sumar.
   (C) Los viajeros son supersticiosos con los números.
   (D) La empleada prefiere el número siete.

6. ¿Qué le advirtió la empleada al viajero?
   (A) Que había escogido un número equivocado
   (B) Que no habría más vuelos ese día
   (C) Que sus papeles no estaban en orden
   (D) Que iba a ver a la bella muy pronto

El traje flamenco

—Luisa Moreno

Una tradición llena de sensualidad.

Volantes cortos, estampados de flores, mangas largas, talles bajos… el vestido flamenco es posiblemente el único atuendo folclórico tradicional en el que hay modas que van cambiando cada temporada. Pueden llegar a ser tan diversos, que tal vez el único rasgo común que los identifica como vestidos de flamenca sean sus volantes.

Ya desde el inicio de la primavera, muchas mujeres andaluzas preparan sus vestidos, los sacan de los armarios, los lavan y los planchan; llegada la ocasión, se disponen a lucirlos en las ferias y fiestas que hasta el final del verano se celebran por todo el sur de España.

El origen del vestido de flamenca tiene más de un siglo y se remonta a los primeros años de la Feria de Abril, de Sevilla, que se inició como feria de ganado. A ella acudían los tratantes de ganado —muchos de ellos, gitanos— acompañados de sus mujeres, que solían vestir sencillas y alegres batas de percal rematadas con volantes. La gracilidad que estos humildes vestidos proporcionaban al cuerpo de la mujer y la vivacidad de sus colores hizo que las mujeres de clases más pudientes imitaran la forma de vestir de las gitanas y campesinas, y se vistieran de este modo para acudir a las fiestas y romerías populares.

Para ir vestida de flamenca no basta con llevar un vestido de volantes, es necesario lucir los complementos apropiados: la flor en el pelo, los zarcillos de aro o de estilo lágrima de coral. El pelo de una flamenca debe ir recogido en un moño. Los zapatos que se llevan con el vestido de flamenca deben ser de tacón no muy alto. Los vestidos de flamenca que se usan para las ferias son diferentes de los vestidos y faldas rocieros (propios para las romerías) y difieren también de los vestidos de volantes que se emplean en los espectáculos y en las academias de baile flamenco. Las diferencias entre esos tres atuendos flamencos se basan en el uso al que cada uno de ellos está destinado: el vestido de feria está más pensado para lucirse socialmente paseando por la feria a pie o en coche de caballos, bailando en las casetas o montando a la grupa de un caballo.

Los vestidos o batas rocieras son modelos para lucir en la romería, mucho más sencillos que los de feria, con pocos volantes, pensados para andar muchos kilómetros por el campo, haciendo el camino hasta El Rocío.

Por otra parte, los vestidos de volantes que se utilizan para el baile flamenco son muy diferentes de los de feria y Rocío, puesto que se trata de vestidos y faldas pensados para el baile. Estos se confeccionan con tejidos ligeros, muy adaptados al cuerpo, son elásticos, deben permitir el movimiento libre de los brazos, la cintura y las caderas, y deben tener gran vuelo.

1. ¿Qué distingue al traje de flamenco, según el artículo?
   (A) Se caracteriza por los estampados de lunares.
   (B) Cambia de tiempo en tiempo.
   (C) Tiene dos modalidades.
   (D) Se usa todo el año.

2. ¿Dónde nace el traje flamenco?
   (A) Entre campesinos
   (B) Entre burgueses
   (C) Entre militares
   (D) Entre mendigos

3. ¿Qué contribuyó a la popularidad del traje flamenco?
   (A) Aliviaba el calor.
   (B) Favorecía la figura.
   (C) Les encantaba a las gitanas.
   (D) Les agradaba a los ganaderos.

4. Un complemento del traje flamenco que **NO** menciona el artículo es…
   (A) el calzado adecuado
   (B) el adorno para el cabello
   (C) el peinado apropiado
   (D) el abanico adornado

5. ¿Por qué es variado el atuendo flamenco femenino hoy?
   (A) Por las épocas del año en que se usa
   (B) Por el capricho de quien lo escoge
   (C) Por las actividades en que lo usan las mujeres
   (D) Por los quehaceres laborales que se realizan en el campo

6. ¿Qué podemos inferir acerca del traje flamenco?
   (A) Representa un símbolo de la cultura.
   (B) Inspira la feria de ganado de Sevilla.
   (C) Indica la jerarquía de la mujer que lo usa.
   (D) Manifiesta el último grito de la moda invernal.

7. De acuerdo a la historia del traje flamenco femenino, ¿qué podemos predecir acerca de su futuro?
   (A) Surgirán otras variedades.
   (B) Disminuirá la demanda.
   (C) Prosperará la industria del calzado.
   (D) Reducirán más los precios.

El siguiente texto es un fragmento de "Dos cartas," un relato del autor chileno José Donoso. Las relaciones entre los seres humanos cambian con el paso de los años y las mudanzas de la vida.

Estas son las últimas cartas que se escribieron dos hombres, Jaime Martínez, un chileno, y John Dutfield un inglés.

Se conocieron como compañeros en los cursos infantiles de un colegio de Santiago, y continuaron en la misma clase hasta terminar sus humanidades. Pero jamás fueron amigos. No podía haber sido de otro modo, ya que sus aficiones y personalidades se marcaron desde temprano como opuestas. Sin embargo, el chileno solía llevar sandwiches al inglés, porque Dutfield era interno, y como todos los internos de todos los colegios, sufría de un hambre constante. Esto no fue causa para que sus relaciones se hicieran más íntimas. En un torneo de boxeo que se llevara a cabo en el colegio, John Dutfield y Jaime Martínez se vieron obligados a enfrentarse. Los vítores de los compañeros enardecieron por un momento los puños del chileno, de ordinario inseguros, e hizo sangrar la nariz de su contrincante. No obstante, el inglés fue vencedor de la jornada. Esto a nadie sorprendió, ya que Dutfield era deportista por vocación, mientras que Martínez era dado a las conversaciones y a los libros. Después, el chileno siguió llevando sándwiches al inglés.

Una vez rendido el bachillerato, que ambos aprobaron mediocremente, se efectuó una cena de fin de estudios. Aquella noche fluyeron el alcohol y las efusiones, cimentando lealtades viejas mientras nuevas lealtades se iban forjando en la llama de una hombría recientemente descubierta. Dutfield debía partir en breve. Pertenecía a una de esas familias inglesas errantes e incoloras, nómadas comerciales, que impulsada por la voz omnipotente de la firma que el padre representara en varios países, cambiaba de sitio de residencia cada tantos años. Debían trasladarse ahora, siguiendo el mandato todopoderoso, a Cape Town, en la Unión Sudafricana. Al final de la comida, agotadas las rememoraciones y los cantos, Dutfield y Martínez apuntaron direcciones, prometiendo escribirse.

1. ¿Qué propósito busca el autor de esta narración?
   (A) Escribir la biografía de Dutfield
   (B) Contar pormenores de una escuela de Chile
   (C) Narrar detalles del vínculo entre dos hombres
   (D) Relatar un viaje de Chile a África

2. ¿Cuándo se conocieron Jaime Martínez y John Dutfield?
   (A) Cuando terminaron su educación secundaria
   (B) En la escuela primaria
   (C) En la fiesta de fin de curso
   (D) Cuando participaron en una competencia de boxeo

3. ¿Cómo había sido la relación entre Jaime y John?
   (A) Una relación casual
   (B) Una relación íntima
   (C) Compartían la misma habitación
   (D) Compartían los mismos intereses

4. ¿Qué sucedió después del torneo de boxeo?
   (A) Jaime y John terminaron siendo enemigos.
   (B) Jaime se dedicó más al boxeo que John.
   (C) Jaime y John quedaron empatados.
   (D) Jaime continuó alimentando a John.

5. Según la lectura, ¿qué ayudaba a mantener la relación entre los dos jóvenes?
   (A) El interés de ambos por la lectura
   (B) La habitación compartida en el internado
   (C) El gesto generoso del joven Jaime
   (D) La frecuencia de los eventos deportivos

6. ¿Cómo cambiaría la vida de John al terminar el bachillerato?
   (A) Conseguiría un empleo en Cape Town.
   (B) Pensaría cambiar de sitio donde vivir.
   (C) Se mudaría con su familia a África.
   (D) Se cambiaría de residencia como todos los años.

7. ¿Qué hicieron John y Jaime al final de la cena?
   (A) Siguieron celebrando la graduación.
   (B) Prometieron visitarse.
   (C) Se despidieron cordialmente.
   (D) Acordaron continuar la relación.

Alemania comenzó a producir sus propias telenovelas

Varias cadenas de televisión del país europeo están interesadas en dar vida con sus actores a un género propiamente latinoamericano.

La televisión alemana ha importado el género típicamente latinoamericano de la telenovela y entre los diversos canales ha empezado ya una carrera por sacar al mercado sus primeras producciones para que los televidentes sufran (5) durante meses y al final se alegren con un final feliz.[A]

"Bianca" —la "primera telenovela alemana", —como la anuncia la cadena pública ZDF utilizando la palabra española para definir el género— empieza a emitirse. La cadena privada SAT 1 saldrá al mercado con una telenovela (10) propia en la próxima primavera —se llamará "Todo por amor"— y RTL está trabajando en otro proyecto.

El súbito descubrimiento del género resulta sorprendente, pues, como lo han recordado algunos críticos, su origen data de hace 45 años, cuando llegó a las pantallas (15) mexicanas la primera versión de "El derecho de nacer", con la historia de Albertico Limonta, que hizo llorar a generaciones de latinoamericanos.[B]

En la telenovela de la ZDF, Bianca, una mujer de 28 años, sale de la cárcel en la que ha pasado cuatro años (20) por un crimen que no ha cometido y encuentra al hijo de un banquero rico, Oliver, que se convierte en el amor de su vida. Sin embargo, el destino, las diferencias de clase y una prima intrigante se interponen en el "camino hacia la felicidad" de los enamorados.[C]

(25) "Bianca" se emitirá de lunes a viernes y los sábados la ZDF presentará un resumen de los capítulos de la semana. "200 capítulos de dolor del corazón", ha escrito el diario Bild en su página de televisión para presentar a "Bianca". La ZDF cree haber descubierto con "Bianca" una "nueva (30) dimensión de la televisión sentimental" y que los espectadores, y ante todo las espectadoras, estarán agradecidos de tener una alternativa a los múltiples espacios dramatizados que representan querellas judiciales y que dominan el programa de televisión de las tardes.

(35) Según la crítica del diario Berliner Zeitung, Klaudia Brunst, el descubrimiento de la telenovela por parte de la televisión alemana puede ser enmarcado dentro de una tendencia a hacer renacer cierto tipo de romanticismo de otros tiempos.[D] Esa tendencia se ve en Alemania en los éxi- (40) tos que han tenido las versiones televisadas de los libros de una escritora como Rosamunde Pilcher, que, sin embargo, no responden a las exigencias del género telenovelístico, pues se reducen a unos pocos capítulos.

La salida al aire de "Bianca" ha hecho posible además que se piense en general en lo que ha significado el género (45) para Latinoamérica y en cómo Mario Vargas Llosa, con *La tía Julia y el escribidor*, hizo un homenaje irónico a su antecedente más directo, la radionovela. También se ha recordado cómo el género nacido en Latinoamérica tiene otro antecedente mucho más ilustre: la novela por entregas, (50) típica del siglo XIX europeo.

1. ¿Qué se propone este artículo periodístico?
   (A) Comentar una novedad en la televisión alemana
   (B) Hacer la campaña publicitaria de "Bianca"
   (C) Analizar el tema de la telenovela "Bianca"
   (D) Publicar un horario de programas alemanes

2. ¿Qué le llama la atención al autor del artículo?
   (A) Que los alemanes ven *La tía Julia y el escribidor*
   (B) Que el canal privado proyecta lanzar una telenovela
   (C) Que la telenovela es un producto nuevo en Alemania
   (D) Que la telenovela causa ansiedad en el público alemán

3. Según la información acerca de las telenovelas alemanas, ¿qué podemos inferir del artículo?
   (A) Van a pasar de moda en muy poco tiempo.
   (B) Van a ser más populares que las mexicanas.
   (C) Van a presentar una nueva versión de "El derecho de nacer".
   (D) Van a ofrecer más opciones a los televidentes alemanes.

4. ¿Cómo justifica la ZDF la producción de la telenovela "Bianca"?
   (A) Los televidentes alemanes se aburren fácilmente.
   (B) Los telespectadores alemanes desconocen el género.
   (C) El público alemán prefiere sufrir con las telenovelas.
   (D) La audiencia busca identificarse con los personajes.

5. De acuerdo a la descripción de "Bianca" podemos deducir que va a ser una telenovela muy…
   (A) complicada
   (B) dogmática
   (C) violenta
   (D) intelectual

GO ON TO NEXT PAGE

6. La siguiente oración se puede añadir al texto:
Siguiendo las exigencias tradicionales del género, es de esperar que al final superen todas las dificultades que atraviesan. ¿Dónde serviría mejor la oración?
(A) Posición (A) (línea 5)
(B) Posición (B) (línea 17)
(C) Posición (C) (línea 24)
(D) Posición (D) (línea 39)

7. ¿A qué conclusión llega el artículo?
(A) El género telenovelístico inicia el romanticismo.
(B) Los libros románticos son más populares que la telenovela.
(C) Vargas Llosa glorifica las telenovelas latinoamericanas.
(D) La telenovela tiene sus raíces en Europa.

8. De acuerdo al artículo, ¿qué podemos deducir sobre los telespectadores alemanes?
(A) Les atraen las historias románticas.
(B) Les gustan los programas informativos.
(C) Se benefician al oír actores que hablan español.
(D) Se enorgullecen de comprender una lengua extranjera.

Llegó a Barcelona en la noche del veintisiete de julio y llovía. Bajó del tren y al ver en su reloj que eran las once de la noche, se convenció de que tendría que dormir en la calle. Al salir de la estación empezaron a aparecer ante sus ojos los letreros que anunciaban las pensiones, los hostales, los albergues. Se dijo "No hay habitación para usted" en la puerta de cuatro pensiones, pero se arrojó valientemente sobre la escalera que conducía a la quinta pensión que encontró. Perdió y volvió a encontrar su pasaporte antes de entrar, y luego avanzó hasta una especie de mostrador donde un recepcionista lo podría estar confundiendo con un contrabandista. Quería, de rodillas, un cuarto para varios días porque en Barcelona se iba a encontrar con los Linares, porque estaba muy resfriado y porque ahora tenía que dormir bien esa noche. El recepcionista le comentó que él era el propietario de esa pensión, el dueño de todos los cuartos de esa pensión, de todas las mesas del comedor de esa pensión y después le dijo que no había nada para él, que sólo había un cuarto con dos camas para dos personas. Sebastián inició la más grande requisitoria contra todas las pensiones del mundo: a él que era un estudiante extranjero, a él que estaba enfermo, resfriado, cansado de tanto viajar, a él que tenía su pasaporte en regla (lo perdió y lo volvió a encontrar), a él que venía en busca de descanso, de sol y del Quijote, se le recibía con lluvia y se le obligaba a dormir en la intemperie. "Calma, calma, señor", dijo el propietario-recepcionista, "no se desespere, déjeme terminar: voy a llamar a otra pensión y le voy a conseguir un cuarto."

1. ¿Qué problema tiene Sebastián al llegar a Barcelona?
   (A) No tiene donde alojarse.
   (B) No puede encontrar a sus amigos.
   (C) Ha llegado después de la medianoche.
   (D) Tiene mucha hambre.

2. ¿Cómo se siente Sebastián al llegar a la quinta pensión?
   (A) Entusiasmado
   (B) Avergonzado
   (C) Agotado
   (D) Ensimismado

3. El recepcionista **NO** le quiere alquilar la habitación a Sebastián porque…
   (A) Sebastián es un estudiante extranjero
   (B) el cuarto que tiene es para más de una persona
   (C) Sebastián está enfermo y de mal humor
   (D) cree que Sebastián es contrabandista

4. Entre otras cosas, ¿con qué motivo ha venido Sebastián a Barcelona?
   (A) Para reunirse con una familia
   (B) Para buscar su pasaporte
   (C) Para concluir unos negocios
   (D) Para recobrar la salud

5. ¿Qué parece sentir el propietario hacia Sebastián?
   (A) Rencor
   (B) Cariño
   (C) Miedo
   (D) Lástima

6. Finalmente, ¿qué decide hacer el dueño de la pensión?
   (A) Ayudar a Sebastián
   (B) Darle a Sebastián un cuarto
   (C) Echar a Sebastián a la calle
   (D) Llamar a un médico

Un día Ana, la mujer que lo atendía, fue al cuarto a llevarle el almuerzo. La puerta estaba cerrada, pero ella oyó voces vagas, un fragmento de conversación deshilvanada. Pensó que Nora habría llegado sin que ella lo
(5) notara. Cuando golpeó la puerta, las voces, del otro lado, cesaron. Dentro del cuarto, Lucio, solo, sentado frente a su cuadro, lo miraba fíjamente.**(A)**

Llegó el invierno. Las palmeras altas y frías anunciaban el viento. Desde la muerte de la abuela, Lucio había
(10) adelgazado mucho; sus manos habían tomado el color del marfil viejo. Nora, preocupada, había querido llevárselo al campo, pero él se había negado en forma rotunda, porque —agregó— estaba preparando un viaje más importante. No quiso dar más detalles.**(B)** En realidad, no hacía nada,
(15) no dibujaba, no pintaba, no leía, casi no comía, parecía no vivir. Sus horas se iban frente al cuadro, mirando la tela. A veces no se daba cuenta de que en el cuarto no había luz; del crepúsculo pasaba a la oscuridad y a la noche, sentado, inmóvil, hablando en voz baja o sin hablar. Nora se dio
(20) cuenta de que ya ni siquiera había variantes en la tela.**(C)**

Una mañana de agosto, como a las diez, Ana, agitadísima, llamó a Nora por teléfono. Dijo que pasaba algo muy raro. Nora llegó a la casa en menos de veinte minutos; era un día lluvioso y frío. Subió al cuarto de Lucio seguida
(25) por Ana, que lloraba grandes lágrimas silenciosas. Entró. Lucio no estaba. La cama, deshecha, conservaba aún la huella y el calor de su cuerpo. El cuadro, como siempre, sobre el caballete y, apoyadas contra la tela, Nora vio las muletas y la manta. Un aire extraño e irreal había invadido
(30) la habitación. Todo estaba como siempre, pero nada era igual. Entonces Nora miró el cuadro y notó un cambio: la ventana del primer piso había sido cerrada y ya no se veía la mano delicadísima que la abría apenas. Algo más había variado: la puerta, la hermética puerta cerrada, estaba
(35) entreabierta.**(D)**

Nadie volvió a verlo y, años después, cuando vendieron la casa de Belgrano, advirtieron que el cuadro también había desaparecido. Las muletas, la manta, los lápices, los óleos, los dibujos, todo, estaban en el cuarto
(40) donde había vivido Lucio.

1. ¿Qué pensó Ana cuando fue a llevarle el almuerzo a Lucio?
   (A) Que había otra persona con él
   (B) Que Lucio ya había almorzado
   (C) Que Nora la había oído entrar
   (D) Que su presencia no era bienvenida

2. ¿Qué supo Ana una vez que entró al cuarto?
   (A) Que Nora ya había llegado
   (B) Que Lucio no la podía ver
   (C) Que las voces venían de otro cuarto
   (D) Que solamente había una persona en el cuarto

3. ¿Por qué **NO** quiso Lucio ir al campo?
   (A) Porque pensaba ir a otro lugar.
   (B) Porque Nora lo molestaba.
   (C) Porque el campo le desagradaba.
   (D) Porque el viaje lo cansaba mucho.

4. Por la descripción del narrador, podemos deducir que Lucio estaba…
   (A) obsesionado con el cuadro
   (B) satisfecho con el cuadro
   (C) enojado con el cuadro
   (D) acostumbrado al cuadro

5. ¿De qué se dio cuenta Nora cuando subió al cuarto de Lucio seguida por Ana?
   (A) De que la lluvia había entrado
   (B) De que Lucio lloraba
   (C) De que Lucio acababa de irse
   (D) De que la cama ya no estaba

6. ¿Qué vio Nora en el cuadro?
   (A) Que Lucio lo había cambiado
   (B) Que Lucio aparecía en él ahora
   (C) Que la puerta en el cuadro estaba completamente cerrada
   (D) Que los colores en el cuadro le daban otra perspectiva

7. ¿Cómo es el ambiente a través de la selección?
   (A) Placentero
   (B) Misterioso
   (C) Sofocante
   (D) Ceremonioso

8. La siguiente oración se puede añadir al texto: **Nora supo, todavía confusa pero inexorablemente, que Lucio había iniciado el viaje.** ¿Dónde serviría mejor la oración?
   (A) Posición A (línea 7)
   (B) Posición B (línea 14)
   (C) Posición C (línea 20)
   (D) Posición D (línea 35)

Qué dolor en este músculo del cuello, pensó; debe ser el esfuerzo que hice subiendo a la Piedra; o exceso de tensión nerviosa. Pero por qué tengo que sentirme así… Y esta impresión como de que alguien comparte con nosotros la casa, y no precisamente Libertad Lamarque. Demasiada quietud, quizás; o demasiado movimiento imperceptible: gavetas que se cierran solas, copas que empujan manos fantasmas hasta el borde de la mesa, pies que se friccionan unos contra otros. Sin embargo, todo permanece inconmovible en su sitio, y yo…

La luz declinó rápidamente, como si de pronto se hubiera hecho la noche y penetrara sólo un débil resplandor de faroles a través de las cortinas.

Graciella tuvo miedo. Daniel había desaparecido y ella yacía de costado entre las almohadas y cojines sin un alma alrededor. Iba a gritar, pero el terror le anudaba la garganta. Su cuerpo resbaló, milímetro a milímetro pero sobre el vinil deteriorado del asiento, para dejarse caer en el piso de madera; cualquier cosa con tal de huir de aquella siniestra sensación de olvido o desolación.

Entonces fue que vio la mano.

Era una mano lívida, gris. Larga y femenina, propia de un cadáver; que se prolongaba en un brazo también pálido, de muñeca frágil, hacia debajo del sofá.

Graciella quería saber. Quería y necesitaba saber. Y la mano continuaba allí, en idéntica postura: una mano larga y femenina, casi grave, de cadáver. No debía tratarse de una simple alucinación; pero Daniel… ¿vería también esos dedos engarrotados, aquella transparencia de cera muerta? Si ni siquiera él mismo estaba allí, en ese tiempo nuevo, irreparable.

Apretó convulsamente los dedos y los ojos.

—Graci… , mi vida…

—¿Qué?, exclamó trémula, sin volverse.

—¿Vas a mirar la televisión o las patas del sofá?

Ella abrió mucho los párpados. La mano ya no estaba en ningún lado.

1. ¿Qué sensación tiene la narradora al principio de la selección?
   (A) Que los ruidos la van a enloquecer
   (B) Que no está sola en este lugar
   (C) Que Libertad Lamarque la visita
   (D) Que por fin ha encontrado tranquilidad

2. ¿Qué sucedió de momento?
   (A) Se apagaron los faroles.
   (B) Apareció un fantasma.
   (C) La habitación se oscureció.
   (D) Se cerraron las cortinas.

3. Aparentemente, Graciella no podía gritar porque…
   (A) el miedo se lo impedía
   (B) tenía la boca llena
   (C) alguien le cubría la boca
   (D) le dolía mucho la garganta

4. ¿Qué ve Graciella?
   (A) La muñeca con la que jugaba cuando era una niña
   (B) Un cadáver que la quería agarrar por el brazo
   (C) Muebles moviéndose por el cuarto
   (D) Parte del cuerpo de una mujer

5. ¿Qué se preguntaba Graciella?
   (A) Si Daniel había dejado el objeto allí
   (B) Si tenía los dedos ensangrentados
   (C) Si debía saludar a la mujer
   (D) Si Daniel podía ver la mano también

6. ¿Por qué le pregunta Daniel si va a mirar la televisión, o las patas del sofá?
   (A) Sabe que no le gusta mirar la televisión.
   (B) Encuentra extraño lo que ella hace.
   (C) La recepción no es muy clara allí.
   (D) Ella no se quiere apartar de su sofá favorito.

7. ¿Qué predomina a través de la selección?
   (A) Un ambiente de alegría
   (B) Una sensación de alboroto
   (C) Un tono misterioso
   (D) Una expresión de patriotismo

8. ¿De qué se da cuenta Graciella al abrir los ojos?
   (A) Allí no estaba lo que había visto.
   (B) La mano pertenecía a Daniel.
   (C) Daniel ya se había ido.
   (D) Alguien le estrechaba la mano.

Al encuentro de Venus y el Sol

Una expedición de astrónomos mexicanos en 1874 viajó a Japón para realizar una exitosa observación astronómica.

Sebastián Lerdo de Tejada, presidente de la República en ese entonces, entusiasmado, aprobó y financió la expedición, convirtiéndola en el primer viaje oficial al extranjero, que realizaban científicos mexicanos. El veracruzano
(5) Francisco Díaz Covarrubias (1833–1889) tuvo una exitosa carrera como ingeniero, por lo que fue el elegido para dirigir esta empresa.

El 18 de septiembre de 1874, los cinco miembros de la comisión se presentaron en Palacio Nacional para recibir
(10) las últimas instrucciones de Lerdo de Tejada.[A] Dispuestos con los instrumentos que les permitirían obtener y analizar los datos, ese mismo día por la noche viajaron hacia Orizaba y luego al puerto de Veracruz, con el fin de tomar el barco, el día 24, que los llevaría hacia La Habana, Cuba,
(15) el día 28.[B]

Pero los científicos mexicanos no contaron con que su estancia en la Habana les traería un gran problema. Debido a que poco antes, la capital cubana había sido atacada por la peste bubónica, las autoridades sanitarias de Estados
(20) Unidos quisieron imponerles a todos los pasajeros una cuarentena, pues temían un contagio. Pero gracias a los esfuerzos del capitán del barco y al embajador mexicano en Washington, consiguieron el permiso para desembarcar y proseguir su camino hacia Nueva York.

(25) El lado este del planeta era el mejor lugar para realizar las observaciones, de manera que la mayoría de los países del primer mundo enviaron sus expediciones hacia lugares como Egipto, India, Nagasaki, Pekín (ahora Beijín), isla San Pablo, isla San Mauricio, la península de Kamchatka, entre otros. La comisión mexicana se instalaría en la ciudad (30) japonesa de Yokohama.

Después de 21 días por el Pacífico de agitada travesía marítima, desembarcaron en el puerto de Yokohama el 9 de noviembre. Sólo les quedaba un mes exacto para levantar las dos estaciones de observación que se requerían para (35) tener los datos completos. El gobierno japonés les dio todo tipo de facilidades, pero fue un carpintero chino quien les ayudó con la construcción de las estaciones astronómicas, una en la colina Bluff y la otra en Nogue-no-yama.

La fecha había llegado, 9 de diciembre de 1874.[C] (40) Los primeros resultados obtenidos fueron los fotográficos. En enero de 1875, Díaz Covarrubias se dirigió a París para presentarlos, llevándose la grata sorpresa de saber que eran los primeros en contribuir a precisar la distancia Tierra-Sol. Casi un año después los comisionados fueron eufóricamente (45) recibidos por el pueblo de México, el 19 de noviembre de 1875.[D]

El exitoso viaje demostró que en México había personas con capacidad para contribuir al desarrollo de la ciencia. Estos hechos, además del impulso del propio (50) Francisco Díaz, motivaron la instalación del Observatorio Astronómico Nacional en el Castillo de Chapultepec, creado por decreto presidencial e inaugurado por el presidente Porfirio Díaz, el 5 de mayo de 1876. Durante los siguientes cien años, este edificio formaría a los futuros investigadores (55) del Instituto de Astronomía de México, institución heredera del Observatorio Autonómico Nacional, reconocida internacionalmente por el excelente trabajo de frontera de sus investigadores.

UNIT II

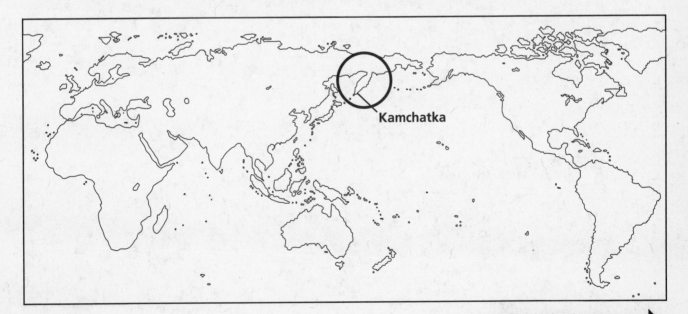

Kamchatka

GO ON TO NEXT PAGE ➡

1. De acuerdo al artículo, ¿cuál era el propósito principal de este proyecto?
   (A) Precisar el espacio entre dos cuerpos celestes
   (B) Establecer una agenda de trabajo de sol a sol
   (C) Puntualizar el trayecto desde México a Japón
   (D) Determinar un fenómeno frecuente en el espacio

2. ¿Por qué sobresale este proyecto?
   (A) El presidente mexicano iba en la expedición.
   (B) Era un logro sin precedentes en México.
   (C) Era un acontecimiento inesperado.
   (D) El viaje duraría casi un año.

3. ¿Qué factor contribuyó a llevar a cabo la expedición?
   (A) Díaz Covarrubias fue elegido presidente.
   (B) Los científicos usaron instrumentos japoneses.
   (C) Lograr ayuda económica de Washington
   (D) Recibir la aprobación del gobierno

4. ¿Qué constituyó un contratiempo para el éxito del proyecto?
   (A) Un problema burocrático
   (B) El alto costo del viaje
   (C) Una epidemia inesperada
   (D) La distancia entre México y Japón

5. De acuerdo al artículo, ¿por qué viajaron los científicos mexicanos hasta Japón?
   (A) Iban a colaborar con un grupo de Estados Unidos.
   (B) Los países orientales ofrecían mejor visibilidad.
   (C) Egipto estaba muy distante de México.
   (D) Hacía mucho frío en Kamchatka.

6. De acuerdo a la lectura, ¿qué necesitaban para ejecutar los últimos pasos del proyecto?
   (A) Una instalación de observatorios
   (B) Una colecta para compensar a los científicos
   (C) La ayuda del gobierno chino
   (D) La salida desde el puerto de Yokohama

7. La siguiente oración se puede añadir al texto: **Ese día se presentaron diversas personalidades, a quienes se les pidió que permanecieran en absoluto silencio para no interrumpir a la persona que mediría el paso del tiempo.** ¿Dónde serviría mejor la oración?
   (A) Posición A (línea 10)
   (B) Posición B (línea 15)
   (C) Posición C (línea 40)
   (D) Posición D (línea 47)

8. La conclusión del proyecto demostró todo lo siguiente EXCEPTO…
   (A) la aportación mexicana al progreso científico
   (B) la construcción del Observatorio Nacional de México
   (C) la reputación de México en el campo de la astronomía
   (D) la creación del festejo del 5 de mayo

Un hombre, el narrador, anda en busca de algo o alguien aparentemente muy deseado.

Anduve un largo trecho del angosto pasillo y me detuve frente a la puerta de su cuarto. No se filtraba luz por debajo, ni se percibía ningún ruido. La golpeé suavemente y, al no obtener respuesta, aumenté la fuerza de mis golpes. Pero ella ya no estaba allí. La cerradura era simple y se abrió sin demasiadas dificultades para darme paso a la habitación vacía y levemente desordenada donde aún flotaba el olor de su perfume. Excepto ese olor, no había dejado nada. Revolví el cuarto con obstinación y deshice la cama en busca de un objeto olvidado, convencido de que la gente siempre olvida algo en los hoteles, sobre todo si sale de ellos huyendo. Bajé al vestíbulo de mal humor porque el tiempo corría a más velocidad que yo. Los inquilinos que minutos antes se quejaban de la tormenta con el conserje habían desaparecido. Se habían refugiado en sus pequeñas habitaciones o habían decidido andar bajo la lluvia. Me dirigí al conserje con la cartera en la mano. Mientras la abría, le pregunté:

—La chica del cuarto piso, de cabello oscuro y corto, buena figura… ¿Cuándo salió?

El hombre miró el billete que sobresalía de la cartera.

—Me gustaría ayudarle —dijo—. Siempre me gusta ayudar en estos casos. Pero no la vi. No vi a ninguna chica esta tarde.

—Al menos, debió verla entrar —indiqué—. Yo estaba afuera cuando ella entró aquí. Haga un esfuerzo, debió de salir hace poco, con una maleta.

—Pagó la cuenta esta mañana —dijo el hombre, encogiéndose de hombros—. Le dije que podía quedarse un día más. Me gusta ayudar, ya se lo he dicho. Pero no la he visto esta tarde.

Me alejaba, desesperado por su colaboración, cuando me hizo un gesto.

—Pudo salir por la puerta de atrás —susurró—. No es lo normal, pero…

1. ¿Por qué aumentó la fuerza de sus golpes el narrador?
   (A) Porque nadie le contestaba.
   (B) Porque le molestaba el silencio.
   (C) Porque quería hacerle daño a alguien.
   (D) Porque hacía falta más luz en el cuarto.

2. ¿Qué buscaba el narrador cuando entró en la habitación?
   (A) Una botella de perfume
   (B) Algo que él había olvidado
   (C) Algún rastro de la mujer
   (B) La llave de la puerta

3. ¿Por qué estaba de mal humor el narrador?
   (A) Porque estaba perdiendo demasiado tiempo.
   (B) Porque le molestaba que hubiera una tormenta.
   (C) Porque el olor del perfume lo estaba afectando.
   (D) Porque había demasiadas personas en el vestíbulo.

4. Al llevar la cartera en la mano podemos deducir que el narrador iba a…
   (A) pagar la cuenta
   (B) pagar por la información
   (C) perder todo su dinero
   (D) alquilar otra habitación

5. ¿Cuál es la actitud del narrador mientras habla con el conserje?
   (A) Insistente
   (B) Despreocupada
   (C) Insolente
   (D) Complaciente

6. Al final de la selección el conserje hace un gesto porque…
   (A) quería que el narrador se alejara
   (B) estaba en un estado de desesperación
   (C) iba a darle más información al narrador
   (D) trataba de acompañar al narrador

La primera noche que la vi fue en un baile; ligera, aérea y fantástica como las sílfides, con su hermoso y blanco rostro lleno de alegría y de entusiasmo. La amé en el mismo momento, y procuré abrirme paso entre la multi-
(5) tud para llegar cerca de esa mujer celestial, cuya existencia me pareció de ese momento que no pertenecía al mundo, sino a una región superior; me acerqué temblando, con la respiración trabajosa, la frente bañada en un sudor frío… ¡Ah!, el amor, el amor verdadero es una enfermedad bien
(10) cruel. Decía, pues, que me acerqué y procuré articular unas palabras, y yo no sé lo que dije; pero el caso es que ella con una afabilidad indefinible me invitó a que me sentase a su lado; lo hice, y abriendo sus pequeños labios pronunció algunas palabras indiferentes sobre el calor, el viento,
(15) etcétera; pero a mí me pareció su voz musical, y esas palabras insignificantes sonaron de una manera tan mágica a mis oídos que aún las escucho en este momento. Si esa mujer en aquel acto me hubiera dicho: *Yo te amo, Alfredo*; si hubiera tomado mi mano helada entre sus pequeños
(20) dedos de alabastro y me la hubiera estrechado; si me hubiera sido permitido depositar un beso en su blanca frente… ¡Oh!, habría llorado de gratitud, me habría vuelto loco, me habría muerto tal vez de placer.

A poco momento, un elegante invitó a bailar a
(25) Carolina. El cruel, arrebató de mi lado a mi querida, a mi tesoro, a mi ángel. El resto de la noche Carolina bailó, platicó con sus amigas, sonrió con los libertinos pisaverdes; y para mí, que la adoraba, no tuvo ya ni una sonrisa, ni una mirada, ni una palabra. Me retiré cabizbajo,
(30) celoso, maldiciendo el baile. Cuando llegué a mi casa me arrojé en mi lecho y me puse a llorar de rabia.

1. Al ver a Carolina, el narrador la considera…
   (A) una gran artista
   (B) una criatura casi divina
   (C) bastante insignificante
   (D) bastante orgullosa

2. ¿Cómo se siente el narrador al acercarse a la muchacha?
   (A) Triste
   (B) Celoso
   (C) Magnánimo
   (D) Agitado

3. ¿Qué quiere decir "el amor verdadero es una enfermedad bien cruel." (líneas 9–10)?
   (A) Que el amor es contagioso
   (B) Que mucha gente muere de amor
   (C) Que el amor nos hace sufrir
   (D) Que el amor y la crueldad son definibles

4. ¿Cómo reacciona la muchacha a las palabras del narrador?
   (A) Cortésmente
   (B) Cruelmente
   (C) Avergonzadamente
   (D) Calurosamente

5. ¿Qué le ha impresionado más al narrador?
   (A) La apariencia de Carolina
   (B) La multitud que había en el baile
   (C) La manera en que cantaba Carolina
   (D) La amabilidad de los invitados

6. La frase "El cruel, arrebató de mi lado a mi querida, …" (línea 25), ¿a qué se refiere?
   (A) A un poeta muy conocido
   (B) A un caballero bien vestido
   (C) A un amor imposible
   (D) A un inalcanzable tesoro

7. ¿Por qué lloró de rabia el narrador?
   (A) Carolina no le había hecho caso el resto de la noche.
   (B) Carolina no le dijo que era una mujer casada.
   (C) Carolina le había hablado de temas inoportunos.
   (D) Carolina se mostró extremadamente celosa.

8. ¿Qué nos comunica el narrador a través del pasaje?
   (A) Él se enamora a primera vista.
   (B) Él presiente que Carolina lo ama.
   (C) No le gustan los bailes.
   (D) No admira a los que bailan.

9. ¿De qué tipo de novela parece provenir esta selección?
   (A) De ciencia ficción
   (B) De misterio
   (C) De espías
   (D) De romance

Cuentos hicieron fiesta en Alajuela, Costa Rica

Durante una semana Alajuela vivió la primera fiesta internacional de cuenteros que, con mucho esfuerzo y evidente espiritualidad, cristalizó un sueño que se hizo palabra gracias a la participación abnegada de todos los sectores.[A]

(5) En esta primera iniciativa nacional e incluso centroamericana, los grandes creadores de la palabra oral abrieron espacios no sólo en el centro de la cálida ciudad de Alajuela (sede del festival), sino en Fraijanes, San Pedro de Poás, La Garita y Atenas. En todos esos lugares, el
(10) público acudió con gran entusiasmo y valoró la expansión de este hermoso género artístico.[B]

Empresas privadas, la Municipalidad de Alajuela y el Ministerio de Cultura, Juventud y Deportes (MCJD), se sumaron para que esta quijotada generase éxitos tangibles,
(15) más allá de las expectativas; de tal manera que los espacios se quedaron pequeños para miles de espectadores ansiosos de apreciar gratuitamente la tradición oral de nuestros pueblos.

Al abrir brecha, tuvimos la alegría de conocer de primera mano las historias de África, Colombia, Honduras,
(20) Perú y, por supuesto, Costa Rica, mediante el destacado protagonismo de Bonifacio Ofogo, príncipe de los Yambasa de Camerún, así como de Francisco "Pacho" Centeno, de Colombia; Edgar Valeriano y Mariano Rodríguez, de Honduras, y de Enrique Argumedo, de Perú.[C] Aportaron,
(25) además de sus habilidades de connotados cuenteros, los boletos aéreos para decir "¡presente!" en los diferentes escenarios alajuelenses que hicieron historia, y de la buena.

Sería injusto dejar de lado a los 20 narradores nacionales, como Ana Coralia Fernández, Roy Ortiz,
(30) Rodolfo González y Ana Belén Madrigal, que nos regalaron sus variadas y originales historias, las que fortalecen nuestra identidad en el rápido proceso de la globalización. Ellos y muchos otros artistas desempeñaron un papel vital dentro del denominado grupo "Los
(35) Alaputenses", formados en el Centro Alajuelense de la Cultura, tras dos años de talleres y giras de proyección a las comunidades que enriquecieron esta experiencia internacional sin precedentes.

El sueño de las futuras fiestas de cuenteros gravita en
(40) el ambiente y llama a despertar un interés mayor de parte de entidades públicas y privadas.[D] Las actividades de cuenteros fortalecerán, sin duda, esa significativa realidad de que Alajuela es hoy la Ciudad Palabra de Costa Rica. El presidente de la República se comprometió a ser un prota-
(45) gonista más en virtud de su pasión por las letras, la oratoria y su buen sentido del humor, tal como lo puso de manifiesto cuando recibió personalmente en la Casa Presidencial a los artistas del exterior.

El próximo festival de cuenteros implica un desafío para
(50) todos. Alajuela es y seguirá siendo la Ciudad Palabra en la medida en que cada uno aporte un ladrillo para tender nuevos puentes culturales, que hermanen aún más a los pueblos y fomenten el avance y la democratización de la cultura.

1. De acuerdo al artículo, ¿qué hacen los cuenteros?
   (A) Conservan una costumbre.
   (B) Publican cuentos.
   (C) Crean una compañía.
   (D) Organizan eventos.

2. ¿Qué se pudo comprobar con el festival en Alajuela?
   (A) Aumentó el número de empresas privadas en la zona.
   (B) Afirmó los lazos de confraternidad.
   (C) Inspiró la devoción religiosa.
   (D) Contribuyó a pagar mejor a los cuenteros.

3 ¿Qué fue necesario para celebrar la fiesta de cuenteros?
   (A) La contribución de las aerolíneas
   (B) Cobrar la entrada al público
   (C) La cooperación del gobierno
   (C) Alquilar el espacio para el espectáculo

4. De acuerdo al autor del artículo, ¿a qué aspiraban los cuenteros en Alajuela?
   (A) A contar las aventuras de *Don Quijote*
   (B) A hacer de una idea una realidad
   (C) A detener la globalización
   (D) A competir en eventos deportivos

5. Según el artículo, ¿qué se puede afirmar acerca del evento en Alajuela?
   (A) Asistieron muchas más personas de las que se esperaban.
   (B) El presidente de Costa Rica participó como cuentero.
   (C) Acudieron varios cuenteros de los Estados Unidos.
   (D) La fiesta duró más de lo previsto.

6. Además de aportar sus habilidades artísticas, ¿qué más hicieron los cuenteros para contribuir al éxito del evento?
   (A) Celebraron las tradiciones religiosas locales.
   (B) Ayudaron a la construcción de puentes en Alajuela.
   (C) Hicieron un homenaje al Presidente.
   (D) Compraron sus propios pasajes a Alajuela.

7. La siguiente oración se puede añadir al texto: **Estas apoyan de manera sensible, solidaria y económica el quehacer cultural.** ¿Dónde serviría mejor la oración?
   (A) Posición A (línea 4)
   (B) Posición B (línea 11)
   (C) Posición C (línea 24)
   (D) Posición D (línea 41)

UNIT II

"Pigmalión" es un cuento corto de Bonifacio Lastra. Esta selección trata de los problemas de Ranieri y cómo su amigo, el narrador, trata de ayudarlo.

Cuando me abrió la puerta comprendí que estaba en una de sus agudas crisis de neurastenia. "En el pozo", como decía él. Vi que no tenía trabajo alguno en ejecución. Alcancé a ver, en cambio, amontonados sobre su escritorio, una cantidad de libros, entre los que había una magnífica edición del Zend-Avesta y la obra de Dasgupta titulada: *History of Indian Philosophy,* en la edición de Cambridge del año 1922.

—¿Cómo anda? —le pregunté al entrar, aludiendo a su salud.

Me respondió que estaba pasando muy malos momentos y que no lograba salir de su decaimiento.

—Ya no me halaga el triunfo —exclamó— ni me importa el dinero. —Y después de una pausa, agregó con amargura:

—¡Ni el arte!

Se pasó la mano por la cara y entornando los ojos, añadió como en un quejido:

—Ni tampoco el amor. ¡Dios mío!

No supe qué responderle. Se incorporó de su asiento y llevándome a la ventana, me mostró los barcos anclados en el río. Lloviznaba y entre la bruma se distinguían apenas sus cascos y cubiertas, a la media luz de los faroles encendidos.

—Obsérvelos —me dijo—. Están como yo, cansados y tristes. Tienen encima esa cosa desoladora que es la simultánea presencia y ausencia de lo que se ha vivido. Recién cuando surcan el mar, se despegan de las sombras del recuerdo. —Después de una pausa, agregó:

—Me iría en uno de ellos. ¿Adónde? A cualquier parte, con tal de huir de mí mismo y ver si logro hacer desaparecer mis propios fantasmas.

Traté de levantarle el ánimo y le propuse que invitáramos a unas amigas a comer.

—¿Para qué? —me respondió con un tremendo desgano y desaliento.

—Me voy mañana a la estancia —le dije—. ¿Por qué no me acompaña? Lo que Ud. necesita es aire y descanso.

—Sí —contestó... ausente—: Dormir, dormir.

Traté de indagar el origen de su crisis. Tenía dinero y éxito con las mujeres, y no sabía de ningún disgusto de esa naturaleza, que pudiera haberlo llevado a su neurastenia.

—Tengo antecedentes hereditarios de locura —expresó de pronto.

Guardé silencio, y él agregó:

—Mi padre.

Dije una frase para tranquilizarlo, pero mirándome en una forma que me alarmó, agregó muy lentamente:

—Tengo miedo de volverme loco.

Me sobresalté y permanecí mudo sin hallar respuesta apropiada.

—Salvo que logre realizar la obra que me obsesiona —añadió en seguida.

Me tranquilicé, atribuyendo todo a un estado de postración y desaliento, común en los artistas ante el fracaso en la ejecución de alguna de sus obras.

—¿Ve cómo le sigue interesando el arte? —le dije.

1. Podemos deducir que cuando Ranieri abre la puerta está…
   (A) enfurecido
   (B) ocupadísimo
   (C) muy deprimido
   (D) muy grave

2. Por la conversación que tiene el narrador con Ranieri, podemos decir que…
   (A) ha perdido interés en todo
   (B) hace mucho tiempo que no se ven
   (C) no se llevaban bien
   (D) no podrán trabajar juntos

3. ¿Con qué se compara Ranieri?
   (A) Con unos faroles
   (B) Con unas ventanas
   (C) Con unos barcos
   (D) Con unas luces

4. ¿Para qué quiere huir Ranieri?
   (A) Para mejorar su salud mental
   (B) Para mejorar su situación económica
   (C) Para ver si encontraba a su familia
   (D) Para ver si recordaba su pasado

5. ¿A qué atribuye Ranieri su condición?
   (A) A enfermedades en su familia
   (B) A un disgusto que había tenido
   (C) A algo que pasó mientras dormía
   (D) A un encuentro con unas amigas

6. Según Ranieri, ¿Cómo puede mejorarse él mismo?
   (A) Comiendo más
   (B) Hablando con su padre
   (C) Yendo a la estancia
   (D) Ejecutando una obra

7. ¿Cómo podemos caracterizar el comportamiento del narrador a través de la selección?
   (A) Afectuoso
   (B) Ingenuo
   (C) Misterioso
   (D) Sarcástico

"Pigmalión" es un cuento corto de Bonifacio Lastra.

Mientras subíamos la escalera de mano que colocamos contra la bohardilla[1] volvió a invadirme una sensación de desazón y de angustia. Me pareció que el mayordomo tampoco estaba tranquilo y que le temblaba la voz cuando me dijo al oído:

—Trate de no pisar los tablones flojos[2], pues podría oírnos.

Nos descalzamos y caminamos a tientas hasta el extremo del altillo, donde un filo de luz asomaba por el piso.

Echados boca abajo, miramos por las rendijas iluminadas.

No pude contener una exclamación ahogada, ni tampoco mi acompañante, que me apretó el brazo con fuerza y balbuceó a mi oido:

—¡Es la hija de Larraeta! La melliza —agregó.

Parado en medio de la sala, Ranieri observaba extasiado a una muchacha con los rasgos idénticos a su maravillosa escultura, que ensayaba pasos de baile sobre la tarima del improvisado "atelier".

Recorrí con la vista el salón buscando la estatua para confirmar el parecido, pero comprobé que no estaba.

—La habrá trasladado al dormitorio —pensé.

Sentí un gran fastidio contra mi amigo. No me parecía correcta su actitud y la encontraba totalmente desconsiderada para mí.

—¡Qué desatino! —alcanzó a decir el mayordomo.

En ese instante debimos haber hecho algún ruido, porque Ranieri se alarmó bruscamente mirando a su alrededor y en seguida dio un salto hasta la llave de luz y dejó en tinieblas el salón.

Alcancé a ver, antes de que quedara todo en la oscuridad, que la muchacha continuaba sus pasos de baile, totalmente ajena a la agitación y actitud de su compañero.

---

[1]bohardilla: *attic*
[2]tablones flojos: *loose floorboards*

1. El ambiente al principio de la selección parece ser…
   (A) sofocante
   (B) animado
   (C) misterioso
   (D) relajador

2. ¿Qué temía el mayordomo?
   (A) Que se cayeran
   (B) Que los descubrieran
   (C) Que les gritaran
   (D) Que temblaran

3. ¿Qué estaban haciendo el narrador y el mayordomo?
   (A) Arreglando una escalera
   (B) Buscando una luz
   (C) Espiando a alguien
   (D) Escuchando una conversación

4. La muchacha que observaban el narrador y el mayordomo parecía haber sido…
   (A) una modelo de un artista
   (B) una bailarina famosa
   (C) una novia de Ranieri
   (D) una sirvienta de la familia

5. ¿Qué hizo Ranieri al escuchar un ruido?
   (A) Empezó a bailar.
   (B) Se fue al dormitorio.
   (C) Se escondió en el salón.
   (D) Apagó las luces.

UNIT II

El texto siguiente es un fragmento de "Un mendigo", de Manuel Rojas. A veces, las apariencias engañan.

Anduvo aún dos cuadras más. El número y la casa deseada no aparecieron. Se detuvo en una esquina y miró hacia lo lejos, dejando correr su nublada pupila por la alta hilera de focos que parpadeaban en la noche. Sentía ganas de llorar, de dejarse caer al suelo, irreflexivamente, abandonándose.

Cerca de donde estaba parado había un restaurante con dos focos a la puerta y una gran vitrina iluminada, a través de la cual se veía, en medio de un resplandor rojizo, cómo los pollos se doraban a fuego lento, ensartados en un asador que giraba, chorreando gruesas gotas de doradas grasas.

Se abrió la puerta y un caballero alto, gordo, enfundado en grueso sobretodo, salió; se detuvo en la puerta mirando al cielo, subióse el cuello del abrigo y echó a andar. En ese momento lo vio Lucas Ramírez; no lo había visto salir del restaurante sino que se dio vuelta al sentir pasos en la acera. Se le ocurrió una idea: preguntar a ese señor que venía tan de prisa, por lo que buscaba. El transitar por ahí indicaba que tal vez vivía en la misma calle o en las inmediaciones y bien pudiera ser que conociera a su amigo.

Con un gesto sencillo, con el gesto que cualquiera hace al detener a una persona para preguntarle algo, lo detuvo. El caballero se paró en seco y lo miró de arriba abajo, con mirada interrogadora, y lo vio tan miserable, tan vacilante, tan deshecho, que cuando Lucas Ramírez empezó a decir:

—Señor, por favor…

Sin dejarlo terminar la frase, contestó:

—Cómo no, amigo…

Se desabrochó el sobretodo y por la abertura metió la mano en dirección a un bolsillo, de donde recogió algunas monedas y en la mano que Lucas Ramírez había extendido y abierto para detenerlo, las dejó caer con voluptuosidad, diciendo:

—Tome, compañero.

Y se fue, abrochándose rápidamente el sobretodo.

Lucas Ramírez se quedó como si hubiera recibido una bofetada sin motivo alguno y estuvo un instante sin saber qué hacer, qué pensar ni qué decir. Después le dio rabia, y se volvió como para llamar a aquel hombre, pero el otro iba ya a media cuadra de distancia y si lo hubiera llamado no habría vuelto la cabeza; tal vez habría pensado: "¡Qué mendigo fastidioso! Le di casi todo el sencillo que llevaba y todavía me llama".

1. ¿Dónde estaba Lucas al empezar la narración?
   (A) En un restaurante elegante
   (B) En la casa de un amigo
   (C) En el pueblo de su familia
   (D) En un lugar poco familiar

2. ¿Cómo se dio cuenta Lucas de la presencia del hombre?
   (A) Lo vio cuando entraba al restaurante.
   (B) Oyó que caminaba por la calle.
   (C) Lo vio cuando salía del restaurante.
   (D) Enfrentó al hombre cara a cara.

3. ¿Qué esperaba Lucas al dirigirse al señor?
   (A) Que le ayudara a encontrar a alguien
   (B) Que lo invitara a comer en el restaurante
   (C) Que lo llevara a su casa
   (D) Que le diera el dinero que necesitaba

4. ¿Qué NO parecía pensar el señor cuando observó a Lucas?
   (A) Que Lucas decía disparates
   (B) Que Lucas necesitaba ayuda
   (C) Que Lucas estaba indeciso
   (D) Que Lucas pedía dinero

5. ¿Cómo reaccionó el señor cuando Lucas le habló?
   (A) Le extendió la mano amistosamente.
   (B) Le respondió groseramente.
   (C) Le dio el abrigo que llevaba.
   (D) Le regaló un poco de dinero.

6. ¿Por qué se quedó perplejo Lucas al final de la narración?
   (A) Porque obtuvo lo que buscaba.
   (B) Porque el señor lo humilló.
   (C) Porque el señor desapareció.
   (D) Porque recibió poco dinero.

7. Al finalizar el fragmento, el narrador nos presenta a un Lucas…
   (A) optimista
   (B) aliviado
   (C) engañado
   (D) indignado

Miguel se pasó dos días leyendo y releyendo la carta.
¡San Sebastián! Guardaba un buen recuerdo de la ciudad.
En cuanto a su amigo, el señor Gurrea, era notario y muy
buena persona. Se rió pensando en él, pues era un hombre
muy ordenado, con una exacerbada preocupación por la
limpieza. Si se le caía un lápiz al suelo, lo cogía con el
pañuelo y lo frotaba[1] por todos los lados antes de usarlo de
nuevo.

Después de larga vacilación terminó por aceptar.
Escribió a su madre en este sentido y estuvo esperando los
acontecimientos. Los últimos días del internado fueron una
pesadilla para Miguel. Finalizando ya el curso, la mayoría
de los chicos se había marchado, por lo que el convento
estaba solitario. Recorría los pasillos jugando a no pisar las
junturas[2] de las losas[3]. En el patio se entretenía con las
hormigas, siguiendo sus caminatas negras. Iba a la capilla,
oscura y vacía. Se arrodillaba y, a veces, rezaba. Rezaba
por su madre, para que no la acechara ningún peligro;
y rezaba un poco por el señor Gurrea. Pero de repente le
parecía que algún santo le miraba con extraña fijeza,
y salía de prisa yendo hacia el patio a contemplar las
hormigas otra vez.

El día primero de julio, puntualmente, el señor Gurrea,
notario, con sombrero hongo y paraguas en el hombro, fue
al convento, con una autorización de Eva que presentó al
Padre Director, a recoger a Miguel Serra, quien se despedía
del internado.

Hubo una escena un tanto cómica cuando, ya en la
salida, oyeron unos pasos precipitados. Se volvieron y vieron
llegar, sudoroso, al organista, con un paquete en la mano.

—Esto para ti, Miguel —le dijo con cierta timidez—.
Y se retiró.

Una vez fuera, el chico, muy sorprendido, abrió el
paquete y se encontró con una caja de madera llena de
bombones. Sostuvo un momento la caja, sin saber qué
pensar.

---

[1]frotaba: *would rub it*
[2]junturas: *cracks*
[3]losas: *flagstones*

1. Al recibir la carta, ¿por qué la leía y la releía Miguel?
   (A) Porque la idea de viajar le atraía.
   (B) Porque quería comprender su contenido.
   (C) Porque le sería imposible ir a San Sebastián.
   (D) Porque quería aprendérsela de memoria.

2. Según la selección, ¿qué le molestaba al señor Gurrea?
   (A) La vida ordenada
   (B) Las cosas sucias
   (C) El comportamiento de Miguel
   (D) Los recuerdos de San Sebastián

3. Miguel Serra parecía ser estudiante en…
   (A) una universidad de San Sebastián
   (B) una escuela pública
   (C) un instituto técnico
   (D) un colegio religioso

4. Por la descripción, ¿qué se puede inferir acerca de los
   últimos días de Miguel en el internado?
   (A) Fueron aburridos.
   (B) Fueron laboriosos.
   (C) Fueron perturbadores.
   (D) Fueron deleitables.

5. Para pasar el tiempo, ¿cómo se entretenía Miguel?
   (A) Con unos juegos peligrosos
   (B) Hablando con sus profesores favoritos
   (C) Con unos insectos en el patio
   (D) Conversando con sus amigos imaginarios

6. ¿Qué le pasaba a Miguel cuando estaba en la capilla?
   (A) Le asustaban los santos.
   (B) Le daba sueño.
   (C) Le molestaban las hormigas.
   (D) Le dolían las rodillas.

7. ¿Para qué fue el señor Gurrea al internado?
   (A) Para lucir su sombrero de hongo
   (B) Para pedirle una autorización al director
   (C) Para llevarse a Miguel
   (D) Para despedirse de los compañeros

8. ¿Qué contenía el paquete que recibió Miguel del
   organista?
   (A) Madera
   (B) Dulces
   (C) Unas gafas
   (D) Unos botones

Aprenda a hablar argentino

—Leslie M. Mira

El español de Argentina, un idioma del que a veces se burla el resto de los latinoamericanos, ha ganado más credibilidad local desde que la Academia Argentina de Letras publicó el primer *Diccionario del habla de los argentinos,* uniendo en un solo libro las peculiaridades lexicográficas de una nación que se extiende desde los cerros de la Patagonia y las provincias del norte, donde también se habla quechua, hasta la capital.

El diccionario de 609 páginas está lleno de sorpresas. Para aquellos de nosotros que creemos que «papa» se refiere al tubérculo, el diccionario agrega que también puede querer decir «mujer linda», y la frase «ser una papa» significa algo que es muy fácil.

La Academia ha dedicado casi dos páginas a la palabra «mate», una infusión parecida al té que toman los argentinos todos los días con una bombilla de metal. Incluye expresiones coloquiales como «milico», un término peyorativo para soldado o policía, y «catingoso», palabra de origen quechua que significa «oloroso».

«Un diccionario es un monumento al idioma», dice Francisco Petrecca, lingüista de la Academia de Letras que ayudó a compilar los más de 3.500 vocablos del diccionario. «Siempre está en evolución y es necesariamente incompleto». Petrecca cita al autor de diccionarios del siglo XVIII Samuel Johnson: «Los diccionarios son como los relojes: ninguno tiene la hora exacta, pero es importante tener uno».

Sobre su escritorio pueden verse recortes de diarios nuevos y otros amarillentos, que ponen en evidencia el trabajo del lingüista. Como otros escritores de diccionarios, Petrecca revisa diarios y revistas buscando palabras acuñadas por los periodistas. «Ni siquiera leo las historias, sólo estoy buscando las palabras nuevas», dice. Petrecca, con la colaboración de otro lingüista, trabajó casi dos años compilando palabras y escribiendo el diccionario.

Petrecca explica por qué el español argentino es especialmente fecundo, aunque diplomáticamente se niega a decir si el español argentino puede contar en su lexicografía más palabras generadas localmente que el español que se habla en otros países de la región. (Los diferentes idiomas «no tienen mayor o menor riqueza de palabras», dice.)

Los argentinos atribuyen esta fecundidad a la influencia indígena del quechua y del guaraní en el idioma hablado de todos los días; las olas de inmigrantes de Italia, España, Irlanda, Inglaterra y Francia también han moldeado la dicción. Y la históricamente vigorosa clase media argentina ha enriquecido el español que se habla en el país, dice Petrecca. Una clase media «permite un flujo de palabras más libre que en una sociedad donde la clase rica y la clase pobre son más extremas».

Si bien el sello de autoridad de la Academia confiere al nuevo diccionario prestigio nacional, éste se suma a una larga tradición de libros más informales sobre español argentino.

1. ¿Qué idea se presenta en este artículo?
   - (A) La Argentina es un país plurilingüe.
   - (B) El quechua se habla en toda la Argentina.
   - (C) La clase media aportó apoyo económico al proyecto.
   - (D) El léxico del español argentino es el más rico de América.

2. Según el texto, ¿qué concepto existía del habla argentina antes de la publicación del diccionario?
   - (A) Que era desconocida para Hispanoamérica
   - (B) Que muchos la tomaban en broma
   - (C) Que aparecía en un diccionario bilingüe
   - (D) Que era semejante a un reloj

3. ¿Qué podemos concluir acerca de los términos que aparecen en este diccionario?
   - (A) Son novedosos.
   - (B) Parecen refinados.
   - (C) Son absurdos.
   - (D) Parecen imprecisos.

4. ¿Qué caracteriza al nuevo diccionario del habla argentina?
   - (A) Ofrece un método para aprender a hablar argentino.
   - (B) Causa confusión a los que desconocen el idioma.
   - (C) Falta al respeto con palabras irreverentes.
   - (D) Incluye elementos provenientes de otros países.

5. ¿En cuál de las siguientes ideas sobre los diccionarios hace hincapié el lingüista Petrecca?
   - (A) Tienen que contener la lexicografía exacta.
   - (B) Deben abarcar sólo una región específica.
   - (C) Están en continua transformación.
   - (D) Evitan el léxico periodístico.

6. Según el artículo, ¿por qué razón es rico el léxico de Argentina?
   - (A) Surge de múltiples orígenes.
   - (B) Aparece en muchos diccionarios.
   - (C) Hay una gran afición a la lectura.
   - (D) Hay una Academia de Letras muy activa.

7. Después de leer el artículo, ¿qué podemos inferir acerca del español de Argentina?
   - (A) Se va a imponer en muchos lugares de América.
   - (B) Continuará su saludable crecimiento.
   - (C) Va a promover el desarrollo de la clase pobre.
   - (D) Dejará de influir a la clase media.

No podía apreciar bien la pensadora el tiempo que pasaba. Sólo hacía de rato en rato la vaga apreciación de que debía de ser muy tarde. Y el sueño estaba tan lejos de ella, que en lo profundo de su cerebro, detrás del fruncido entrecejo, le quemaba una idea extraña… : el convencimiento de que nunca más había de dormir.

Dio un salto de repente, y su corazón vibró con súbito golpe. Había sonado la campanilla de la puerta. ¿Quién podía ser a tal hora? Porque ya habían dado las diez y, quizá, las diez y media. Tuvo miedo, un miedo a nada comparable, y se figuró si sería… ¡Oh!, si era, ella se arrojaría por la ventana a la calle. Sin decidirse a abrir, estuvo atenta breve rato, figurándose de quién era la mano que había cogido aquel verde cordón de la campanilla, nada limpio por cierto. El cordón era tal, que siempre que llamaba se envolvía ella los dedos en su pañuelo. La campana sonó otra vez… Decidióse a mirar por el ventanillo, que tenía dos barrotes en cruz.

—¡Ah!… , es Felipe.

—Buenas noches. Vengo a traerle a usted una carta de mi amo —dijo el muchacho, cuando la puerta se le abrió de par en par y vio ante sí la hermosa y para él siempre agradabilísima figura de la Emperadora.

1. Cuando empieza la narración, ¿cómo se encuentra la mujer?
   (A) Durmiendo profundamente
   (B) Quemando unas cartas
   (C) Contemplando el reloj
   (D) Completamente desvelada

2. ¿Por qué se asusta la mujer?
   (A) Porque algo le ha saltado encima.
   (B) Porque alguien ha llamado a la puerta.
   (C) Porque algo ha entrado por la ventana.
   (D) Porque el reloj ha dado la hora en ese momento.

3. Si la persona que llega es quien ella sospecha, ¿cómo reaccionaría?
   (A) Huiría.
   (B) Gritaría.
   (C) La golpearía.
   (D) La invitaría a pasar.

4. Según el pasaje, ¿para qué usaba ella un pañuelo?
   (A) Para no ensuciar la campanilla
   (B) Para limpiarse la mano
   (C) Para abrir la ventanilla
   (D) Para no ensuciarse los dedos

5. ¿Quién llegó a la casa de la Emperadora?
   (A) Un pariente
   (B) Un pretendiente
   (C) Un sirviente
   (D) Un cartero

6. Felipe fue a la casa de la Emperadora para…
   (A) discutir algo con ella
   (B) entregarle una carta
   (C) venderle algo
   (D) arreglar la campanilla

Las relaciones entre los miembros de una familia pueden ser objeto de reflexión.

Cuando pequeño, mi madre me conducía de la mano, me guiaba por todos los caminos. Un día partí, a estudiar lejos, varios años, y hube de valerme ya solo. Sin embargo, durante aquella separación, Señor, aún pensaba yo en mi
(5) madre como un niño; mis cartas llamábanla "mamá", "mamacita", y las suyas me acariciaban, cubrían de besos a su muchachuelo.[(A)] Pasó tiempo, otros años pasaron, y la vida tornó a reunirnos. Fue allá en una ciudad del Norte, donde ciertas ambiciones me llevaron en busca de fortuna
(10) y en la cual ella se sentía extranjera entre las gentes y las costumbres. Entonces, de repente, nos hallamos con que había llegado un camino por el cual debía conducirla yo a ella. Esa mañana trémula y dorada hubo en mi corazón una fiesta, bella de orgullo: dirigía yo a mi madre ahora; yo la
(15) imponía de cuanto era discreto y conveniente hacer, porque además de no conocer aquella tierra, parecía ignorar la marcha de los tiempos nuevos; yo, el fuerte, la guiaba, y ella, la débil y remisa, entregábase a mi saber y mi prudencia.[(B)]
(20) Un día llega siempre, Señor, en nuestra vida, a partir del cual, como empieza el árbol a dar sombra y abrigo a sus raíces, los hijos comenzamos a cobijar a nuestra madre. Esa mañana trémula y dorada, siempre hay una fiesta en nuestro corazón, bella de orgullo; pero también perdemos
(25) el supremo bien de una madre que nos besa, nos cubre y nos protege cuando estamos desarmados.

Desde entonces mi viejecita es una criatura que yo conduzco de la mano.

Y ahora no sé, madre, qué dicha vale más: si aquella
(30) de la que tú me amparabas[1] porque yo permanecía el más débil o ésta en que mi alma pone un brazo alrededor de tus hombros y te lleva como a una hija.[(C)]

No lo distingo, madre. Apenas veo que aquella fiesta es hoy un duelo, porque me ha dejado solo.
(35) Madre mía, ¿qué te has hecho? Viuda y huérfano, muchos nos quisimos siempre, y tu amor fue mi felicidad más segura.

¿Y hoy?[(D)]

Necesito de ti; decirte no madre, sino mamá, y entibiar
(40) mi corazón en tu regazo.

---

[1]amparabas: protegías

1. ¿Para qué fue el narrador a la ciudad del Norte?
   (A) Para reunirse con su madre
   (B) Para tratar de mejorar su vida
   (C) Para pasar sus vacaciones allí
   (D) Para conocer a nueva gente

2. ¿Por qué debía el narrador conducir a su madre de la mano?
   (A) Porque vivían en un lugar desconocido para ella.
   (B) Porque habían estado separados por mucho tiempo.
   (C) Porque la madre estaba coja.
   (D) Porque la madre estaba ciega.

3. ¿Qué podemos inferir de la frase "…como empieza un árbol a dar sombra y abrigo a las raíces, los hijos comenzamos a cobijar a nuestra madre." (líneas 21–22)?
   (A) El hijo empieza a actuar como una madre.
   (B) El hijo abandona a la madre.
   (C) El hijo se olvida de su madre.
   (D) El hijo se vale de sí mismo.

4. ¿Por qué el narrador se siente solo ahora?
   (A) Sabe que su familia lo ha abandonado.
   (B) Sospecha que se han llevado a su hija.
   (C) Ahora no tiene quien lo proteja.
   (D) Ya no tiene amigos cerca.

5. La siguiente oración se puede añadir al texto: **¡Ah, desearía ser de nuevo yo un niño!** ¿Dónde serviría mejor la oración?
   (A) Posición A (línea 7)
   (B) Posición B (línea 19)
   (C) Posición C (línea 32)
   (D) Posición D (línea 38)

6. ¿Cómo es el tono de este monólogo?
   (A) Suplicante
   (B) Melancólico
   (C) Presagioso
   (D) Fastidioso

7. ¿Cuál es el tema principal de esta selección?
   (A) El cambio de papel entre madre e hijo
   (B) El papel de la religión en nuestra vida
   (C) La estadía en una ciudad extranjera
   (D) La búsqueda de un porvenir mejor

Nuevas identidades de mujeres mexicanas

—Elizabeth Coonrod Martínez

Nacida en una familia de inmigrantes judíos, Rosa Nissán venció obstáculos culturales y personales, cuestionando el tradicional papel de la mujer en las obras que celebran su identidad.

Cuando a fines de los años noventa se estrenó la película mexicana *Novia que te vea* en varios festivales de cine latinoamericano en los Estados Unidos, algunos espectadores reaccionaron con sorpresa. «Yo crecí en México y no sabía que había judíos mexicanos», fue uno de los comentarios que se escucharon con frecuencia. Sin embargo, es obvio que muchos mexicanos sabían que había judíos, pero también sabían que su herencia étnica no formaba parte de la ideología nacional del mestizo que define al ser mexicano como parte indígena y parte español.

Más de una década antes del estreno de esta película, Rosa Nissán había comenzado a crear la historia humorística e intensamente viva de una niña sefardí-mexicana (basada en gran parte en su propia vida) en un taller literario dirigido por la distinguida escritora Elena Poniatowska. La película y su primera novela se publicaron a la vez en 1992, ambas con el título elegido por Nissán, *Novia que te vea,* un dicho sefardí por el que se desea el pronto matrimonio de una joven.

Las protagonistas de la película son dos jóvenes judías, Oshinica, que es sefardí, y Rifke, que es askenazi. Nacidas en la ciudad de México, llegan a la mayoría de edad en los años sesenta, una época de gran efervescencia política en el país. Tanto en la película como en la novela de Nissán, la familia de Oshinica habla ladino (una forma arcaica del español usada por los judíos españoles que fueron expulsados de España en 1492) y celebran costumbres tradicionales. Las adolescentes son rebeldes y actúan en contra de los preceptos judíos; una se casa con un gentil y la otra se niega a aceptar el matrimonio arreglado por su familia y elige su propio marido. La popularidad de la película tanto en el ambiente nacional como en el extranjero, produjo el reconocimiento inmediato de Nissán como escritora y debe haber ayudado en la venta de sus dos novelas. Fue un gran debut, para Nissán como mujer independiente, para la mujer mexicana y para las minorías étnicas.

Era también un excelente momento para este tipo de descubrimiento o entendimiento en México. Los cambios políticos que tuvieron lugar hacia fines de los años ochenta y principios de los noventa, unidos a la creciente crisis política y económica, provocaron el colapso del antiguo mito de unidad cultural nacional. Florecieron las manifestaciones de los movimientos feministas y de resistencia indígena. Para Nissán, que había nacido en 1939, los años ochenta y noventa fueron sinónimos de libertad, una libertad que se le había negado como mujer, tanto como mexicana, como mujer casada y como miembro de la comunidad judía. Ser innovadora y precursora de un nuevo género no es tarea fácil.

1. De acuerdo al artículo, ¿qué desconocían muchos mexicanos?
   (A) La procedencia de una parte de la población
   (B) La autora de la novela *Novia que te vea*
   (C) El número de mestizos de indígenas y españoles
   (D) El éxito de una película mexicana

2. ¿Qué incluye la película *Novia que te vea* de acuerdo al artículo?
   (A) El apoyo al indigenismo
   (B) Detalles autobiográficos
   (C) Características melodramáticas
   (D) La defensa del matrimonio

3. ¿Cómo caracteriza Nissán a las protagonistas de la película?
   (A) Pacíficas
   (B) Románticas
   (C) Desafiantes
   (D) Indiferentes

4. ¿Qué podemos inferir acerca del impacto de *Novia que te vea*?
   (A) Censuró el nacionalismo mexicano.
   (B) Provocó una reacción antisemítica.
   (C) Satirizó el carácter nacional.
   (D) Representó una crítica social.

5. ¿Qué contribuyó al éxito de la película a partir de su estreno?
   (A) Los factores económicos eran favorables en México.
   (B) La obra de Nissán había sido popular.
   (C) Reflejó un fenómeno social de la época.
   (D) Recibió el apoyo de los políticos.

6. ¿Qué podemos decir sobre la obra futura de Nissán?
   (A) Rechazará a sectores marginados.
   (B) Defenderá los moldes tradicionales.
   (C) Presentará problemas sociales de las mujeres.
   (D) Buscará soluciones pacíficas a problemas complicados.

El siguiente texto es un fragmento de "Batllés Hermanos, S. L.", de Samuel Ros.

Yo soy de los que pueden asegurar que, al menos una vez en su vida, han recibido una carta verdaderamente importante.

Pero no es posible tener la paciencia debida para
(5) comentar este asunto en buena forma literaria, como se merece.

Cuando el escritor inventa sus temas, le es muy fácil, casi diría necesario, recrearse en la forma y cumplirla como un arte, sin olvidar ninguno de los requisitos. En
(10) cambio, cuando el escritor se siente arrastrado por los hechos y por la realidad, entonces todo le acucia y apenas puede relatar con cierta coherencia aquello que sucedió. Eso del estilo viene, pues, a ser algo así como un bello disfraz cuando no se sabe qué decir o se tiene que inventar
(15) una mentira para poder decir algo. Cuando ocurren cosas como las que voy a decir, no hay más remedio que mandar el estilo al diablo.

La carta que yo recibí decía así:

«Distinguido señor: Enterados de la desgracia que le
(20) aflige, tenemos el honor de dirigirnos a usted con el fin de hacerle una oferta que no dudamos le ha de convenir.

Debidamente consultados nuestros archivos, nos es muy grato participarle que estamos en inmejorables condiciones para poderle servir una muchacha exactamente igual
(25) a la que tuvo usted la desgracia de perder la víspera de su boda.

Caso de interesarle en principio nuestra proposición, le enviaremos un agente a indicación suya para que amplíe nuestra oferta, o puede usted, si así lo prefiere, visitarnos
(30) en esta su casa, donde encontrará toda clase de garantías y la lista completa de nuestros clientes, que pueden testimoniarle la solvencia comercial de la firma.

En espera de sus gratas noticias, quedan incondicionalmente a sus órdenes sus afectísimos amigos,
(35) q.e.s.m.[1], *Batllés Hermanos, S. L.*»

Como se puede suponer, yo me trasladé inmediatamente a la dirección que figuraba en el membrete de la carta, con el corazón palpitante de ansiedad. Cualquiera que haya pasado por el doloroso trance de perder un ser
(40) querido comprenderá fácilmente que no me parase a reflexionar en la posibilidad de la oferta de los Hermanos Batllés, S. L. Mi único deseo era volver a vivir las felices horas de mi noviazgo hasta la irreparable ruptura.

_____
[1]q.e.s.m.: que estrechan su mano

1. ¿Qué idea plantea el narrador al principio de este pasaje?
   (A) El uso del diablo como personaje literario
   (B) El contraste entre las cartas y la literatura
   (C) La contribución de la prisa a la coherencia del estilo
   (D) La diferencia entre la realidad y la creación literaria

2. ¿Qué intención tiene el autor al escribir este pasaje?
   (A) Dar consejos sobre el estilo
   (B) Contar una experiencia dolorosa
   (C) Analizar temas literarios
   (D) Denunciar una compañía fraudulenta

3. ¿De quién era la carta que recibió el narrador del pasaje?
   (A) De una agencia internacional de viajes
   (B) De unos amigos
   (C) De una empresa de servicios al cliente
   (D) De unos delincuentes

4. ¿Qué le ofrece la carta al narrador?
   (A) La publicación de una de sus obras
   (B) La posibilidad de la pareja ideal
   (C) Una ayuda para conseguir una secretaria
   (D) Una oferta de trabajo en Batllés Hermanos

5. ¿Cuál fue la reacción del narrador al recibir la noticia?
   (A) Ignorar el mensaje del que envía la carta
   (B) Responder la carta por escrito
   (C) Guardar la carta en su escritorio
   (D) Visitar la oficina de los autores de la carta

6. ¿A qué se refiere "el doloroso trance" (línea 39) mencionado en el ultimo párrafo?
   (A) A la muerte de un ser querido
   (B) Al rompimiento de una relación amorosa
   (C) A la pérdida de unos clientes
   (D) Al rechazo de la publicación de un libro

7. A la conclusión de este fragmento, ¿qué podemos deducir acerca del narrador?
   (A) Quiere recuperar el pasado.
   (B) Quiere vengarse de una mujer.
   (C) Desea castigar al autor de la carta.
   (D) Desea reflexionar sobre la oferta de la carta.

Efecto Mozart

El llamado 'Efecto Mozart' sigue debatiéndose en el mundo científico.

En 1993, tres investigadores del Centro de Neurobiología del Aprendizaje y la Memoria de la Universidad de California en Irvine publicaron un artículo: *Música y ejecución en tareas espaciales* y, a pesar de que
(5) ocupaba menos de una página, supuso el comienzo de todo un fenómeno científico y social sin precedente.

Los investigadores expusieron a sus sujetos de experimentación a tres condiciones distintas. Un grupo escuchó durante diez minutos la *Sonata para Dos Pianos* en
(10) D Mayor de Mozart. Otro grupo escuchó una grabación con instrucciones para relajarse, también durante diez minutos. El tercer grupo se mantuvo, durante el mismo tiempo, en absoluto silencio. Inmediatamente después de cada una de estas tres condiciones, los sujetos debían
(15) realizar tareas que medían su inteligencia espacial[A].

Los resultados fueron sorprendentes. Aquellos sujetos que habían sido expuestos a la sonata de Mozart obtenían puntuaciones ostensiblemente mejores en las pruebas de inteligencia espacial que los otros dos grupos. Los efectos
(20) eran sólo temporales, ya que más allá de unos 10 a 15 minutos, los tres grupos no diferían entre sí[B]. Pero la conclusión era muy evidente: escuchar a Mozart es beneficioso para nuestro rendimiento mental.

Con gran asombro, se fue descubriendo que niños con
(25) edades entre los 3 y los 12 años mejoraban enormemente su capacidad de razonamiento espacial si recibían clases de música, sobre todo si el material didáctico incluía preferentemente piezas de Mozart. Pero también se iban conociendo mejor sus limitaciones. Así, se fue constatando que
(30) los beneficios se limitaban casi exclusivamente a tareas de razonamiento espacial. Los efectos de la música de Mozart sobre tareas de otro tipo, como tareas de memoria, atención o fluidez verbal, resultaban prácticamente nulos, y sólo eran temporales, ya que no duraban más allá de unos
(35) minutos. Sólo en el caso de los niños que recibían clases de música se podía hablar de efectos algo más duraderos. Y las secuencias musicales debían ser lo suficientemente largas y complejas. Las composiciones muy repetitivas y monótonas no provocaban 'efecto Mozart'[C]. Para decep-
(40) ción de los amantes de Beethoven, la obra *Para Elisa* también se incluyó en el experimento.

Pero, a la par iban apareciendo otros trabajos cuya principal conclusión era que el 'efecto Mozart' no existía. Algunos estudios no fueron capaces de replicar ni tan
(45) siquiera el experimento original de 1993, y comenzaron a surgir críticos y escépticos del 'efecto Mozart'. Se empezó

a decir, por ejemplo, que el 'efecto Mozart' era consecuencia de los cambios de humor que provoca la música. Escuchar a Mozart induciría un estado de ánimo positivo en algunos sujetos[D]. Sería estupendo que el 'efecto (50) Mozart' fuera cierto pero no existen estudios científicos que respalden tan suntuosas afirmaciones. En cualquier caso, escuchar a Mozart no puede hacer mal a nadie.

1. ¿Qué significó la aparición del artículo acerca de Mozart?
   (A) Impactó negativamente a la comunidad científica.
   (B) Marcó un momento cumbre en la historia de la música.
   (C) Contribuyó a las investigaciones de los astros.
   (D) Repercutió considerablemente en varios círculos.

2. ¿A qué contribuyó la publicación del artículo *Música y ejecución en tareas espaciales*?
   (A) A la inauguración del Centro de Neurobiología de Irving
   (B) Al desarrollo de una etapa de estudios especiales
   (C) Al comienzo de una serie de conciertos de Mozart
   (D) A la promoción de un centro de música clásica

3. ¿Qué descubrieron los autores del artículo *Música y ejecución en tareas espaciales*?
   (A) La melodía de Mozart induce al sueño.
   (B) La *Sonata para Dos Pianos* dura 10 minutos.
   (C) La composición de Mozart es animada.
   (D) La música de Mozart estimula el intelecto.

4. ¿Qué manifiesta la investigación acerca de los que escuchan la música de Mozart?
   (A) Que beneficia a los jóvenes
   (B) Que afecta la salud
   (C) Que favorece a los ancianos
   (D) Que disminuye el aprendizaje

5. Según la lectura, ¿cómo es el 'efecto Mozart'?
   (A) Agobiante
   (B) Pasajero
   (C) Desorientador
   (D) Refrescante

6. ¿Cómo se evidencia el 'efecto Mozart'?
   (A) Repercute en todas las actividades intelectuales.
   (B) Influye de manera adversa en la memoria a largo plazo.
   (C) Se comprueba en funciones específicas.
   (D) Es contraproducente en algunas áreas afectivas.

GO ON TO NEXT PAGE

UNIT II

7. La siguiente oración se puede añadir al texto: **Por eso, si esta situación emocional no se consigue en algunos sujetos, el efecto Mozart no aparece.**

   ¿Dónde serviría mejor la oración?

   (A) Posición A (línea 15)

   (B) Posición B (línea 21)

   (C) Posición C (línea 39)

   (D) Posición D (línea 50)

8. ¿Qué concluyeron otras tareas adicionales sobre el 'efecto Mozart'?

   (A) Confirman al pie de la letra las pautas del estudio original.

   (B) Asumen que escuchar la música de Mozart es una pérdida de tiempo.

   (C) Contradicen los resultados de trabajos previos.

   (D) Creen que Bethoven causa un resultado semejante.

"Mi estado físico" es un cuento de Martín Rejtman que
aparece en **McOndo**.

      Dejo el taller mecánico y abandono ahí mi coche. Ya
no me queda nada. Hay que tener coraje para hacer algo
así, dejar lo único que uno tiene. El perro lo regalé cuando
me mudé al departamento, que es alquilado, y mi novia me
(5) dejó hace tres semanas por mi mejor amigo.
      Cuando llego al departamento abro la agenda buscando
alguien a quien llamar para pasar la noche[(A)]. Primero dudo,
pero me dejo vencer por mi debilidad y decido finalmente
llamar a mi ex-mejor amigo. Seguramente está con mi
(10) ex-novia. Le pregunto si está con ella. Me dice que no.
No nos vemos desde las peleas. Quedamos en encontrarnos
más tarde; le pido que me lleve el cassette en el que graba
las clases de gimnasia que pasan por cable. Mientras
hablamos me acuerdo que en mi bolsillo está el recibo que
(15) simboliza mi coche. Lo saco y lo pongo en un portarretratos,
sobre la foto de mi ex-novia.
      Yo me preparo la cena, como lo mismo todos los días
desde que Laura me dejó: pescado al vapor con salsa de
soja y arroz integral. No bebo ningún líquido. Leí que el
(20) líquido hace mal durante las comidas. A pesar de todo
siento que esta alimentación me enferma. Le falta sustancia,
algo que cortar con un cuchillo y después morder. Me
estoy dejando morir al no hacer trabajar mi estómago[(B)].
      Mi ex-mejor amigo se llama Leandro. Nos encon-
(25) tramos en un video bar de Flores. Eso es lo que él quiere y
yo soy el que está solo. Lo primero que hace es darme el
video cassette con las clases de gimnasia. Después me
cuenta sobre su nuevo trabajo y sobre las películas que
vio en el cine. Habla él todo el tiempo y no me animo a
(30) preguntarle por Laura[(C)].
      En los monitores del video bar pasan temas de Genesis
y Dire Straits, los dos grupos que más odio en el mundo, y
como estoy a punto de vomitar, le digo a Leandro que
preferiría ir a un Mac Donald's. Leandro se sorprende. «Se
(35) dice que te hiciste vegetariano.» Al principio la idea no le
gusta en lo más mínimo, pero se convence cuando el mozo
le dice que lo único que sirven es pizza de mozzarella y
anchoas. Leandro odia las anchoas desde el verano en que
nos fuimos juntos de campamento y escalamos un cerro.
(40) Habíamos llevado sólo latas de anchoas y tabletas de
chocolate. Terminamos los cuatro vomitando. Leandro ya
no puede ver las anchoas; yo odio el chocolate.
      En el Mac Donald's me pido un sundae de frutilla.
Leandro pide un Big Mac y un Mac Chicken y pone la
(45) hamburguesa de pollo adentro del Big Mac. Yo, voraz
como me encuentro, pienso que cuando vuelva del baño
me voy a comer el pan que dejó Leandro[(D)].

1. ¿Cómo parece sentirse el narrador al principio de
la selección?
(A) Solitario
(B) Confundido
(C) Satisfecho
(D) Victorioso

2. ¿Con qué propósito llama el narrador a su ex-mejor
amigo?
(A) Para discutir lo que sucedió con su ex-novia
(B) Para saber cómo se encuentra su ex-novia
(C) Para poder tener compañía esa noche
(D) Para hacer los ejercicios de gimnasia

3. En la opinión del narrador, él se está dejando morir
porque le hace falta…
(A) hacer más actividades físicas
(B) comer alimentos más sólidos
(C) beber más líquidos
(D) alimentarse regularmente

4. ¿Qué no parece querer discutir Leandro?
(A) La dieta del narrador
(B) La ex-novia del narrador
(C) El coche del narrador
(D) El trabajo reciente del narrador

5. ¿Por qué decide Leandro ir a Mac Donald's con el
narrador?
(A) Porque allí van a poder distraerse mucho más.
(B) Porque no le gusta pagar precios altos por la comida.
(C) Porque piensa que van a recibir mejor servicio.
(D) Porque no le gusta la comida que sirven donde
están.

6. ¿Qué podemos inferir sobre la amistad de Leandro y
el narrador?
(A) Que va a terminar muy pronto
(B) Que ha durado por mucho tiempo
(C) Que nunca había sido muy buena
(D) Que nadie la puede salvar ahora

7. La siguiente frase se puede añadir al texto: **aunque
siento curiosidad por saber si todavía están juntos.**
¿Dónde serviría mejor la frase?
(A) Posición A (línea 7)
(B) Posición B (línea 23)
(C) Posición C (línea 30)
(D) Posición D (línea 47)

Judíos en la España de hoy

—*Juana Vera*

Apenas 35.000 judíos viven hoy en España. Testimonios de la presencia de este grupo se remontan a la Edad Media.

Después de la expulsión de los judíos de España (1492), los israelitas[1] comenzaron a retornar a España durante el siglo XIX. A comienzos del siglo XX, los judíos que se asentaron en España eran, a diferencia de los
(5) actuales, mayoritariamente askenazíes, es decir, procedían del Centro de Europa, sobre todo de Alemania, Hungría, Ucrania y Rusia. Muchos de ellos llegaron huyendo de pogromos en Europa, y otros, como representantes de grandes empresas financieras. Fueron estos últimos los que
(10) sentaron las bases de la Comunidad Judía de Madrid junto con algunos intelectuales como el profesor Yehuda, que promovió los estudios de hebreo en la Universidad Complutense de Madrid.

En España, durante la Edad Media, los judíos se dedi-
(15) caron a la usura y al préstamo, pues casi todas las activi-dades comerciales, profesionales y de otro orden les esta-ban prohibidas, así como el matrimonio con cristianos. Quizá por eso y como consecuencia de tal situación, vivida durante siglos, se ha llamado al pueblo judío "el creador de
(20) la ética del capitalismo". El pueblo judío no tuvo más opción que dedicarse a la usura y al préstamo.(A)

El profesor Julio Trebolle Barrera es el creador del Instituto de Ciencias de las Religiones de Madrid, el único de estas características que hay en España. Trebolle
(25) Barrera opina sobre la existencia del substrato antijudío en España, que "España fue el último país de la Organización de las Naciones Unidas (ONU) en reconocer al Estado de Israel.(B) Fue en el año 1986, aun no hace tanto tiempo. Las causas son complejas. Por un lado, la visión del judío
(30) masón que había en este país; por otro, la poca simpatía que el Estado de Israel sentía hacia el país donde tanto había sufrido a causa de la Inquisición. Sin embargo, tras el reconocimiento, ha surgido una etapa floreciente en las relaciones entre ambos países y también en las rela-
(35) ciones de las Comunidades Judías de España con el gobierno central y con los gobiernos autonómicos".

Explica Trebolle Barrera que "el judaísmo español es minoritario y reciente.(C) En la actualidad, la mayor parte de los judíos que viven en España son los hijos de las
(40) primeras migraciones de judíos procedentes, mayoritaria-mente, de Marruecos. El judaísmo tiene poca presencia en nuestra sociedad, pero tuvo una época gloriosa y dorada, que es necesario conocer y dar a conocer a través de los

textos escolares. Hoy hay una carencia gravísima de profesores de Ciencia de las Religiones, porque no hay (45) donde formarlos en las universidades. El debate de las Humanidades se reduce a las lenguas nacionales, la historia de España y sus nacionalidades, pero no incluye el tema religioso, que no se afronta con valentía desde perspectivas históricas, culturales y universitarias."(D) Añade el rabino (50) Ariel Atiri de la Asociación de Judíos de Barcelona: "Pocos saben que los judíos vivimos en España durante 1.400 años antes de la expulsión. Hay que admitir nuestra historia. Pero en España no se ha hecho, y esto es peligroso".

España

94% católicos

6% otras religiones (.086% judíos)

1. ¿Qué propósito tiene este artículo?
   (A) Elogiar los triunfos económicos de los israelitas
   (B) Reflexionar sobre la posición de los judíos en la España contemporánea
   (C) Defender la asimilación de la población judía a la población española
   (D) Analizar los derechos de los judíos azkenazíes a la nacionalidad española

2. ¿A qué se debió la inmigración de los judíos a España a principios del siglo XX?
   (A) Al deseo de aumentar su poderío económico
   (B) A los esfuerzos de varias organizaciones israelitas
   (C) Al reconocimiento del Estado de Israel por parte de España
   (D) Al deseo de encontrar apoyo fuera de sus países de origen

3. De acuerdo a la lectura, ¿por qué se destacaron los judíos en las actividades mercantiles?
   (A) No les interesaba trabajar en ocupaciones laborales.
   (B) Lograban casarse con miembros de la clase alta.
   (C) Querían imponer el capitalismo a otros grupos.
   (D) No les permitían trabajar en muchas ocupaciones.

---

[1]israelita: persona de la religión judia

GO ON TO NEXT PAGE

4. ¿Qué subraya el profesor Julio Trebolle Barrera con respecto a la población judía que vive hoy en España?
   (A) Ha sido rechazada por otros grupos.
   (B) Ha sido reconocida por las Naciones Unidas.
   (C) Tiene el apoyo de la Comunidad Judía de Marruecos.
   (D) Carece del amparo del gobierno central.

5. Según el artículo, ¿qué distingue a la población judía de la España de hoy?
   (A) Ha contribuido con éxito al progreso del país.
   (B) Su presencia se limita a unas pocas décadas.
   (C) Su estancia en el país es provisional.
   (D) Ha participado activamente en la política.

6. ¿Qué piensa el profesor Trebolle Barrera acerca de los españoles de hoy?
   (A) Deben fomentar el debate de las lenguas nacionales.
   (B) Imponen su cultura a los judíos que viven en su territorio.
   (C) Desconocen su pasado glorioso ligado a los judíos.
   (D) Deben difundir la carta de las Naciones Unidas.

7. La siguiente oración se puede añadir al texto: **Por eso ha sido relacionado siempre con el dinero y el poder.** ¿Dónde serviría mejor la oración?
   (A) Posición A (línea 21)
   (B) Posición B (línea 28)
   (C) Posición C (línea 38)
   (D) Posición D (línea 50)

8. ¿Qué podemos deducir de este artículo?
   (A) Los judíos son el grupo más religioso de España.
   (B) Colaborar con las Naciones Unidas evita conflictos internacionales.
   (C) Desconocer una cultura puede traer consecuencias graves.
   (D) Los españoles crearon su nación hace 1.400 años.

Estaba cansado; en un instante perdió el interés vital que lo había convertido en un ser activo por dos días. El silencio de su casa lo deprimió. Su vida continuaría siendo la misma: una rutina solitaria. Se echó en la cama para dormir una siesta. El timbre de entrada volvió a despertarlo. Sin ánimos fue a abrir la puerta y se encontró con un desconocido, que avanzó hasta el centro de la salita. Era un hombre flaco, de ademanes nerviosos y rostro pálido.

—Usted no me conoce, compañero. Vengo sólo de pasada para avisarle que su nombre figura en la lista de la Procuraduría… —le dijo mirándolo con sus ojos enrojecidos.

—¿Mi nombre? —preguntó Eugenio con animación.

—Sí, compañero, —¿que no es usted Eugenio Yáñez? —preguntó el visitante súbitamente alarmado.

—¡Ese es mi nombre! Eugenio Yáñez —afirmó.

—Sería prudente que no duerma usted aquí esta noche. ¡Sálgase! Vaya a la casa de algún familiar o a un hotel. Ahora tengo que irme para avisarles a otros amigos —dijo deprisa el desconocido.

—¿Y usted cómo lo sabe? —preguntó Eugenio súbitamente desconfiado.

—Tenemos las listas, nos las pasa un compañero. Perdone, tengo que irme, el tiempo cuenta en estos casos —dijo el hombre, enrojeciendo ligeramente.

Eugenio lo miró con asombro. No era un obrero, tenía más bien el aspecto de un burócrata modesto. No le preguntó su nombre. Lo acompañó hasta la puerta, ya que el desconocido parecía no querer perder un minuto y buscaba la salida. Al llegar a la puerta, el desconocido se volvió, le tendió la mano y le dijo:

—¡Alberto!, para servirlo, compañero. Y por favor, Yáñez, sálgase de su casa unos días.

1. ¿Por qué se sentía deprimido Eugenio?
   (A) Porque había dormido muy poco.
   (B) Porque era la primera vez que vivía solo.
   (C) Porque su vida había cambiado demasiado.
   (D) Porque la conmoción había pasado.

2. ¿Qué despertó a Eugenio?
   (A) Alguien tocó a la puerta.
   (B) Alguien abrió la puerta.
   (C) El ruido que venía del centro.
   (D) Sentía mucha ansiedad.

3. ¿Qué implicaba el hecho de que el nombre de Eugenio aparecía en la hoja de Procuraduría?
   (A) Que él sería premiado
   (B) Que él estaría en peligro
   (C) Que ahora podría dormir a gusto
   (D) Que ahora podría hacer un viaje

4. ¿Qué le aconsejó el desconocido a Eugenio?
   (A) Que se cambiara de nombre
   (B) Que se quedara en otro lugar
   (C) Que informara a su familia
   (D) Que lo acompañara esa noche

5. ¿Por qué no le dio más información el desconocido a Eugenio?
   (A) Porque necesitaba marcharse inmediatamente.
   (B) Porque no le tenía mucha confianza a Eugenio.
   (C) Porque Eugenio no parecía interesado en lo que decía.
   (D) Porque se sintió ofendido por lo que dijo Eugenio.

6. ¿Cómo es el ambiente a través de la selección?
   (A) Diabólico
   (B) Apasionante
   (C) Inquietante
   (D) Idílico

7. ¿Cómo parece ser la situación en la que Eugenio y sus amigos están involucrados?
   (A) Placentera
   (B) Divertida
   (C) Humillante
   (D) Ilícita

Y Matarazo no llamó… es una novela de Elena Garro. La siguiente selección, un poco misteriosa, nos relata los acontecimientos de unos días en la vida de Eugenio.

El domingo fue un día extravagante. La ciudad estaba quieta, como si quisiera ignorar lo que había sucedido en la estación. Eugenio no quiso leer los diarios. ¿Para qué? Él conocía mejor los acontecimientos de la víspera y los hechos distorsionados le iban a producir un malestar.

A las doce del día se encontró sentado en una iglesia; allí podía reflexionar y pedir que sus amigos llegaran bien a su destino. No podía confiarse en nadie, se sentía el depositario de un secreto importante, tan importante que de su silencio dependía la vida de aquellos dos hombres. No era absurdo haber ido a la iglesia; se encontraba rodeado de gente y el espectáculo de la misa le hizo olvidar sus preocupaciones.

Al salir se enfrentó al sol radiante del mediodía. La gente caminaba junto a él cabizbaja, se sentía que no era un domingo cualquiera. Los encabezados de los diarios encomiaban la energía empleada por las autoridades para anular a los sediciosos, que habían actuado bajo las órdenes de algunas potencias extranjeras. Eugenio los leyó sin querer en las manos de algunos de los clientes de la heladería adonde fue después de la misa a beber un *ice cream soda* de vainilla, que lo reconfortó después de aquella noche sedienta.

En una taquería de la avenida Insurgentes comió unas chalupitas y varios tacos de pollo con guacamole, y satisfecho volvió andando a su casa. Al encontrarse frente al sillón manchado de sangre y las tazas sucias de café dispersas en la salita, le cayó encima una enorme fatiga. ¿Para qué se había metido con aquellos obreros si todo era inútil? "Soy un viejo estúpido, a ver si esto no me acarrea consecuencias graves", pensó con cansancio. La seguridad de que sus amigos pertenecían a una organización a la cual él era ajeno, lo hizo sentirse ridículo.

—¡Bah!, es igual, ellos no me necesitan. Yo fui el que los busqué —se dijo en voz baja, mientras recogía la camisa desgarrada y llena de sangre que Pedro había abandonado a un lado del sillón verde.

Hizo un bulto con la ropa vieja de los muchachos y dudó en tirarlo al bote de la basura. Por las películas de crímenes sabía que era comprometido y peligroso poseer ropa ensangrentada. "Es verdad, no es normal tirar ropa llena de sangre", se repitió. Escondió el bulto en su ropero. El lunes, al ir al trabajo, lo escondería en la cajuela del coche y a la salida lo tiraría en algún llano perdido.

1. ¿Qué quería ignorar la ciudad?
   (A) Las noticias de los diarios
   (B) Las opiniones de Eugenio
   (C) Los ruidos de la estación
   (D) Los incidentes del día anterior

2. ¿Por qué se iba a sentir molesto el narrador?
   (A) Porque las noticias iban a ser falsas.
   (B) Porque el silencio le hacía daño.
   (C) Porque las noticias eran deprimentes.
   (D) Porque la estación fue destruida.

3. ¿En qué estado de ánimo se siente Eugenio?
   (A) Preocupado por sus amigos
   (B) Mareado por tanta gente
   (C) Alegre de sentirse tranquilo
   (D) Feliz con su destino

4. Según la selección, ¿por qué tenía que tener cuidado el narrador?
   (A) Porque podría delatar a sus amigos.
   (B) Porque su vida estaba en peligro.
   (C) Porque muchos lo conocían en la iglesia.
   (D) Porque siempre confiaba en todo el mundo.

5. ¿Para qué le sirvió sentarse en la iglesia a Eugenio?
   (A) Para ocultarse de alguien
   (B) Para pensar y distraerse
   (C) Para confesar su secreto
   (D) Para encontrar a sus amigos

6. ¿Qué hizo Eugenio mientras estaba en la heladería?
   (A) Le dio la mano a una de las empleadas.
   (B) Charló con las autoridades extranjeras.
   (C) Se enteró de lo que decían los diarios.
   (D) Trató de animar a unos clientes.

7. ¿Por qué se siente ridículo Eugenio?
   (A) Porque no conoce la intención de sus amigos.
   (B) Porque no les había dado de comer a sus amigos.
   (C) Porque no se había dado cuenta de la sangre antes.
   (D) Porque no pertenecía a la organización.

8. ¿Qué sabemos sobre Pedro?
   (A) Que estaba perdido
   (B) Que estaba herido
   (C) Que había traicionado a alguien
   (D) Que había escapado al extranjero

GO ON TO NEXT PAGE

UNIT II

9. ¿Por qué decidió Eugenio no tirar la ropa a la basura?
   (A) Porque sus amigos regresarían por ella.
   (B) Porque temía que la encontraran.
   (C) Porque él se consideraba valiente.
   (D) Porque quizás necesitaría evidencia.

10. ¿Qué iba a hacer Eugenio con la ropa el lunes?
    (A) La guardaría en su lugar de empleo.
    (B) La limpiaría antes de regresar a su trabajo.
    (C) Se la daría a las autoridades.
    (D) Se desharía de ella en ruta a su trabajo.

Elena Poniatowska: Entrelíneas de los olvidados

—*Elizabeth Coonrod Martínez*

Aclamada por su impactante periodismo, esta escritora mexicana también es conocida por sus conmovedoras e inquietantes obras de ficción.

Elena Poniatowska es una de las más importantes escritoras mexicanas contemporáneas. Desde que se inició en la carrera periodística en 1953, Poniatowska ha publicado treinta y cinco libros. De estos, varios son de ensayo
(5) periodístico, pero también hay tres colecciones de cuentos y siete novelas. Su creación literaria es muy diferente de la ficción de los *bestsellers* contemporáneos, esas novelas que entretienen con recetas de cocina y asuntos de amoríos.[A] Las novelas y los cuentos de Poniatowska son más bien
(10) meditaciones filosóficas y evaluaciones del papel de la mujer, del desamparo sin acceso a los privilegios de la sociedad, en fin, de la sociedad misma. Pero aunque es mejor conocida como periodista, ella prefiere la obra creativa.[B]

Al contrario de los escritores que siempre citan a unos
(15) cuantos miembros masculinos e internacionalmente reconocidos de la generación literaria llamada el "boom latinoamericano", Poniatowska siempre ha señalado las contribuciones literarias y artísticas de las mujeres desde principios del siglo XX, aspecto importante en un ámbito
(20) internacional que pretende que ninguna mujer publicó antes del estreno de *Como agua para chocolate* (1989). Su libro *Las siete cabritas* (2000) es una colección de ensayos sobre siete fascinantes y prolíficas mujeres que parecían ser radicales sólo porque su producción artística ocurrió a
(25) pesar de las barreras que se les imponían. Durante cincuenta años, no ha dejado de escribir artículos y ensayos en periódicos y revistas, se mantiene involucrada en el ámbito social y político de su país, y con frecuencia hace presentaciones formales en México y en otros países.

(30) La gran dama de las letras mexicanas es responsable por transformar el género de la entrevista en México. Es una observadora sin igual, y ese talento se revela tanto en su periodismo como en su ficción. Después de su entrada al mundo periodístico con sus entrevistas de personajes
(35) famosos, Poniatowska ha sido siempre persistente en buscar un medio para los que no tienen voz. En 1980 publicó *Fuerte es el silencio*, donde se evocan las voces de las madres de prisioneros políticos encarcelados o desaparecidos, los líderes de movimientos de trabajadores.

(40) Entre los años cincuenta y setenta, en una época en que las mujeres tenían poco acceso a las editoriales, Poniatowska surgió como una voz femenina y sutil en una sociedad enfocada en el poder del varón.[C] Disfrazó su persistente empuje por examinar las tradiciones de los

apoderados con la dulzura y el papel diminutivo que le (45) asignaban y sin quejarse nunca. Ahora, al haber recibido varios premios y distinciones literarias y periodísticas —incluyendo el Premio Nacional Mexicano a la Literatura 2001— su reconocimiento es muchísimo más respetuoso que diminutivo, y cada vez más internacional. En el 2000, (50) Colombia y Chile otorgaron su premio más distinguido de la literatura a la escritora mexicana.

Poniatowska no fue reconocida en todo el mundo como otros prolíficos escritores latinoamericanos de su generación, y tampoco desempeñó cargos diplomáticos, (55) o buscó agentes literarios internacionales como las escritoras recientes.[D] En los años noventa, Poniatowska trabajó con la agente neoyorquina Susan Bergholz. Posteriormente disolvieron su unión, pero en buenos términos porque Bergholz se enojaba con Poniatowska cuando (60) ésta aceptaba hacer conferencias y otras presentaciones sin cobrar o sin consultarla. Poniatowska reacciona con un gesto de "ni modo", y dice que cuando siempre le están pidiendo esto y aquello, cómo va a decir que no.

1. ¿Cuál es una característica de la obra de Elena Poniatowska?
   (A) Distrae con historias de amor.
   (B) Sobresale por la profundidad de sus temas.
   (C) Influye a los escritores masculinos del "boom".
   (D) Incluye un recetario de la cocina mexicana.

2. ¿Cuáles de sus propias obras estima más la autora Elena Poniatowska?
   (A) Las de naturaleza informativa
   (B) Las conferencias formales
   (C) Las de carácter narrativo
   (D) Las creaciones *bestsellers*

3. ¿Qué actitud mostraban muchos autores con respecto a las obras de autoras mexicanas del siglo XX?
   (A) Rechazaban las novelas de amor con recetas de cocina.
   (B) Valoraban poco a las creadoras de *bestsellers*.
   (C) Ignoraban las contribuciones de autoras femeninas.
   (D) Apreciaban la obra temprana de Elena Poniatowska.

4. Según el artículo, ¿qué impacto ha tenido la obra de Elena Poniatowska en la prensa en México?
   (A) Revolucionó el estilo de la entrevista.
   (B) Ha contribuido a las ventas de *bestsellers*.
   (C) Mostró desdén por personajes famosos.
   (D) Popularizó los libros de recetas.

GO ON TO NEXT PAGE

5. Según la lectura, ¿por qué sobresale hoy Elena Poniatowska como periodista?
   (A) Por la copiosa producción de artículos
   (B) Por la capacidad para captar detalles
   (C) Por ser una mujer periodista en un mundo machista
   (D) Por ser una entrevistadora de famosos

6. En este fragmento, ¿cuál es claramente una prioridad para esta autora mexicana?
   (A) Entrevistar a otros autores de México
   (B) Comentar *Como agua para chocolate*
   (C) Apoyar a los autores del "boom latinoamericano"
   (D) Auxiliar a los marginados de su país

7. ¿Cuál era un aspecto de Elena Poniatowska que irritaba a la agente neoyorquina?
   (A) No era muy prolífica ni crítica.
   (B) No le buscaba cargos diplomáticos.
   (C) No escribía muchos libros *bestsellers*.
   (D) No le comunicaba noticias de sus actividades.

8. La siguiente oración se puede añadir al texto: **Esto, a pesar de su dulce y diminutivo apodo de 'Elenita'**. ¿Dónde serviría mejor la oración?
   (A) Posición A (línea 8)
   (B) Posición B (línea 13)
   (C) Posición C (línea 43)
   (D) Posición D (línea 57)

"La gentileza de los desconocidos" es un cuento de Antonio Muñoz Molina. La realidad a la que se enfrenta el ser humano no coincide a menudo con lo que espera de la vida.

Fue la primera vez que el señor Walberg llamó por teléfono a Quintana. Lo llamó desde una cabina, no sin dificultad, porque ya no estaba familiarizado con los nuevos modelos de teléfonos públicos: no estaba familiarizado, se decía, con la vida real ni con el presente, como si hubiera pasado no dos sino veinte años en la cárcel. Para que lo pusieran con el despacho de Quintana tuvo que sortear a dos secretarias, lo cual daba una idea muy halagüeña de la jerarquía profesional de su joven amigo. Quintana, al oír su voz, tardó en saber quién era, seguramente porque la secretaria que le pasó la llamada no había pronunciado bien el apellido Walberg. Se oía un tumulto lejano de voces y timbres de teléfono, y el señor Walberg de pronto se sintió pueril y ridículo, imaginando la oficina de paredes blancas, tubos fluorescentes y pantallas de ordenador en la que había irrumpido su llamada. Le costó no colgar mientras Quintana aún no lo reconocía y preguntaba quién era. ¿No le perjudicaría en su trabajo la amistad de un ex presidiario? Pero el señor Walberg tenía tanto miedo que fue capaz de sobreponerse al pudor. «Por lo que más quiera, amigo Quintana, venga a casa».

Era un lunes de principio de marzo: estaba nublado y soplaba un viento muy frío, pero ya empezaba a anochecer más tarde, y en las fachadas de los edificios aún quedaba una estática claridad solar, manchada por el gris sucio del cielo y el humo del tráfico. En un puesto de periódicos el señor Walberg vio de soslayo un titular sobre el crimen de la noche anterior, pero no se atrevió a mirar directamente y ni siquiera se detuvo. En las pequeñas mercerías y tiendas de ultramarinos del barrio ya estaban encendidas las luces eléctricas, y por las escaleras de un mercado público bajaban mujeres con abrigos y bolsas de la compra de las que sobresalía a veces el pico de una barra de pan o las hojas anchas y oscuras de una lechuga. El señor Walberg, camino de su casa, tuvo una intensa sensación de vida cálida y normal, de mañanas laboriosas de barrio, de comedores con balcones donde está encendido el televisor y alguien empieza a servir la cena. Pero ese mundo que tenía delante de los ojos, y en el que a cualquier testigo le hubiera parecido que se sumergía la presencia del señor Walberg, le era en realidad tan inaccesible como un país de hielos o una hora del pasado.

1. ¿Cuál es la intención del narrador en este pasaje?
   (A) Destacar las circunstancias desconcertantes de un personaje
   (B) Describir el ambiente invernal de un barrio un lunes al atardecer
   (C) Resaltar la situación económica de dos individuos
   (D) Reconsiderar las consecuencias de nuestros actos

2. ¿Por qué fue difícil para el señor Walberg llamar por teléfono?
   (A) Porque estaba en una prisión.
   (B) Porque no tenía cambio para la llamada.
   (C) Porque no le gustaban los teléfonos públicos.
   (D) Porque desconocía cómo funcionaba el aparato.

3. ¿Qué pensó el señor Walberg acerca de Quintana?
   (A) Que tenía un cargo importante
   (B) Que evitaba las llamadas telefónicas
   (C) Que pretendía desconocer a Walberg
   (D) Que tenía una secretaria tonta

4. ¿Qué sintió el señor Walberg mientras esperaba hablar con Quintana?
   (A) Un gran alivio
   (B) Que su situación era absurda
   (C) Que el mundo lo rechazaba
   (D) Un gran entusiasmo

5. El señor Walberg suponía que la oficina de Quintana era...
   (A) un lugar solitario
   (B) un sitio en silencio total
   (C) un lugar con mucho ajetreo
   (D) un sitio aburrido

6. ¿Qué parece inferirse de la conversación con Quintana?
   (A) Walberg necesita resolver su situación.
   (B) Walberg quiere visitar la oficina de Quintana.
   (C) Walberg necesita conseguir un empleo con Quintana.
   (D) Walberg quiere salir pronto de la cárcel.

7. ¿Cómo era el ambiente por donde caminaba el señor Walberg?
   (A) El tiempo estaba muy agradable.
   (B) Los negocios empezaban a cerrar.
   (C) La gente parecía estar preocupada.
   (D) Había un aspecto de normalidad.

8. ¿Cómo es el tono al final del pasaje?
   (A) Sombrío
   (B) Alegre
   (C) Desinteresado
   (D) Eufórico

Este texto es un fragmento de "El regreso" un cuento español de posguerra, de la autora Carmen Laforet. Los acontecimientos y sucesos fuera de nuestro control, afectan los estados de ánimo de los seres humanos.

Era una mala idea, pensó Julián, mientras aplastaba la frente contra los cristales y sentía su frío húmedo refrescarle hasta los huesos, tan bien dibujados debajo de su piel transparente. Era una mala idea esta de mandarle a casa la
(5) Nochebuena. Y, además, mandarle a casa para siempre, ya completamente curado. Julián era un hombre largo, enfundado en un decente abrigo negro. Era un hombre rubio, con los ojos y los pómulos salientes, como destacando en su flacura. Sin embargo, ahora Julián tenía muy buen
(10) aspecto. Su mujer se hacía cruces sobre su buen aspecto cada vez que lo veía. Hubo tiempos en que Julián fue sólo un puñado de venas azules, piernas como larguísimos palillos y unas manos grandes y sarmentosas. Fue eso, dos años atrás, cuando lo ingresaron en aquella casa de la que,
(15) aunque parezca extraño, no tenía ganas de salir.
—Muy impaciente, ¿eh?… Ya pronto vendrán a buscarle. El tren de las cuatro está a punto de llegar. Luego podrán ustedes tomar el de las cinco y media… Y esta noche, en casa, a celebrar la Nochebuena… Me gustaría,
(20) Julián, que no se olvidase de llevar a su familia a la misa del Gallo, como acción de gracias… Si esta Casa no estuviese tan alejada… Sería muy hermoso tenerlos a todos esta noche aquí… Sus niños son muy lindos, Julián… Hay uno, sobre todo el más pequeñito, que parece un Niño
(25) Jesús, o un San Juanito, con esos bucles rizados y esos ojos azules. Creo que haría un buen monaguillo, porque tiene cara de listo…
Julián escuchaba la charla de la monja muy embebido. A esta sor María de la Asunción, que era gorda y chiquita,
(30) con una cara risueña y unos carrillos como manzanas, Julián la quería mucho. No la había sentido llegar, metido en sus reflexiones. ya preparado para la marcha, instalado ya en aquella enorme y fría sala de visitas… No la había sentido llegar, porque bien sabe Dios que estas mujeres con
(35) todo su volumen de faldas y tocas caminan ligeras y silenciosas, como barcos de vela. Luego se había llevado una alegría al verla. La última alegría que podía tener en aquella temporada de su vida. Se le llenaron los ojos de lágrimas, porque siempre había tenido una gran propensión al
(40) sentimentalismo, pero que en aquella temporada era ya casi una enfermedad.

1. ¿Dónde parece encontrarse Julián al principio de la narración?
   (A) En una oficina
   (B) En una sala de espera
   (C) En una calle concurrida
   (D) En una iglesia

2. ¿Qué podemos deducir que hace Julián en ese lugar?
   (A) Espera que llegue su médico.
   (B) Espera a la monja.
   (C) Espera que llegue su familia.
   (D) Espera al sacerdote.

3. ¿Cuál de estas frases describe mejor físicamente a Julián en el presente?
   (A) Muy delgado y de aspecto saludable
   (B) Un montón de huesos
   (C) Muy resfriado y de venas transparentes
   (D) Un manojo de nervios

4. ¿Qué sorprendía a la esposa de Julián?
   (A) La mejoría de Julián
   (B) El sufrimiento de Julián
   (C) Que Julián regresaba a casa
   (D) Que Julián llevaba cruces

5. ¿De qué le hablaba la monja a Julián?
   (A) Del estado del tiempo
   (B) De una dificultad con el transporte
   (C) De la salud de Julián
   (D) De una celebración familiar

6. ¿Qué pensaba Julián de la monja?
   (A) Le tenía un gran afecto.
   (B) Lo hacía llorar a menudo.
   (C) Ignoraba sus sugerencias.
   (D) Admiraba su apariencia personal.

7. ¿Qué podemos inferir de la siguiente frase: "siempre había tenido una gran propensión al sentimentalismo, pero que en aquella temporada era ya casi una enfermedad" (líneas 39–41)?
   (A) Julián sabe que ha recuperado la salud.
   (B) Julián está feliz de regresar a casa.
   (C) Julián está emocionalmente peor en esta temporada.
   (D) Julián llora la ausencia de su familia desde que salió de su casa.

La siguiente selección describe el comienzo de un viaje y el encuentro del narrador con uno de los miembros del grupo.

El chileno tiene, especialmente entre la gente de trabajo, fama de trabajador sufrido y esforzado y yo usaba esta nacionalidad en esos casos. Además, mi continuo trato con ellos y mi descendencia de ese pueblo me daban el tono de
(5) voz y las maneras de tal. Así fue como una mañana, embarcados en un vagón de tren de carga, hacinados como animales, partimos de Mendoza en dirección a la cordillera. Eramos, entre todos, como unos treinta hombres, si es que yo podía considerarme como tal, lo cual no
(10) dejaba de ser una pretensión.

Había varios andaluces, muy parlanchines; unos cuantos austríacos, muy silenciosos; dos venecianos, con hermosos ojos azules y barbas rubias; unos pocos argentinos y varios chilenos.

(15) Entre estos últimos estaba Laguna. Era un hombre delgado, con las piernas brevemente arqueadas, el cuerpo un poco inclinado, bigote lacio de color que pretendía ser rubio, pero que se conformaba modestamente con ser castaño. Su cara recordaba inmediatamente a un roedor: el ratón.

(20) Le ofrecí cigarrillos y esto me predispuso a su favor. Me preguntó mi edad y al decírsela movió la cabeza y suspiró:

—¿Diecisiete años? Un montoncito así de vida.

Y señalaba con el pulgar y el índice una porción pequeña e imaginable de lo que él llamaba vida.

(25) Usaba alpargatas y sus gruesas medias blancas subían hacía arriba aprisionando la parte baja del pantalón. Una gorra y un traje claro, muy delgado, completaban su vestimenta que, como se ve, no podía ser confundida con la de ningún elegante. A la hora del almuerzo compartí con él mi
(30) pequeña provisión y esto acabó de atraerlo hacia mí. Más decidor ya, por efecto de la comida, me contó algo de su vida; una vida extraña y maravillosa, llena de vicisitudes y de pequeñas desgracias que se sucedían sin interrupción. Hablando con él, observé esta rara manía o costumbre:
(35) Laguna no tenía nunca quietas sus piernas. Las movía constantemente. Ya jugaba con los pies cambiando de sitio o posición una maderita o un trocito de papel que hubiera en el suelo; ya las movía como marcando el paso con los talones; ya las juntaba, las separaba, las cruzaba o las
(40) descruzaba con una continuidad que mareaba. Yo supuse que esto provendría de sus costumbres de vagabundo, suposición un tanto antojadiza, pero yo necesitaba clasificar este rasgo de mi nuevo amigo. Su cara era tan movible como sus piernas. Sus arrugas cambiaban de sitio vertigi-
(45) nosamente. A veces no podía yo localizar fijamente a una. Y sus pequeños ojos controlaban todo este movimiento con rápidos parpadeos que me desconcertaban.

1. Según la selección, el narrador conoce bien a los chilenos porque él…
   (A) vivía muy cerca de Chile
   (B) tenía sangre chilena
   (C) había leído sobre ellos
   (D) había estudiado con ellos

2. El narrador usa la palabra "ratón" (línea 19) con el propósito de describir…
   (A) la situación
   (B) a Laguna
   (C) cómo lo trataban
   (D) cómo viajaban

3. Con respecto a su edad y en comparación con los otros hombres, el narrador es…
   (A) más joven
   (B) un poco mayor que ellos
   (C) de la misma edad
   (D) mucho más viejo

4. ¿Para qué usa sus dedos Laguna?
   (A) Para expresar cuánto ha comido
   (B) Para pedirle un cigarrillo al narrador
   (C) Para describir su vida
   (D) Para enfatizar la edad del narrador

5. ¿Cómo podríamos describir la ropa que lleva Laguna?
   (A) Vistosa
   (B) Moderna
   (C) Sucia
   (D) Humilde

6. ¿Qué descubrió el narrador mientras hablaba con Laguna?
   (A) Que varias partes de su cuerpo se movían constantemente
   (B) Que su vida había estado llena de grandes logros
   (C) Que era una persona que infundía poca confianza
   (D) Que trataba de hacer una buena impresión

7. A causa del comportamiento de Laguna el narrador se siente…
   (A) cómodo
   (B) feliz
   (C) confundido
   (D) preocupado

UNIT II

*Este artículo apareció en la revista **Nexos** publicada en Estados Unidos.*

Santiago Calatrava: la construcción de una leyenda.

—Ana Cristina Raymundo

Sus puentes y edificios son inconfundibles. Sus obras, además de ser funcionales y contar con la más avanzada tecnología, revelan belleza y arte. No se puede esperar menos de Santiago Calatrava, un arquitecto humanista que extrae su inspiración de sus muchas otras pasiones como la escultura, pintura, literatura y música. Santiago Calatrava es de esos hombres que vienen al mundo sólo una vez por milenio.

Muchas de sus obras son lugares cotidianos, como terminales y puentes; sin embargo, a la funcionalidad, Calatrava ha añadido el arte y la belleza. Calatrava percibe lo cotidiano y lo ordinario como extraordinario. "Desde mi punto de vista, no hay nada ordinario. Cualquier actitud humana es una cosa extraordinaria. Los gestos más elementales pueden convertirse en gestos monumentales en el sentido de que pueden ser ejemplares y grabarse en la memoria de los hombres para convertirse en la metáfora de lo que es atravesar la vida".

Calatrava continúa diciendo: "¡Qué cosa más grandiosa es un puente! Es tan grandioso que, en tiempos romanos, a los sacerdotes se los llamaban pontífices porque establecían puentes entre el hombre y Dios". Claro está que Calatrava intenta encontrar ese sentido en cada una de sus obras. Las estaciones o terminales de transporte —otras de sus obras favoritas— son estructuras que pertenecen a todos y son de los pocos edificios que permanecen abiertos las 24 horas del día, a diferencia de los asilos y las iglesias. Según explica Calatrava, "pocos edificios de una ciudad ofrecen el valor testimonial de ser un centro de acogida. Una terminal es como el corazón de la ciudad".

Calatrava nació en Valencia, España. Su madre lo envió a Francia para aprender francés. Vivía en París y tenía dieciocho años durante la famosa "Primavera de París" de 1968. Para hacer frente a las huelgas e interrupciones de clases universitarias, Calatrava formó un grupo independiente demostrando de esa manera su iniciativa e inquietud intelectual. "Era necesario crear estructuras de trabajo, establecer y marcar pautas de comportamiento que me llevaron a estudiar las diversas culturas de una manera autodidacta". El proceso resultó revelador porque descubrió que todo aprendizaje es autodidacto y que los profesores son más que nada testimoniales.

En cuanto a la relación entre la arquitectura y la política, si bien es cierto que los organismos políticos deciden cuáles obras públicas se hacen y cuáles no, también es cierto que la arquitectura perdura y la política es temporal. Consecuentemente, queriendo dejar testimonio de sus tiempos, el régimen establecido se acoge a los objetos construidos. "Como portadora de la memoria de una época, la arquitectura es tremendamente consistente; además, transmite un mensaje social", asegura. "Pero hay algo muy importante: la calidad de la obra depende de la calidad del cliente, del arquitecto y del constructor. No hay un solo edificio grande que no haya tenido detrás un gran cliente porque, a fin de cuentas, los que construyen los edificios no son los arquitectos, ni siquiera los constructores, sino los clientes".

GO ON TO NEXT PAGE ➤

1. ¿En qué basa Santiago Calatrava sus creaciones?
   (A) En lo divino
   (B) En lo religioso
   (C) En diversas ideas políticas
   (D) En múltiples disciplinas

2. ¿Qué cualidad de la obra de Calatrava se destaca en el artículo?
   (A) Lo elemental
   (B) Lo práctico
   (C) La musicalidad
   (D) La modestia

3. ¿Dónde encuentra a menudo Calatrava inspiración para sus obras?
   (A) En los recuerdos de su país
   (B) En las pautas de comportamiento de los estudiantes
   (C) En los acontecimientos de todos los días
   (D) En las estructuras de templos

4. ¿Cómo se puede resumir la filosofía de Calatrava de acuerdo al artículo?
   (A) Lo habitual ayuda a crear monumentos.
   (B) Los asilos deben permanecer abiertos todo el día.
   (C) Lo más importante es lo extraordinario.
   (D) Los profesores deben ser autodidactos.

5. ¿Qué experiencia impactó a Calatrava a temprana edad?
   (A) Formar parte del grupo "Primavera de París"
   (B) Evitar asistir a las clases en la universidad
   (C) Estar al frente de una huelga estudiantil universitaria
   (D) Descubrir sus capacidades para instruirse a sí mismo

6. Según la lectura, ¿qué ideas parecen tener los políticos de la arquitectura?
   (A) La política es superior a la arquitectura.
   (B) Contribuye a perpetuar la fama de los políticos.
   (C) La arquitectura establece el orden político.
   (D) Coopera a promover la educación de la población.

7. Según el artículo, podemos afirmar todo lo siguiente respecto a la obra arquitectónica EXCEPTO…
   (A) que deja un legado a la humanidad
   (B) que necesita la colaboración de muchos sectores
   (C) que el arquitecto juega el papel más importante
   (D) que el cliente tiene un rol decisivo

Un arriesgado proyecto de TV

—Prensa Libre de Guatemala

UNESCO entrega un proyecto para instalar y desarrollar "TV Maya" para los pueblos indígenas. ¿Favorece a la nación multicultural?

Se hizo público que UNESCO entregó un proyecto para instalar y desarrollar el canal 5 de televisión abierta, *TV Maya,* dedicado a los pueblos indígenas, hecho que obliga a hacer algunas consideraciones acerca de las posibilidades prácticas de esa idea.

TV Maya estará a cargo de la Academia de Lenguas Mayas de Guatemala (ALMG), entidad que deberá manejar un canal cuyo fin es construir un Estado democrático y participativo, que refleje la nación multicultural. Eso significa participar activamente en el proceso de educación, dentro del cual debe tener lugar preferencial la eliminación del analfabetismo. La TV es, sin duda, un arma muy buena para lograr ese objetivo, pero no sirve de mucho si no se complementa con un aparato educativo eficiente. En el caso de Guatemala, esto significa tener posibilidades de funcionar en todas las lenguas indígenas nacionales.

Desde el punto de vista técnico, la necesidad de fondos es muy grande porque se debe adquirir equipo muy caro, así como enseñar a entrenar al personal para manejarlo. Aparte, se deben efectuar negociaciones con las empresas de cable de todo el país, a las que se les debe convencer de incluir el proyecto en sus transmisiones. Esto obedece a que la TV abierta se encuentra en franca decadencia porque son los cableros quienes llevan la señal de televisión a la mayor cantidad de sitios de toda la república.

La calidad de los programas es otro tema importante. A consecuencia de la TV por cable, un canal local debe competir con los más grandes canales y cadenas del mundo, cuyos recursos son enormes. La lucha por lograr y mantener la audiencia a un programa es constante, y los televidentes deben ser frecuentemente motivados a permanecer fieles. Pero hay otras dificultades.

Luego de haberse puesto de acuerdo acerca de cómo repartir el tiempo dedicado a cada lengua y cuáles serán los temas que en realidad interesen a quienes va dirigida la señal, los organizadores deben pensar en que ninguna de las lenguas nacionales debe ser eliminada. Se necesitan programas técnicamente bien hechos, atractivos, interesantes. Y el peor error de los organizadores sería pensar que por el hecho de llamarse *TV Maya,* tiene una audiencia cautiva.

Señalar lo arriesgado de realizar esta idea, no significa rechazarla. Al contrario. Debido a que se le apoya, se debe encarar con serenidad y realismo la magnitud de los retos que se presentan. No se puede olvidar que una de las razones para que el gobierno del FRG[1] haya ofrecido esta frecuencia, es para que fracasara por su complejidad y así apoyar al monopolio de la TV abierta.

1. ¿Cuál es la reacción del editorialista al proyecto de la UNESCO?
   (A) Está entusiasmado por la noticia.
   (B) Confía en la solidez del proyecto.
   (C) Duda sobre la ejecución del proyecto.
   (D) Sospecha posible corrupción en la Academia.

2. ¿Qué organismo es responsable por el desarrollo del proyecto?
   (A) La organización política guatemalteca FRG
   (B) La Academia de las Lenguas Mayas
   (C) La República de Guatemala
   (D) La organización UNESCO

3. Para el proyecto, el editorial considera todos estos factores EXCEPTO…
   (A) la conservación de la riqueza cultural del país
   (B) la defensa de los derechos de los pueblos indígenas
   (C) la participación de todos los ciudadanos en asuntos del Estado
   (D) la creación de una industria de televisión nacional guatemalteca

4. Según el editorial, ¿cuál podría ser un efecto de la programación de *TV Maya* para Guatemala?
   (A) Aumentar el presupuesto del Estado
   (B) Prevenir la decadencia de los canales locales
   (C) Crear programas para aprender a leer y escribir
   (D) Escuchar programas para discutir la democracia

5. ¿Qué sugiere el editorial para ayudar a *TV Maya*?
   (A) Que la señal de *TV Maya* se transmita por cable
   (B) Que la señal de *TV Maya* salga por un canal local
   (C) Que el Estado de Guatemala maneje *TV Maya*
   (D) Que la UNESCO decida el modo de trasmitir *TV Maya*

---

[1]FRG: Uno de los partidos políticos de Guatemala, el Frente Republicano Guatemalteco.

GO ON TO NEXT PAGE

6. De acuerdo a esta página editorial, ¿qué es necesario para el éxito de *TV Maya*?
   (A) Reducir el costo de lo servicios de programación por cable
   (B) Evitar el desinterés de los televidentes por sus programas
   (C) Cambiar el nombre *TV Maya*
   (D) Eliminar el personal extra

7. ¿Cuál es la idea que plantea este editorial?
   (A) Aumentar el presupuesto de la Academia de las Lenguas Mayas
   (B) Limitar el acceso del televidente a las estaciones de cable
   (C) Afrontar los desafíos de la programación de *TV Maya*
   (D) Resistir la competencia de los programas de la UNESCO

Baladas de la frontera

—Louis Werner

Decía Gregorio Cortez con su pistola en la mano: "¡Ah cuánto rinche montado para un solo mexicano!"
—del corrido de Gregorio Cortez, alrededor de 1901

En México el corrido ocupa un importante lugar en los mitos populares del siglo pasado. Los corridos eran la poesía, la prensa y la propaganda durante gran parte del pasado revolucionario de México. Antes de la era de la radio y del alfabetismo universal, el corrido —que propagaba las noticias de uno a otro confín— mantuvo unida a la nación aún en los días más tristes de su historia. Hoy en día esta colección de corridos se ha convertido en el libro de texto de historia de los niños.

A mediados del siglo XIX los corridos exaltaban a los bandidos que se atrevían a desafiar la autoridad, y en las primeras épocas de la revolución corrían con más rapidez que los periódicos. Cantaban las hazañas de Pancho Villa en Torreón, Zacatecas y Celaya; elogiaban a Emiliano Zapata; vilipendiaban a Porfirio Díaz, e inmortalizaban a los héroes locales como Juan Vázquez, Juan Carrasco y el soldado desconocido del asalto a Matamoros.

John Reed, que narró la historia de la revolución en su libro *Insurgent Mexico* (*México insurgente*), describe que los soldados se apiñaban alrededor de una fogata y cantaban corridos de Pancho Villa: "Uno de ellos empezaba a cantar… cantaba un verso, otro cantaba el segundo y así cada uno iba relatando de un modo drámatico las hazañas del gran guerrero… Mientras uno cantaba, los otros con la vista fija en la tierra se concentraban en componer versos… cantaban junto al fuego durante más de tres horas".

Los corridistas comienzan con un relato épico de las hazañas de uno de sus héroes, seguido por la mención de nombres, fechas y lugares; las palabras textuales del héroe; la llamada del cantor a los que le escuchan y, por último, la despedida.

Su objetivo era tanto artístico como práctico, era propagar las noticias, levantar el ánimo y entretener a los que se sentían cansados de la guerra. Algunos corridistas se hicieron famosos, como Marciano Silva de las fuerzas zapatistas en Morelos, pero la mayoría permaneció en el anonimato.

El corrido parece haber derivado su nombre de "romance corrido", romance proveniente de España, cantado y sin estribillo, que al parecer era la forma más favorecida en Hispanoamérica. En este género entraron las expresiones sociales de jactancia, fanfarronería y machismo, y los temas más importantes del corrido fueron las historias de opresión extranjera, cultural o

social, sentimientos que estaban muy presentes en México en la época de la guerra con los Estados Unidos, la invasión de los franceses, la dictadura de Porfirio Díaz y, por último, la revolución.

Una teoría sobre las causas de la decadencia del corrido como género folklórico señala el auge de la industria de la música grabada, que creaba tal demanda de corridos nuevos que los músicos profesionales, haciéndose pasar por corridistas tradicionales, adulteraban su manera de componer los versos y los temas. El vínculo entre el cantante y su público, base de la llamada inicial y de la despedida, perdía sentido por radio o en disco.

En la actualidad, muchos críticos no se ponen de acuerdo en cuanto a la decadencia del corrido a partir de 1930, y señalan la pujanza artística y folklórica del corrido de la frontera, género que refleja la singularidad de la cultura y la historia de la zona fronteriza de los Estados Unidos y México. En esta región saturada de antiguas disensiones, el tema principal de los corridos es el conflicto entre los anglos y los mexicanos, entre las leyes importadas y los derechos ancestrales, entre el poder de las armas y el derecho moral del individuo a pedir justicia.

El movimiento de toma de conciencia chicano (*The Chicano Pride Movement*) hizo que en los años setenta volvieran a resurgir los corridos. En ellos se canta a figuras como César Chávez, los trabajadores migratorios, las víctimas mexicanas del racismo e incluso a personajes no mexicanos que simbolizan la esperanza, como son John y Robert Kennedy y Martin Luther King. Los conjuntos como los Madrugadores del Valle, los Pingüinos del Norte y los Tigres del Norte tuvieron éxito comercial con estos nuevos corridos, cuyos temas eran tan apropiados para los radioescuchas de la época como la historia de Gregorio Cortez lo había sido para los lectores de periódicos en 1901.

En los últimos años y con el mismo tono de conflicto fronterizo, han surgido los corridos sobre narcotraficantes. Los corridos del narcotráfico derivaron de los del contrabando, como el llamado "Contrabando de El Paso", muy anterior al tráfico de drogas. Muchos corridos han roto con la tradición de basarse en hechos reales. Según Salomé Gutiérrez, corridista y archivadora de música, de San Antonio, "los corridos de ahora se parecen más a cuentos que a noticias". Gutiérrez lo debe saber porque ha escrito unos cincuenta, incluso el muy popular de "El gato negro", que exagera la verdad sobre el narcotráfico.

Gutiérrez cree que la nueva tecnología de grabación tiene mucho que ver con el hecho de que el corrido haya derivado a crear una ficción en lugar de informar sobre la realidad. "Ya no vivimos en el tiempo en que el corridista

Louis Werner, residente de Nueva York, es escritor, productor y director de películas documentales. Es asiduo colaborador de Américas.

GO ON TO NEXT PAGE

se enteraba de las noticias por la mañana, escribía un corrido y lo grababa con su conjunto por la tarde y al día siguiente lo tenían las radioemisoras y las victrolas. Ya han dejado de grabarse los discos de 45 y las cintas y los discos compactos no pueden hacerse tan rápidamente. Además en estos tiempos cualquiera le puede poner a uno una demanda judicial por escribir sobre él".

Esto último puede parecer absurdo, pero al productor más importante de corridos, Joey López, lo demandó un policía de Laredo porque un corrido había echado la culpa de la huida de un preso a la falta de vigilancia. Aunque algunos músicos sindicados evitan los temas políticos, los nombres y los lugares pueden alterarse lo suficiente como para componer un corrido.

La singularidad de la vida de la frontera mantendrá vivo el corrido como expresión cultural en sus muchas dimensiones. Como dice Joey López: "Cada día que pasa el mundo se nos presenta diferente, así que siempre necesitamos corridos nuevos. La mitad de ellos son ciertos y la otra mitad no lo son. Sólo el tiempo dirá cuáles sobrevivirán como clásicos". Considerando los muchos corridos que se componen a diario, sin duda algunos permanecerán como testimonio de lo que es la vida actual en la frontera para la próxima generación.

1. ¿Cuál era el propósito de los corridos en México?
   (A) Servir como medio de comunicación
   (B) Entretener a los niños
   (C) Ayudar con el analfabetismo
   (D) Examinar la historia de México

2. ¿A quiénes exaltaban los corridos a mediados del siglo XIX?
   (A) A las autoridades
   (B) A los periodistas
   (C) A los héroes y a los ladrones
   (D) A los compositores y a los cantantes

3. Según la selección, una de las características de los corridos es que los que los escuchan pueden…
   (A) saber lo que dijeron los personajes importantes
   (B) bailar con su música melódica
   (C) enterarse de cuándo se acercaban los soldados
   (D) entusiasmarse a luchar por su patria

4. ¿Qué parece haber influido los corridos en México?
   (A) La conclusión de las guerras
   (B) El cambio de gustos en la sociedad
   (C) Las injusticias de los extranjeros
   (D) La idealización de lo romántico

5. ¿A qué se debía la decadencia de los corridos?
   (A) A los avances tecnológicos
   (B) A la terminación de la guerra
   (C) A la falta de demanda
   (D) Al poco interés por parte de los músicos

6. ¿Por qué se disputa la decadencia del corrido a partir de 1930?
   (A) Porque el corrido de la frontera tenía influencias anglosajonas.
   (B) Porque el corrido de la frontera tenía buenas cualidades.
   (C) Porque los corridos no incluían aspectos del folklor.
   (D) Porque los corridos no relataban la situación social.

7. ¿Por qué reaparecieron los corridos en los años setenta?
   (A) Porque empezaron a divulgar las noticias.
   (B) Porque se pusieron de moda los antiguos corridos.
   (C) Porque la nueva generación nunca los había oído.
   (D) Porque los temas eran actuales.

8. Según la selección, ¿cómo son los corridos de ahora?
   (A) Cuentan relatos ficticios y reales.
   (B) Son demasiado románticos.
   (C) Han regresado a la forma tradicional.
   (D) Han mantenido la misma forma.

9. ¿Por qué tienen que tener cuidado los compositores de los corridos hoy?
   (A) Porque pueden tener problemas legales.
   (B) Porque los temas no pueden ser verídicos.
   (C) Porque los gustos han cambiado.
   (D) Porque existe una censura muy estricta.

10. Según la selección, ¿por qué se mantendrán vivos los corridos?
    (A) Porque la nueva tecnología se presta para las composiciones.
    (B) Porque los compositores expresan lo que verdaderamente sienten.
    (C) Porque se escuchan más allá de la frontera.
    (D) Porque son testimonios de la realidad.

UNIT III Writing

Part A Paragraph Completion With Root Words

The first component of the writing section of the AP Language exam consists of two types of fill-in-the-blank tasks. In Part A, you will practice with a series of passages where you need to fill in the blank with the correct form of a root word —verb, pronoun, adjective, article, etc.— that is provided in parenthesis. The answers can be more than one word. This section of the examination is published every year. Ask your teacher for copies of the latest questions. For the sake of practice, some of the paragraphs in this book are longer and contain more blanks than the paragraphs in the actual exam. On the actual exam the passage will have ten blanks.

Strategies

1. **Read before writing.** It is important that you read the entire passage before you start writing the answers. The correct form of the word in parenthesis may depend on information that follows the blank, and you may be at a real disadvantage if you do not get a good sense of what the sentence or passage is all about before you respond.

2. **Look at punctuation marks.** Consider punctuation: a comma, a period or semicolon may suggest the form of a verb you need to choose to complete an answer.

3. **Print rather than write longhand.** In the actual examination, you may be better off using print rather than handwriting script in these sections.

4. **Watch out for accents and spelling.** You must write the correct form of the word provided in parentheses and accentuate it properly. If you do not do so, it will be counted as incorrect. If you must place an accent in a word, make sure that the accent is over the right vowel; do not mark accents in such a way that they may be misread. Do not take any chances!

5. **Write only one answer.** Please do not write more than one answer in the blank. Many times students write three possible answers, and although they may all be possible answers, if one is incorrect the entire question is marked wrong. Narrow down your choices and write only one answer for each blank.

6. **Rewrite the word if it doesn't change.** If there is no change to the word, rewrite the word in the blank; do not write "No cambia" or "No change". You must write the word again in the blank.

Part A Paragraph Completion With Root Words

Directions: Read the following passage. Then write, on the line after each number, the form of the word in parentheses needed to complete the passage correctly, logically and grammatically. In order to receive credit, you must spell and accent the word correctly. You may have to use more than one word in some cases, but you must use a form of the word given in parentheses. Be sure to write the word on the line even if no change is needed. You have 7 minutes to read the passage and write your responses.

Instrucciones: Lee el pasaje siguiente. Luego escribe en la línea a continuación de cada número la forma de la palabra entre paréntesis que se necesita para completar el pasaje de manera lógica y correcta. Para recibir crédito, tienes que escribir y acentuar la palabra correctamente. Es posible que haga falta más de una palabra. En todo caso debes usar una forma de la palabra entre paréntesis. Es posible que la palabra sugerida no requiera cambio alguno. Escribe la palabra en la línea aún cuando no sea necesario ningún cambio. Tienes 7 minutos para leer el pasaje y escribir tus respuestas.

SECTION 1

Es una costumbre tan __(1)__ que sería imposible imaginar su vida de __(2)__ manera. Todas las tardes, precisamente a las cuatro, veo que mi hermano y su esposa __(3)__ en el viejo corredor rodeado de plantas y flores __(4)__ , a contemplar el paisaje. Han hecho __(5)__ desde que __(6)__ su hijo. Yo los miro y [ellos] __(7)__ porque siempre los __(8)__ en sus meditaciones un colibrí de brillantes colores que entra y sale por las enredaderas. Según mi cuñada, este pajarito es el alma __(9)__ de algún extraterrestre que llegó a __(10)__ planeta en un vuelo malogrado.

1. _____ (arraigado)

2. _____ (otro)

3. _____ (sentarse)

4. _____ (tropical)

5. _____ (este)

6. _____ (nacer)

7. _____ (sonreírse)

8. _____ (acompañar)

9. _____ (peregrino)

10. _____ (nuestro)

Un día, al ___(1)___ de la escuela, Juan se encontró con unos colegas ___(2)___ . Charlaron un rato porque no ___(3)___ en ___(4)___ semanas. Juan les pidió que ___(5)___ por su casa el sábado por la noche. Sus amigos aceptaron su invitación y ___(6)___ afectuosamente.

Mientras Juan caminaba a su casa, ___(7)___ un accidente entre dos taxis. Ambos choferes ___(8)___ ligeramente heridos. En ___(9)___ momento se le acercó a Juan un policía y le dijo:

—Señor, por favor, ___(10)___ Ud. conmigo a la jefatura de policía. Como testigo, es necesario que nos ___(11)___ lo que ha ocurrido.

1. _____ (salir)

2. _____ (suyo)

3. _____ (verse)

4. _____ (mucho)

5. _____ (pasar)

6. _____ (despedirse)

7. _____ (presenciar)

8. _____ (quedar)

9. _____ (ese)

10. _____ (venir)

11. _____ (contar)

SECTION 3

Al ___(1)___ a su destino, después de un viaje interminable, Juan Carlos ___(2)___ como si le ___(3)___ un gran peso de encima. Generalmente ___(4)___ ir por avión, pero ___(5)___ vez decidió, ya que no ___(6)___ prisa ___(7)___ , que un cambio no le ___(8)___ mal. Sin embargo, la monotonía de ___(9)___ paisaje repetido, de llanuras sin fin, terminó por ___(10)___ con su entusiasmo y su paciencia.

1. _____ (llegar)

2. _____ (sentirse)

3. _____ (quitar)

4. _____ (preferir)

5. _____ (este)

6. _____ (tener)

7. _____ (alguno)

8. _____ (venir)

9. _____ (aquel)

10. _____ (acabar)

Anoche nosotros __(1)__ a la feria anual con la que __(2)__ la independencia de nuestra patria. Como de costumbre, la banda militar __(3)__ música marcial y valses __(4)__ . Había una alegría contagiosa que __(5)__ palpable de grupo en grupo. Las banderas, pequeñas pero abundantes __(6)__ una bandada de mariposas __(7)__ que ondulaba rápida y __(8)__ sobre la multitud __(9)__ .

1. _____ (ir)

2. _____ (celebrar)

3. _____ (tocar)

4. _____ (vienés)

5. _____ (ser)

6. _____ (parecer)

7. _____ (multicolor)

8. _____ (rítmico)

9. _____ (emocionado)

Al entrar en el vagón del metro yo __(1)__ cuenta casi inmediatamente de que me había equivocado. __(2)__ viajeros, de __(3)__ no tenía duda, pero su apariencia __(4)__ tan extraña, que por __(5)__ instantes pensé que estaba en __(6)__ región completamente desconocida. A __(7)__ luz __(8)__ comprobar que algo extraordinario __(9)__ a ocurrir. Por lo tanto no fue tan grande mi sorpresa cuando alguien, o algo, en un tono de voz __(10)__, como del más allá dijo: "Te esperaba desde hace mucho tiempo, ¿por qué __(11)__ tan tarde?

1. _____ (darse)

2. _____ (Haber)

3. _____ (ese)

4. _____ (ser)

5. _____ (uno)

6. _____ (otro)

7. _____ (medio)

8. _____ (poder)

9. _____ (ir)

10. _____ (profundo)

11. _____ (llegar)

UNIT III

Antonio y Miguel iban __(1)__ por un parque que estaba __(2)__ de hojas __(3)__ porque __(4)__ pleno otoño. Al lado del sendero, __(5)__ muchos bancos donde las señoras bien __(6)__ cuidaban a los críos. Al mismo tiempo conversaban con sus amigas, __(7)__ o simplemente contemplaban tan __(8)__ panorama. Los dos amigos, observando esa escena, recordaron de repente su infancia y __(9)__ un poco __(10)__. Fue como si ellos __(11)__ a su niñez.

1. _____ (caminar)

2. _____ (cubierto)

3. _____ (seco)

4. _____ (ser)

5. _____ (haber)

6. _____ (abrigado)

7. _____ (tejer)

8. _____ (hermoso)

9. _____ (sentirse)

10. _____ (sentimental)

11. _____ (regresar)

SECTION 7

Si tú me __(1)__ lo que prefiero sería muy difícil decírtelo. Todo depende de __(2)__ circunstancias. La economía parece estar __(3)__ pero no sé si este es el momento propicio para invertir tan __(4)__ cantidad de dinero. Además sabes que quiero comprarle una casa a mamá. Tal vez te __(5)__ que a estas alturas no debería estar tan indeciso ya que hemos discutido __(6)__ tema varias veces. Sin embargo, para __(7)__ llegar a una decisión satisfactoria, tendremos que analizar __(8)__ opciones dentro de un mes. Entonces yo __(9)__ que darte mi respuesta sin __(10)__ duda.

1. _____ (preguntar)

2. _____ (cierto)

3. _____ (mejorar)

4. _____ (alto)

5. _____ (parecer)

6. _____ (este)

7. _____ (poder)

8. _____ (ambos)

9. _____ (tener)

10. _____ (ninguno)

—Su ventana está abierta —dice—. Ya debe de ___(1)___ salido. Estará cruzando las callecitas empinadas y estrechas. Es incomprensible tanto madrugar por ___(2)___ devoción. Ella sube por mí, por mí exclusivamente.

Del puerto están saliendo algunos barquitos con su trepidar de motores como un juguete. ___(3)___ columnas de humo van ___(4)___ en el mar. Las olas que rompen en la playa son ___(5)___ y parecen colchas desplegadas.

Ya la ha ___(6)___. Acaba de traspasar la puerta del parque. Sobresale su melena rubia por encima de los arbustos del jardín. Su andar es rítmico y ligero. Enrique está atento, como contando sus pasos.

Todavía ella no puede verle. Enrique no se retirará de la ventana hasta que ella ___(7)___ la vuelta a las tapias del cementerio. En aquel punto, bajo los frutales y los sauces, ___(8)___ un claro por el que se ven sin ___(9)___.

1. _____ (haber)

2. _____ (puro)

3. _____ (Frágil)

4. _____ (aparecer)

5. _____ (blanco)

6. _____ (ver)

7. _____ (dar)

8. _____ (haber)

9. _____ (mirarse)

___(1)___ poco tiempo encontré unas cartas amarillentas y ___(2)___ atadas con una cinta que en ___(3)___ época fue verde. Ese hallazgo ___(4)___ inesperado porque ya había hecho una limpieza bastante ___(5)___ de toda la alcoba. No sé cómo no ___(6)___ haberlas percibido antes. ¿De quién podrían ser? ¿Para quién podrían ser? ¿Qué secretos ocultos ___(7)___? Sentí ___(8)___ curiosidad increíble, pero al mismo tiempo ya fuera por respeto o por un miedo hasta ahora ___(9)___, decidí dejarlas en aquel mismo lugar, ___(10)___ por mí hasta siempre.

1. _____ (Hacer)

2. _____ (frágil)

3. _____ (alguno)

4. _____ (ser)

5. _____ (meticuloso)

6. _____ (poder)

7. _____ (contener)

8. _____ (uno)

9. _____ (desconocido)

10. _____ (olvidado)

UNIT III

Junto a la ___(1)___ estancia, que era sala, despacho y gabinete de estudio, ___(2)___ una alcoba y dos cuartos pequeños. En uno de éstos habitaba el criado. Pocos y cómodos muebles, ___(3)___ de Madrid, muchos libros, piedras, láminas, atlas, mesa de dibujo con adminículos de acuarela y lavado, un microscopio, ___(4)___ herramientas de geólogo y los más ___(5)___ aparatos químicos para el análisis por la vía húmeda y por el soplete, llenaban la vasta celda.

—¡Ea!, ya tiene usted su cuarto ___(6)___, señor don León —dijo Facunda, ___(7)___ sin aliento en el sillón de estudio—. Ya puede usted ___(8)___ cuando ___(9)___. No se quejará de que he ___(10)___ estas barajitas.

1. _____ (grande)

2. _____ (haber)

3. _____ (traído)

4. _____ (alguno)

5. _____ (sencillo)

6. _____ (arreglado)

7. _____ (sentarse)

8. _____ (venir)

9. _____ (querer)

10. _____ (revolver)

Nuestra casa estaba lejos de la plaza grande, en un bosque de mangos frente al río. Mi hermana Margot ___(1)___ hasta el puerto ___(2)___ por la orilla, y la gente estaba demasiado ___(3)___ con la visita del obispo para ocuparse de ___(4)___ novedades. Habían ___(5)___ a los enfermos acostados en los portales para que ___(6)___ la medicina de Dios, y las mujeres salían ___(7)___ de los patios con pavos y lechones y ___(8)___ clase de cosas de comer, y desde la orilla opuesta llegaban canoas adornadas de flores. Pero después de que el obispo ___(9)___ sin ___(10)___ su huella en la tierra, la otra noticia reprimida alcanzó su tamaño de escándalo. Entonces ___(11)___ cuando mi hermana Margot la conoció completa y de un modo brutal: Ángela Vicario, la hermosa muchacha que se había casado el día anterior, había sido ___(12)___ a la casa de sus padres.

1. _____ (ir)

2. _____ (caminar)

3. _____ (excitado)

4. _____ (otro)

5. _____ (poner)

6. _____ (recibir)

7. _____ (correr)

8. _____ (todo)

9. _____ (pasar)

10. _____ (dejar)

11. _____ (ser)

12. _____ (devuelto)

En la puerta se cruzó con un señor que lo saludó; en el ascensor

___(1)___ tres desconocidos. Uno de ellos ___(2)___ a Gauna, inquirió:

—¿Qué piso?

—Cuatro.

El señor apretó el botón. Cuando llegaron, abrió la puerta para que

Gauna ___(3)___ ; Gauna pasó y con sorpresa ___(4)___ que los señores lo

seguían. Murmuró confusamente:

—¿Ustedes también?...

La puerta estaba ___(5)___ ; los señores entraron; había gente adentro.

Entonces ___(6)___ Clara, ___(7)___ de negro —¿de dónde sacó ese

vestido?— con los ojos ___(8)___ , corriendo, ___(9)___ en sus brazos.

1. _____ (haber)

2. _____ (dirigirse)

3. _____ (pasar)

4. _____ (ver)

5. _____ (entreabierto)

6. _____ (aparecer)

7. _____ (vestido)

8. _____ (brillante)

9. _____ (echarse)

Este verano se esperaba ___(1)___ cantidad de turistas en la ciudad.

___(2)___ pensaban que no ___(3)___ suficientes habitaciones para

acomodar a ___(4)___ visitantes. Por ___(5)___ razón se les pidió a ciertas

familias que ___(6)___ sus casas para que ___(7)___ de alojamiento.

Después de todo, no hubo ___(8)___ problema porque el mal tiempo

y la falta de dinero ___(9)___ a que la temporada, desgraciadamente,

___(10)___ un fracaso; muy ___(11)___ vinieron.

1. _____ (grande)

2. _____ (Alguno)

3. _____ (haber)

4. _____ (tanto)

5. _____ (ese)

6. _____ (facilitar)

7. _____ (servir)

8. _____ (ninguno)

9. _____ (contribuir)

10. _____ (ser)

11. _____ (poco)

UNIT III

Compró un periódico. Los acontecimientos del mundo le sonaban extraños. Eran contradictorias e intolerables las noticias. ¿Era posible que Alemania ___(1)___ perder la guerra? ¿El Japón estaba ya abatido? Se imaginó que sobrevenía ___(2)___ revolución y que de nuevo la libertad le situaría en el mundo. Pero ahora ya no sería como antes; ahora ya sabría él usar su voluntad. ¿Cómo ___(3)___ [él] tan ciego?

Tuvo que ___(4)___ en un pueblo cercano. Mientras ___(5)___ el tren dio una vuelta por la ciudad. Una iglesia con pretensiones ___(6)___, una plaza con aires de capital de provincia y un parque en el que se celebraba aquel día un importante mercado de ganado. Era una idiotez que en el Seminario [ellos] ___(7)___ fumar.

1. _____ (poder)

2. _____ (otro)

3. _____ (estar)

4. _____ (trasbordar)

5. _____ (salir)

6. _____ (gótico)

7. _____ (prohibir)

SECTION 15

Arranca el primer congreso de ecourbanismo en San Juan, Puerto Rico

"Eco Ciudades" es el nombre del ___(1)___ Congreso de Ecourbanismo que la Fundación Enrique Martín Coll ___(2)___ el próximo martes con el propósito de discutir el futuro del desarrollo sustentable del país.

La Fundación quiere propiciar un diálogo para que ___(3)___ alternativas y nuevos enfoques para manejar el entorno urbano y los espacios verdes que nos quedan. Se intentará, con este Congreso, actuar de mediadores para permitir que ___(4)___ tan diversos como la empresa privada, la academia, las comunidades y los ambientalistas ___(5)___ sentarse a discutir ideas.

Con este Congreso, la Fundación Enrique Martín Coll pretende unir ___(6)___ que a su manera pronto ___(7)___ el ecourbanismo en Puerto Rico, personas y grupos que quizás también han cometido ___(8)___ en el proceso de lograr el desarrollo sustentable. Los conferencistas estarán ___(9)___ a compartir el camino que han recorrido, para que ___(10)___ a su vez, se unan a este ___(11)___ proyecto de humanizar los entornos urbanos.

El ecourbanismo es una rama emergente del siglo 21 que centra su interés en ___(12)___ problemas no sólo ambientales, sino además sociales. El concepto ___(13)___ a comunidades humanas sostenibles ___(14)___ de manera armónica y equilibrada.

1. _____ (Primero)

2. _____ (realizar)

3. _____ (surgir)

4. _____ (sector)

5. _____ (poder)

6. _____ (voz)

7. _____ (promover)

8. _____ (error)

9. _____ (disponer)

10. _____ (otro)

11. _____ (grande)

12. _____ (el)

13. _____ (referirse)

14. _____ (construir)

Iván Gober tiene miedo. Ha visto una sombra que lo __(1)__ con propósitos siniestros. Lo __(2)__, lo presiente. Y echa a correr. Tiene que __(3)__ de ese mundo insoportable, de __(4)__ fantasmas que quieren asesinarlo. Huir a toda costa del misterioso rumor de la noche.

Corre, corre como un loco, desgarrándose las piernas en las piedras y en los alambres, espantado.

__(5)__ dos minutos para las doce de la noche.

De pronto siente un golpecito en la espalda, como si alguien lo __(6)__ cariñosamente con los nudillos. Le parece que se le __(7)__ algo de sí, fundamental e imprescindible. Y le nace una infinita tranquilidad. Pero __(8)__ su fantástica fuga, __(9)__ en el espacio como una flecha. Por el caminito de rojos ladrillos llega a un patio fresco y callado, se arroja en los brazos de su madre, __(10)__, y ella le mece los cabellos y lo besa en los ojos.

1. _____ (seguir)
2. _____ (intuir)
3. _____ (huir)
4. _____ (el)
5. _____ (Faltar)
6. _____ (llamar)
7. _____ (ir)
8. _____ (continuar)
9. _____ (proyectar)
10. _____ (llorar)

Una celebración cultural desde cuatro puntos

Chicos de Brasil, España, Ecuador y Portugal representaron lo mejor de sus __(1)__. Hace una semana el Nuevo y el Viejo __(2)__ estuvieron más cerca que nunca. __(3)__ arte unió a Europa y América y borró del mapa al océano Atlántico ni bien 50 jóvenes de Brasil, Ecuador, España y Portugal __(4)__ un pie en Águeda, Portugal.

La organización Dorfeu invitó a __(5)__ delegaciones juveniles a compartir sus tradiciones. Del 12 al 22 de julio el objetivo fue hacer de __(6)__ artístico una herramienta social. No fue necesario dominar decenas de técnicas __(7)__, al fin y al cabo ellos no son artistas, pero sí creen que en estas expresiones se guardan energías poderosas de transformación en las sociedades.

Los 12 ecuatorianos son chicos que __(8)__ formación ciudadana en __(9)__ Programa del Muchacho Trabajador. En el viaje estuvieron acompañados por Paolo Moncagata, integrante de la Rocola Bacalao. El músico __(10)__ de facilitador del viaje. Al final, __(11)__ un espectáculo con ritmo de la samba, las gaitas[1], el sanjuanito[2] de Ecuador y con las acrobacias de los __(12)__. Ahora, Víctor Martínez y Marco Tituaña __(13)__ uno de sus momentos con este comentario: "La danza folclórica fue nuestro fuerte."

1. _____ (país)
2. _____ (Continente)
3. _____ (el)
4. _____ (poner)
5. _____ (vario)
6. _____ (lo)
7. _____ (escénico)
8. _____ (recibir)
9. _____ (el)
10. _____ (servir)
11. _____ (darse)
12. _____ (portugués)
13. _____ (recordar)

---

[1]gaita: canto popular navideño típico del Estado de Zulia, de ritmo movido y alegre

[2]sanjuanito: festividad, baile y música de los indígenas y mestizos del Ecuador

Durante dos meses se asomó a la muerte.

El médico murmuraba que la enfermedad de Pedro ___(1)___ nueva,
que no había modo de tratarla y que él no sabía qué ___(2)___ … Por
suerte el enfermo, solito, se fue ___(3)___ . No ___(4)___ su buen humor, su
oronda calma provinciana. Demasiado flaco y eso era todo. Pero al
___(5)___ después de ___(6)___ días de convalecencia se sintió sin peso.
— ___(7)___ , —le dijo a su mujer— me siento bien, pero no te puedes
imaginar cuán ausente me parece el cuerpo. Estoy como si mis
envolturas ___(8)___ a desprenderse dejándome ___(9)___ alma desnuda.
—Languideces —le ___(10)___ su mujer.
—Tal vez.

1. _____ (ser)

2. _____ (hacer)

3. _____ (curar)

4. _____ (perder)

5. _____ (levantarse)

6. _____ (vario)

7. _____ (Oír)

8. _____ (ser)

9. _____ (el)

10. _____ (responder)

**Empleo: Las profesiones y especializaciones se han diversificado
en Ecuador**

Un lustro basta y sobra para mirar cómo han cambiado la oferta y
demanda ___(1)___ en el país en estos años de democracia. Las causas
___(2)___ . Una respuesta está en la ___(3)___ diversificación de las
actividades humanas y sociales que, ___(4)___ a los ecuatorianos a
ingresar, más temprano que tarde, a un proceso de especialización
laboral, que antes ni siquiera ___(5)___ .

Las profesiones, hoy, son más diversas como lo son las actividades
inmersas en el ___(6)___ social. Existen profesiones, como las de los
estilistas, diseñadores de interiores gráficos, museólogos o
administradores hospitalarios, ___(7)___ cuales son ejemplos de
la diversidad.

Las carreras humanistas —como economía, derecho, filosofía,
medicina— concentraban al menos ___(8)___ mitad de la población
estudiantil de las universidades públicas. Hoy la situación ___(9)___ .
Un reflejo es lo que ha ocurrido en la Facultad de Administración de
la Universidad Central, en donde todo un edificio y construcciones
___(10)___ no dan cabida a una demanda de ___(11)___ bachilleres que
buscan ingresar para aprender administración y luego buscan su
___(12)___ especialización. La idea importante es ser competitivos, ante
una oferta de trabajo que ___(13)___ cada vez más exigente y limitada.
La tendencia a la diversificación ___(14)___ en el futuro.

1. _____ (laboral)

2. _____ (variar)

3. _____ (grande)

4. _____ (impulsar)

5. _____ (analizarse)

6. _____ (vivir)

7. _____ (el)

8. _____ (el)

9. _____ (cambiar)

10. _____ (anexo)

11. _____ (joven)

12 _____ (respectivo)

13. _____ (ser)

14. _____ (mantenerse)

Conocí al escultor Pedro Ranieri en el año 1916, un día en que llegué por ___(1)___ vez a su estudio, ___(2)___ al director del Museo de Arte de Viena.

Era sin duda ___(3)___ gran artista y su fama había trascendido al extranjero. Tendría en la época de este relato, ___(4)___ cincuenta años. Lo recuerdo como si lo ___(5)___ viendo, agitar mientras hablaba sus ___(6)___ manos. Miraba en una forma dominante, ___(7)___ sin cesar los ojos negros, exageradamente abiertos y surcados por unas ojeras que le llegaban hasta casi la mitad de la cara. ___(8)___ alto, cargado de espaldas y con una cabeza grande en la que sobresalían los lóbulos frontales.

Poseía una sólida cultura literaria y había escrito ___(9)___ serie de estudios metafísicos, ___(10)___ publicación reprodujeron varias revistas europeas de filosofía.

1. _____ (primero)

2. _____ (acompañar)

3. _____ (un)

4. _____ (un)

5. _____ (estar)

6. _____ (ancho)

7. _____ (mover)

8. _____ (Ser)

9. _____ (un)

10. _____ (cuyo)

SECTION 21

Cómo es Elena Poniatowska, periodista y escritora mexicana

Elena Poniatowska nació en París de madre mexicana y padre francés-polaco, y ___(1)___ a México con su madre y su hermana en 1942, ___(2)___ de la intensidad de la segunda guerra mundial. Mientras que en las biografías que se ___(3)___ sobre ella siempre se menciona ___(4)___ sangre real por parte de padre o la familia de sociedad por parte de su madre, Poniatoawska no le presta atención. Ella hace la mayoría de sus compras en el mercado.

Un domingo, mientras ___(5)___ con su gran sonrisa, los ___(6)___ la saludaban gustosamente y le ofrecían los productos recién ___(7)___. Después de hacer algunas compras, preguntó por un ___(8)___ lugar para comer, y la verdulera[1] la llevó por los pasillos hasta el mercado de mariscos, donde le ___(9)___ la sopa de pescado. Todos en el mercado parecían conocerla. Adondequiera que ___(10)___, la gente le echaba un vistazo tímido. Una empleada se le acercó a pedirle su firma, casi ___(11)___. La escritora sonrió y le preguntó a quién ___(12)___ dedicarlo.

Durante treinta años ___(13)___ un taller literario. Al preguntarle cómo la ___(14)___ las futuras generaciones reacciona con un: "No tengo la menor idea". Es obvio que dedica poco tiempo a pensar en sí ___(15)___.

---

[1]verdulera: que vende verduras y hortalizas

1. _____ (llegar)

2. _____ (huir)

3. _____ (escribir)

4. _____ (el)

5. _____ (caminar)

6. _____ (mercader)

7. _____ (llegar)

8. _____ (bueno)

9. _____ (recomendar)

10. _____ (ir)

11. _____ (tartamudear)

12. _____ (deber)

13. _____ (enseñar)

14. _____ (recordar)

15. _____ (mismo)

Aquel día nos mostró sus obras que llenaban ___(1)___ habitaciones de su "atelier", en una vieja casa de dos pisos en la calle Pedro de Mendoza, ___(2)___ al codo del Riachuelo.

El valor de sus esculturas surgía no sólo de la belleza de las líneas, sino también de la extraña vivencia que daba a las figuras.

Esculpía en los rostros una expresión de misterio ___(3)___ origen exacto nunca alcancé a precisar.

Según algunos críticos, ___(4)___ expresión nacía de la forma en que representaba los ojos, que aunque ___(5)___, parecían mirar en el ensueño, mediante el juego de luz y sombra que lograba al ___(6)___ las órbitas.

Mantuvimos desde esa primera entrevista una ___(7)___ amistad.

1. _____ (el)
2. _____ (próximo)
3. _____ (cuyo)
4. _____ (ese)
5. _____ (vacío)
6. _____ (modelar)
7. _____ (grande)

SECTION 23

Desfile de ciencia en el Carnaval de Río

El último Carnaval demostró que la ciencia penetró finalmente en ___(1)___ imaginación popular. Por ___(2)___ vez la "Escuela de Samba los Unidos de Tijuca" glorificó las maravillas de la ciencia, ___(3)___ a los espectadores con su espectáculo *El sueño de la creación y la creación del sueño*.

Aproximadamente mil millones de personas ___(4)___ ver a Albert Einstein, representado por el actor Marcos Palma, ___(5)___ a la multitud desde su máquina del tiempo, con ___(6)___ que adelantaban y retrocedían las horas señalando el pasado, el presente y el futuro de la ciencia.

Entre los científicos que aplaudieron la extraordinaria expresión de la ciencia, ___(7)___ Roald Hoffman, especialista en química teórica. Hoffman calificó el evento como una inusual intersección entre ciencia y cultura ___(8)___. Como otros científicos invitados, Hoffman desfiló en Río al ritmo de la samba. Sin embargo, el número más destacado del desfile ___(9)___ "La creación de la vida", ___(10)___ pirámide de 123 bailarines con sus cuerpos pintados enteramente de azul. En algunos momentos, sus brazos y piernas ___(11)___ proteínas y hélices de ADN. En ___(12)___, simplemente celebraban la vida.

1. _____ (el)
2. _____ (primero)
3. _____ (deslumbrar)
4. _____ (poder)
5. _____ (saludar)
6. _____ (reloj)
7. _____ (encontrarse)
8. _____ (popular)
9. _____ (ser)
10. _____ (un)
11. _____ (parecer)
12. _____ (otro)

Mi oportunidad para ir a Acapulco y finalmente conocer el mar se presentó, como siempre pasan las cosas, de modo absolutamente casual.

Estábamos comiendo y en el momento en que yo me estaba chupando los dedos de un delicioso filete a la veracruzana, mi tío Nacho ___(1)___ una llamada. Mi tía Lupe le llevó el teléfono hasta la mesa, y ojalá ___(2)___ una cámara de video para filmar las caras que hacía. Conforme fue hablando y se fue poniendo más y más feliz. Cuando colgó, lo primero que ___(3)___ fue:

—¡Todos ___(4)___ que están aquí nos vamos a Acapulco ahorita mismo, y chin chin el que se raje! Me ___(5)___ la quiniela[1]. Tú nomás le hablas a tu mamá para avisarle, Pablito —Pablito soy yo—, y ni te preocupes por la ropa. Que Nacho te ___(6)___ toda la que te ___(7)___ falta. Y menos me digas que vas a ir a despedirte porque, si te vas, tu mamá no te va a ___(8)___ ir. ¿Oquéi?

Iba a decir que no, porque, ya lo dije que nunca había salido con nadie que no ___(9)___ mis papás. Y la verdad, me daban un buen de nervios. Pero sólo salió de mis labios una silaba: Sí. Acompañada de una diminuta frase, ___(10)___ de dos palabras: Sí voy.

---

[1]quiniela: *pools coupon*

1. _____ (recibir)

2. _____ (haber)

3. _____ (decir)

4. _____ (el)

5. _____ (sacar)

6. _____ (prestar)

7. _____ (hacer)

8. _____ (dejar)

9. _____ (ser)

10. _____ (compuesto)

UNIT III

Los naipes: las cartas rectangulares con el diseño de una cara tienen su historia.

Hoy en día, la compañía española Fournier, ___(1)___ en una de las ___(2)___ fabricantes de naipes del mundo. ___(3)___ lema de la compañía es: "No imprimimos naipes, imprimimos dinero", y como tal trata a sus productos en lo que ___(4)___ a los controles de calidad y seguridad como si ___(5)___ billetes impresos en el Banco Nacional. ___(6)___ ley así lo exige.

¿Por qué todavía el reverso de las cartas ___(7)___ ser de colores homogéneos con diseños geométricos? Como siempre, la respuesta la ___(8)___ la historia. Hasta la segunda mitad del siglo XVII, las cartas ___(9)___ el reverso en blanco; pero a partir de entonces se ___(10)___ a imprimir los reversos, normalmente con tonos lisos y dibujos geométricos, con el objeto de dificultar que los jugadores ___(11)___ las cartas y pudieran reconocerlas.

Desde el siglo XVI, en las cartas de las barajas españolas se señalan las pintas (señales) con cortes según el palo[1] que ___(12)___ ; con el paso del tiempo, ___(13)___ una numeración. De esta forma, con sólo ver los bordes de la carta, el jugador sabe cuál es. Esto se hace para evitar que los ___(14)___ que presencian una partida, ___(15)___ identificar los naipes de los jugadores.

_____

[1]palo: serie o clasificación de cada uno de los cuatro grupos de los que consiste la baraja

1. _____ (convertirse)

2. _____ (mayor)

3. _____ (El)

4. _____ (referirse)

5. _____ (ser)

6. _____ (El)

7. _____ (soler)

8. _____ (dar)

9. _____ (llevar)

10. _____ (comenzar)

11. _____ (marcar)

12. _____ (ser)

13. _____ (incorporarse)

14. _____ (mirón)

15. _____ (poder)

Mi primo Nacho no hacía más que ___(1)___ de la playa. Porque precisamente en la playa ___(2)___ pasar todas las vacaciones. Como él sabía que yo nunca ___(3)___ un pie en ningún puerto, quería convencerme de que ___(4)___ lo máximo. Llegaba a su casa y me llevaba hasta el clóset. Sacaba muchas cosas; ___(5)___ especie de anteojos de plástico que usaba para que no le ___(6)___ el agua, su colección de trajes de baño y hasta un montón de conchas raras que guardaba como si ___(7)___ su tesoro más preciado. A mí todo eso me parecía extraño y asombroso. Pues no sólo nunca había visitado ninguna playa sino que no ___(8)___ ningún otro sitio de la República Mexicana, y menos del extranjero. Aunque quiero aclarar que era un experto en la cartografía de ___(9)___ ciudad, mejor que la Guía Rofi; si alguien me preguntaba por ___(10)___ calle de la colonia Doctores, de la Roma, de la Juárez o de Nativitas, se lo ___(11)___ sin chistar, por supuesto que también lo hacía para taparles la boca a tanto baboso que quería ponerme en vergüenza.

1. _____ (hablar)

2. _____ (acostumbrar)

3. _____ (poner)

4. _____ (ser)

5. _____ (uno)

6. _____ (entrar)

7. _____ (ser)

8. _____ (conocer)

9. _____ (este)

10. _____ (cualquiera)

11. _____ (decir)

La educación artística nos beneficia a todos

Cuando se habla de educar a ___(1)___ población, inmediatamente se ___(2)___ en las materias básicas que debe aprender ___(3)___ ser humano. Pero la educación universal debe incorporar otras disciplinas además de las matemáticas, la ciencia y la lectura, ___(4)___ el desarrollo de las habilidades artísticas de niños y ___(5)___ de edad escolar.

Los investigadores del campo de la educación ___(6)___ en sus prácticas y estudios más recientes que los jóvenes a ___(7)___ se les limita o niega el aprendizaje de las disciplinas artísticas, están en desventaja al ___(8)___ comparados con otros grupos de adolescentes que sí han recibido una formación que ___(9)___ la danza, la música, la pintura y ___(10)___ artes. Estas disciplinas ayudan a forjar un individuo con mayor capacidad intelectual y desarrollo social.

En gran medida, los estudios relacionados con ___(11)___ área de la educación revelan que la formación artística no sólo ___(12)___ al desarrollo de los docentes, sino que los prepara para rechazar la violencia, ser ___(13)___ de analizar sus propias habilidades para aprender y hasta para que ___(14)___ hábilmente a nivel de equipo en el campo laboral. Por estas ___(15)___, conviene informar a toda la población para ganar el apoyo que se necesita para implementar las iniciativas que ayuden a este tipo de educación.

1. _____ (el)

2. _____ (pensar)

3. _____ (todo)

4. _____ (incluir)

5. _____ (joven)

6. _____ (descubrir)

7. _____ (quien)

8. _____ (ser)

9. _____ (integrar)

10. _____ (otro)

11. _____ (este)

12. _____ (contribuir)

13. _____ (capaz)

14. _____ (funcionar)

15. _____ (razón)

UNIT III

¿Alguno de ustedes se ha parado de la cama y se ha asomado a un pasillo espectral a las doce de la noche? Pues no les aconsejo que lo __(1)__ . Hacia donde mirara, sólo distinguía la oscuridad. Nada por aquí, nada por allá. Sólo negro. Todo negro. Me concentré y escuché un __(2)__ sonido: los ronquidos de mi tío Nacho. Ya nada más eso me faltaba, encima de todo unos ronquidos tan __(3)__ que parecía que en __(4)__ momento despertarían a todo el mundo. Pues así, prácticamente sin ver nada, di un __(5)__ paso, y di otro y otro y otro más. Poco a poco fui __(6)__ el pasillo, con la misma precaución y quietud de un ratero profesional hasta que [yo] __(7)__ el primer escalón. Pensé que ya de bajada todo __(8)__ más fácil. No veía nada, pero el sonido de aquella puerta azotándose era la única meta que tenía en la cabeza. Y a la que tenía que llegar sano y salvo, para __(9)__ mi destino final, el mar. Y eso no estaba pasando, había dado el primer paso hacia abajo, cuando una mano me __(10)__ del hombro.

1. _____ (hacer)
2. _____ (tercero)
3. _____ (fuerte)
4. _____ (cualquiera)
5. _____ (primero)
6. _____ (recorrer)
7. _____ (alcanzar)
8. _____ (ser)
9. _____ (alcanzar)
10. _____ (detener)

Antología de jóvenes cuentistas dominicanos

La publicación __(1)__ de una antología de cuentos de autores dominicanos ha probado que la creación literaria en la República Dominicana no es hoy lo que __(2)__ antes. La Casa de América de Madrid celebró el dinamismo de los cuentistas, __(3)__ orgullosos de su creación, __(4)__ cita en esa institución para celebrar la publicación. Hace diez años este evento __(5)__ improbable, pero hoy es una realidad.

Cuentos de Luis Martín Gómez, Manuel Llibre Otero y Ligia Minaya __(6)__ entre los publicados por la editorial Siruela. Estos autores presentan temas __(7)__ que van desde el amor a los recuerdos aún latentes de la dictadura de Trujillo, sin dejar de __(8)__ la problemática presente de la emigración a otros lugares de América y a Europa. En __(9)__ medida —dicen los críticos literarios— la dictadura __(10)__ una censura que por muchos años hizo callar muchas __(11)__ literarias.

Esta nueva generación __(12)__ de muchas corrientes literarias y sus obras parecen ser __(13)__ síntesis de influencias. Curiosamente, el período de la dictadura trujillista __(14)__ de inspiración a uno de los autores del llamado "boom" literario, el peruano Mario Vargas Llosa, quien claramente quiso que su novela *La fiesta del chivo* __(15)__ los últimos años de ese período de la historia de la República Dominicana.

1. _____ (reciente)
2. _____ (ser)
3. _____ (quien)
4. _____ (darse)
5. _____ (ser)
6. _____ (encontrarse)
7. _____ (variado)
8. _____ (incluir)
9. _____ (grande)
10. _____ (imponer)
11. _____ (voz)
12. _____ (nutrirse)
13. _____ (uno)
14. _____ (servir)
15. _____ (recrear)

—Don Eleuterio… —llamó en voz ___(1)___, sin ___(2)___ de mirar hacia el patio.

—¿Quién es? —respondió el solicitado.

— ___(3)___ yo, Carlos Borne, señor.

—¡Ah, sí! ¿Qué pasa?

— ___(4)___, don Eleuterio; aquí en el patio hay algo que no sabemos lo que es; parece un fantasma del otro mundo.

—Voy en seguida.

Extendió la mano hacia el velador y ___(5)___ los fósforos, ___(6)___ la vela. En ___(7)___ instante despertó doña Fortunata.

—¿Qué pasa, Eleuterio?

—Don Carlos dice que en el patio ___(8)___ un fantasma del otro mundo —informó don Eleuterio tranquilamente.

La señora ___(9)___ un grito y buscando su rosario reanudó precipitadamente sus ___(10)___ oraciones.

—¡Ave María purísima!

1. _____ (bajo)

2. _____ (dejar)

3. _____ (Ser)

4. _____ (Levantarse)

5. _____ (tomar)

6. _____ (encender)

7. _____ (ese)

8. _____ (haber)

9. _____ (lanzar)

10. _____ (interrumpido)

UNIT III

Policía Municipal regañará a peatones y conductores.

Según reveló hoy la Policía Municipal, a partir del día ___(1)___ del mes entrante, ese cuerpo de guardia ___(2)___ en vigor una nueva campaña informativa. Los transeúntes y conductores que infrinjan la ley, ___(3)___ ser multados en cruces y puntos de tránsito considerados peligrosos. Las multas y denuncias, aunque no reales sino a manera de ___(4)___ informativos, simularán situaciones auténticas para concienciar al público y ___(5)___ accidentes.

Los agentes recriminarán a los ___(6)___ cuando la señalización del tráfico no les ___(7)___ preferencia y a los conductores si ___(8)___ a las aceras con sus vehículos o a ___(9)___ que no respeten los semáforos en rojo. Pero la Policía recuerda que quienes ___(10)___ serias infracciones, recibirán multas de verdad y serán procesados de acuerdo a la ley.

La campaña destacará la labor de prevención de atropellos y accidentes y, una ___(11)___ terminada, el cuerpo de Policía ___(12)___ medidas para mejorar la seguridad peatonal y vial de la población en lugares donde se compruebe que ___(13)___ ocurrir los accidentes. Dispositivos de radar descubrirán rápidamente a los conductores que ___(14)___ a exceso de velocidad. Cualquier tipo de irregularidad que se ___(15)___ por medio de los radares, será procesada inmediatamente.

1. _____ (primero)
2. _____ (poner)
3. _____ (poder)
4. _____ (boletín)
5. _____ (prevenir)
6. _____ (peatón)
7. _____ (dar)
8. _____ (subirse)
9. _____ (el)
10. _____ (cometer)
11. _____ (vez)
12. _____ (proponer)
13. _____ (soler)
14. _____ (conducir)
15. _____ (detectar)

En el tren intimamos mucho. ___(1)___ demás no me llamaban la atención. Laguna era ___(2)___ fuente inagotable de anécdotas y frases ___(3)___. Mi juventud se sentía ___(4)___ por este hombre de treinta y cinco años, charlador inagotable, ___(5)___ vida era para mi adolescencia como una canción fuerte y heroica que me deslumbraba. Su tema ___(6)___ era su mala suerte:

—Yo soy roto muy fatal, hermano. Usted se morirá de viejito, le ___(7)___ patilla hasta para hacerse una trenza y nunca encontrará un hombre tan desgraciado como yo.

El dolor de su vida, en lugar de entristecerme, me alegraba. Contaba sus desgracias con tal profusión de muecas e interjecciones, que yo me reía a gritos. Se paraba ___(8)___ instante, se ponía serio y me decía:

—No se ría de la desgracia ajena; eso es malo.

Y seguía ___(9)___.

1. _____ (El)
2. _____ (un)
3. _____ (gracioso)
4. _____ (atraído)
5. _____ (cuyo)
6. _____ (favorito)
7. _____ (salir)
8. _____ (un)
9. _____ (contar)

Ballena hace noticia cuando entra en el río Támesis.

Una ballena se adentró en el río Támesis y __(1)__ hasta Londres. El cetáceo __(2)__ levantado con una grúa y después arribó a la entrada del río. Esta mañana, la operación de rescate de la ballena __(3)__ en la noticia del día para los habitantes de la capital inglesa, __(4)__ presenciaron los esfuerzos de veterinarios y voluntarios que __(5)__ por determinar el estado de salud del raro visitante.

A __(6)__ horas de la mañana de hoy, la ballena fue avistada cuando __(7)__ río adentro por un viajero de un tren. Los expertos __(8)__ de vista al animal después de algunas horas, __(9)__ que se había alejado de la zona. La sospecha resultó ser __(10)__ porque reapareció horas después un poco más adentro en el río. Los londinenses pudieron observar al cetáceo mientras __(11)__ examinado cuidadosamente en __(12)__ agua por un veterinario y cómo sus colegas le __(13)__ continuamente agua por encima del lomo. Se desconoce la suerte del animal y sólo __(14)__ análisis determinarán si podrá vivir en libertad en alta mar. Muchos dudan que __(15)__ .

1. _____ (llegar)

2. _____ (ser)

3. _____ (convertirse)

4. _____ (quien)

5. _____ (luchar)

6. _____ (temprano)

7. _____ (nadar)

8. _____ (perder)

9. _____ (sospechar)

10. _____ (falso)

11. _____ (ser)

12. _____ (el)

13. _____ (echar)

14. _____ (el)

15. _____ (sobrevivir)

UNIT III

De aquella época de mi vida ___(1)___ recuerdo se destaca tan

nítidamente en mi memoria y con ___(2)___ relieves, como el de aquel

hombre que encontré en mis correrías por el mundo, mientras hacía mi

aprendizaje de hombre.

Hace ya muchos años. Al ___(3)___ febrero había vuelto del campo,

donde trabajaba en la cosecha de la uva. Vivía en Mendoza; como mis

recursos dependían de mi trabajo y éste me faltaba, me ___(4)___ a

buscarlo. Con un chileno que volvía conmigo recorrimos las obras en

construcción, ofreciéndonos como peones. Pero nos rechazaban en

___(5)___ partes. Por fin alguien nos ___(6)___ la noticia de que un inglés

andaba ___(7)___ gente para llevarla a Las Cuevas, en donde estaban

levantando ___(8)___ túneles. Fuimos. Mi compañero fue aceptado en

seguida. Yo, en ese entonces, ___(9)___ un muchacho de 17 años, alto,

esmirriado, y con aspecto de débil, lo cual no agradó mucho al inglés.

Me miró de arriba abajo y me preguntó:

—¿Usted es ___(10)___ para trabajar?

—Sí —le respondí—. Soy chileno.

—¿Chilenos? Aceptado.

1. _____	(ninguno)
2. _____	(tanto)
3. _____	(terminar)
4. _____	(dedicarse)
5. _____	(todo)
6. _____	(dar)
7. _____	(contratar)
8. _____	(un)
9. _____	(ser)
10. _____	(bueno)

El calzado invernal

Aún ___(1)___ poco más de tres meses para decirle adiós a los días

fríos y así poder esconder las chaquetas, los abrigos y las bufandas; por

lo cual todavía tienes tiempo de sobra para conseguir los modelos de

calzado más "in" durante este invierno… ___(2)___ , si quieres lucir lo

mejor posible, no ___(3)___ descuidar uno de los accesorios más

importantes: los zapatos.

Durante estos días en que el frío arrecia y el invierno acaba de

empezar, es indispensable saber proteger el cuerpo de las bajas

temperaturas si no se desea sufrir complicaciones tan ___(4)___ como los

resfriados y la tos.

Para ello, además de enfundarte en ___(5)___ abrigos o chaquetas de

todo tipo, también debes proteger esas pequeñas partes del cuerpo que

la mayor parte del año, ___(6)___ en el verano, se la pasan sufriendo las

inclemencias del clima: ___(7)___ pies.

1. _____	(faltar)
2. _____	(Recordar)
3. _____	(deber)
4. _____	(molesto)
5. _____	(grande)
6. _____	(especial)
7. _____	(el)

Part B Paragraph Completion Without Root Words

This is the second component of the writing section of the exam. It consists of two paragraphs in which you are required to fill in the appropriate word that is missing, according to the context of the sentence. This section of the exam tests your knowledge of structure and grammar usage as well as vocabulary. In this section you will **not** see root words in parenthesis on which to base your answers. <u>For the sake of practice, some of the paragraphs in this book are longer and contain more blanks than the paragraphs in the actual exam. On the actual exam each passage will have five blanks.</u> Remember each answer can be only **one** word.

Strategies

1. **Use context and background knowledge.** Use the reading strategies you have practiced in class. As you read each paragraph, try to get a sense of what the context communicates. Read the paragraphs again carefully to help you determine your response to each one of the blanks. Use your background knowledge and connect it to the theme or idea presented in the context. Remember, some of the blanks will test your ability to make cultural inferences.

2. **Focus on both content and structure.** For this section you will pull together both the content and the grammar you have studied in your Spanish classes. You may need to fill in the blank with a preposition (*por, en, para, de,* etc.), a helping verb (*ser, haber,* etc.), or a word that is part of a set expression. Or, you may need a form of a pronoun or an article, or other kinds of function words.

3. **Write only one answer.** There may be more than one choice or answer that is appropriate to complete the sentence, but remember you must only write ONE word to fill in each blank. As in the paragraph completions with root word, do not write more than one possible answer. Many times students write three possible answers, and although they may all be possible answers, if one is incorrect the entire question is marked wrong. Narrow down your choices and write only one answer for each blank.

4. **Reread the sentence with your word added.** Your choice of word must fit in the context grammatically, and its meaning must be relevant to the content of the sentence and the paragraph. Does the sentence make sense once you have filled in the blank? Draw a conclusion and make educated guesses since you will not be penalized for an incorrect answer.

5. **Study idiomatic expressions and verbs with prepositions.** You may want to review Appendixes B and F in this book. There you will find a list of useful idiomatic expressions and verbs that require certain prepositions.

6. **Watch out for accents and spelling.** Write clearly and, if required, write accent marks where needed, as in the case of interrogative pronouns, for example. Otherwise, the answer will not be marked correct.

Part B Paragraph Completion Without Root Words

Directions: For each of the following passages, first read the passage and then write, on the line after each number, an appropriate word to complete the passage correctly, logically and grammatically. In order to receive credit, you must spell and accent the word correctly. Only ONE Spanish word should be inserted. You have 8 minutes to read the passages and write your responses.

Instrucciones: Para cada uno de los pasajes siguientes, primero lee el pasaje y entonces escribe en la línea a continuación de cada número una palabra apropiada para completar el pasaje de manera lógica y correcta. Para recibir crédito, tienes que escribir y acentuar la palabra correctamente. Debes escribir UNA SOLA palabra en cada línea. Tienes 8 minutos para leer los pasajes y escribir tus respuestas.

SECTION 1

Pequeños fotógrafos

Exposición: Niños y niñas de escasos recursos retratan la realidad.
Niños, niñas y adolescentes de zonas marginales integran la
Fundación de Niños Artistas de Guatemala (Fotokids). Su pequeña
obra, "Una foto, una vida", será presentada en Antigua.

"Retratar la pobreza y la realidad social del país" son los objetivos de estos aprendices en el mundo ___(1)___ arte. El proyecto, que se inició ___(2)___ siete menores de ___(3)___ en el Relleno Sanitario de la zona 3, cumple ya 15 años y cuenta con más ___(4)___ 50 pequeños de áreas marginales en ___(5)___ capital y en Santiago Atitlán, Sololá.

Según explicó una maestra de escuela, ellos quieren darles ___(6)___ oportunidad a los niños no sólo de retratar, ___(7)___ también otras vías de expresión como fotografía documental, edición de vídeos, escritura artística, etc. Los estudiantes se asombran con ___(8)___ que ven y captan imágenes por el lente de las cámaras. Damaris Gardenia, de 14 años, dijo que vive en la zona 18 y quiere viajar y ___(9)___ fotos ___(10)___ todo el mundo. "También retrato a niños de la calle, ___(11)___ son mis amigos, porque de lo contrario no los podría fotografiar", citó Damaris.

1. _____
2. _____
3. _____
4. _____
5. _____
6. _____
7. _____
8. _____
9. _____
10. _____
11. _____

¡Manos a la __(1)__ ! Con esas palabras se inició el nuevo proyecto que la organización *Habitat for Humanity* estableció en el condado del Bronx en Nueva York. Olga Restrepo, una de las organizadoras, comentó que en __(2)__ llegaron al solar donde se construiría la casa todos los voluntarios sintieron algo emocionante en __(3)__ aire. En __(4)__ de toda la emoción se encontraban ejecutivos de empresas, enfermeros, maestros, estudiantes y hasta una abuelita que quería contribuir __(5)__ pudiera a construir una casa __(6)__ una familia necesitada.

Todos habían dejado la comodidad de su casa __(7)__ un fin de semana para aportar sus habilidades a un proyecto que continuará por varios meses y que cumplirá __(8)__ la misión primordial de la organización. "El gobierno se mueve muchas veces a paso de __(9)__ . Nosotros vamos a construir una casa en un fin de semana que beneficiará a una merecida familia. __(10)__ es para mí la satisfacción más grande que pudiera recibir", nos dijo otro de los voluntarios.

1. _____
2. _____
3. _____
4. _____
5. _____
6. _____
7. _____
8. _____
9. _____
10. _____

—————— SECTION 3 ——————

Recientemente los gobiernos de muchos países __(1)__ encuentran alarmados por los drásticos cambios en __(2)__ clima. Uno de los aspectos que les preocupa a los gobernantes es la rapidez con __(3)__ muchos de estos cambios se precipitan en lugares donde muchas veces no existen los medios __(4)__ proteger a los ciudadanos y donde éstos se niegan __(5)__ obedecer las órdenes de evacuar sus casas __(6)__ antes posible. Poco a __(7)__ muchos gobiernos han desarrollado campañas educativas que han ayudado a que la gente no sólo esté preparada, __(8)__ que también esté dispuesta a dejar sus pertenencias de buena __(9)__ para así salvar su vida.

1. _____
2. _____
3. _____
4. _____
5. _____
6. _____
7. _____
8. _____
9. _____

UNIT III

Isabel Allende

Toma *diet coke* y no le __(1)__ miedo el *espanglish*. Nació en Perú,
__(2)__ siente chilena y lleva 20 años viviendo __(3)__ extranjera, en
tierra de nadie. Apenas pasa __(4)__ un metro y medio. __(5)__ es
tímida, lo esconde perfectamente. Proyecta la imagen de una mujer
__(6)__ una misión que cumplir. Inmediatamente establece contacto,
te __(7)__ a los ojos y da la impresión de que no se permite decir
mentiras.

Conocí __(8)__ Isabel Allende cuando andaba de *tour* en Miami. Su
libro, *Paula*, había sido traducido __(9)__ inglés y, como parte de su
contrato, estaba obligada a promoverlo __(10)__ varias ciudades de
Estados Unidos.

1. _____
2. _____
3. _____
4. _____
5. _____
6. _____
7. _____
8. _____
9. _____
10. _____

SECTION 5

La cultura hispana llega a Kosovo

El sábado, __(1)__ visitar los campamentos, recibí otra sesión
__(2)__ la vida nocturna. Cené en Urania, uno de los mejores
restaurantes de la ciudad. Ahí, tres violinistas __(3)__ atrevieron a
tocar "Las Mañanitas". Emocionado, le comenté a Sanco: " __(4)__ es
una canción mexicana". "Claro que no —me dijo—. Es una vieja
canción de Macedonia". Nunca pude convencerlo de __(5)__ contrario.

Las telenovelas __(6)__ español eran una presencia constante en la
radio y la televisión de Macedonia. El país se paralizaba __(7)__ la
hora en que se transmitía la telenovela venezolana *Casandra*. Y
__(8)__ se atrevía a interrumpir *Casandra* __(9)__ para dar algún
informe __(10)__ el conflicto en Kosovo.

1. _____
2. _____
3. _____
4. _____
5. _____
6. _____
7. _____
8. _____
9. _____
10. _____

Los picos de los Andes no están tan lejos de ti como quizás piensas.
A partir __(1)__ próximo mes, la compañía Andiair ofrecerá vuelos sin
__(2)__ desde Madrid hacia Santiago de Chile. Dentro __(3)__ pocas
horas, te encontrarás en un paraíso inigualable. Un país lleno de
contrastes y belleza desde los picos volcánicos de los Andes hasta las
antiguas selvas del Distrito de los Lagos. No __(4)__ olvides que a
unos 3,700 kilómetros la encantadora Isla de Pascua también te espera
con sus acogedores brazos __(5)__ . ¿No te hemos convencido todavía?
Bien, visita Chile y al __(6)__ de unos días estarás __(7)__ acuerdo que
¡Cómo Chile, ninguna!

1. _____
2. _____
3. _____
4. _____
5. _____
6. _____
7. _____

——————————————— **SECTION 7** ———————————————

Se aproximan las vacaciones

Llega el verano. Huele __(1)__ vacaciones y la abuela habla __(2)__
sus hijas. No __(3)__ seguro de si me gustará este viaje. Estoy sentado
en los muebles de bambú. __(4)__ molesto con lo del viaje. La televisión
no comienza __(5)__ las seis y lo del viaje cambia todos mis planes.

Anoche vi __(6)__ Jefe que pasó caminando con sus amigos. Le vi
los zapatos, pues me __(7)__ dicho que cuando pase nunca me atreva a
mirarle a __(8)__ ojos. Hablaba bajito y un grupo grande lo seguía. La
policía despejó __(9)__ área, pero nos dejó a nosotros. __(10)__ disimulo
subí la vista y lo vi por primera vez. El corazón se me __(11)__ por
la boca.

1. _____
2. _____
3. _____
4. _____
5. _____
6. _____
7. _____
8. _____
9. _____
10. _____
11. _____

Ecologistas denuncian al navío norteamericano Odyssey que busca tesoros del galeón inglés Sussex en la Bahía de Algeciras, Cádiz

El barco norteamericano *Odyssey* investiga ___(1)___ fondo de la Bahía de Algeciras en ___(2)___ del *Sussex*, un galeón inglés naufragado ___(3)___ un cargamento de oro. No deben salirse con la ___(4)___, ___(5)___ se ve claramente que no ___(6)___ venido a realizar una expedición con fines arqueológicos, ___(7)___ para recuperar el tesoro. Se sospecha ___(8)___ el capitán tiene una orden judicial ___(9)___ que cesen las actividades, y se han logrado recuperar materiales que ___(10)___ examinados en laboratorios locales.

El galeón británico fue hundido en el Estrecho de Gibraltar ___(11)___ más de un siglo por un fuerte temporal. ___(12)___ supone que el valor del tesoro hundido supera ___(13)___ 4.000 millones de euros, ___(14)___ cálculos de los más prestigiosos expertos en la materia.

1. _____
2. _____
3. _____
4. _____
5. _____
6. _____
7. _____
8. _____
9. _____
10. _____
11. _____
12. _____
13. _____
14. _____

A muchos artistas y presentadores hispanos de la televisión norteamericana se les presenta un problema que en su mayoría no ___(1)___ importa, pero que al fin y al ___(2)___ siempre quieren aclarar. Existe una errónea idea de que una persona que parece hispana sea o de Puerto Rico o de México, olvidándose de que una persona que parezca hispana puede ser de ___(3)___ de los muchos países de habla hispana. La mayoría no tiene nada en contra de ___(4)___, pero sí quieren que el norteamericano sepa que la cultura hispana es diversa. Del mismo ___(5)___ quieren celebrar el hecho de que ___(6)___ día representantes de ___(7)___ todos los países de habla hispana ___(8)___ llegado a distinguirse en la televisión norteamericana.

1. _____
2. _____
3. _____
4. _____
5. _____
6. _____
7. _____
8. _____

El Cenote Sagrado

El Cenote Sagrado es __(1)__ pozo de 60 metros de diámetro
y __(2)__ de 20 metros de profundidad utilizado __(3)__ fines
religiosos y ceremoniales. Los mayas consideraban los cenotes __(4)__
la morada de los dioses de la lluvia y a ellos dedicaban sacrificios
y ofrendas. Esto explica __(5)__ poder de Chichén como centro de
peregrinación. Las exploraciones __(6)__ arrojado objetos de cobre
__(7)__ oro, collares de jade, piedras talladas, vasijas de barro, puntas
de flechas y restos humanos.

1. _____
2. _____
3. _____
4. _____
5. _____
6. _____
7. _____

SECTION 11

Roscón de Reyes en la madrileña Puerta del Sol

A tempranas horas __(1)__ la mañana de ayer, un nutrido grupo de
personas se __(2)__ cita en la madrileña Puerta del Sol __(3)__ saborear
un enorme roscón de reyes confeccionado __(4)__ una docena de
pasteleros. Las casi dos toneladas del sabroso pan dulce __(5)__
servidas en porciones generosas __(6)__ acompañadas de un vaso de
chocolate caliente para hacer __(7)__ en calor a los participantes que
desafiaron las bajas temperaturas.

El tradicional desayuno de la víspera del Día de Reyes, __(8)__
beneficio de la organización "Aldeas Infantiles SOS", recaudó las
donaciones que ayudarán a la infancia internacional a conseguir
vivienda y una educación sólida que __(9)__ ayude en el futuro a
valerse por __(10)__ mismos.

1. _____
2. _____
3. _____
4. _____
5. _____
6. _____
7. _____
8. _____
9. _____
10. _____

UNIT III

Una relación peculiar

Pasamos trece días sin vernos, __(1)__ dos semanas. __(2)__ curioso es que no peleamos ni discutimos, ni nos __(3)__ de acuerdo para no vernos. No teníamos ganas de estar juntos, __(4)__ más. Y parecía __(5)__ de brujos, porque como vivimos en la misma cuadra, siempre nos estamos encontrando __(6)__ no nos busquemos, pero durante esos días fue como si la tierra nos __(7)__ tragado.

Con tocar el timbre de la casa de __(8)__ de los otros hubiera bastado __(9)__ encontrarnos y deshacer ese silencio que nos separaba. Pero eso es lo más raro __(10)__ todo: a pesar de que no teníamos ganas de estar juntos —yo pensaba en mis amigos todo el tiempo, __(11)__ en el trabajo—, no nos buscamos, porque era como si tuviéramos miedo… __(12)__ repugnancia.

1. _____
2. _____
3. _____
4. _____
5. _____
6. _____
7. _____
8. _____
9. _____
10. _____
11. _____
12. _____

En la sede de los Estudios Televisa San Ángel acaban de presentarse unos episodios de la telenovela *La fea más bella*. Esta nueva versión basada en la conocida *Betty la fea*, una de __(1)__ más exitosas telenovelas colombianas, ha sido adaptada __(2)__ los televidentes mexicanos. De acuerdo __(3)__ la productora, Rosy Ocampo, el reto ha sido difícil. Sin __(4)__ , el equipo profesional y los excelentes actores han puesto gran esfuerzo en mantener el gran sentido de humor de la historia original. La historia se centra en __(5)__ problemas que una inteligentísima economista tiene que enfrentar __(6)__ causa de su fealdad. Por __(7)__ visto, todo el equipo confía __(8)__ que el éxito de la original se repetirá __(9)__ nuevo.

1. _____
2. _____
3. _____
4. _____
5. _____
6. _____
7. _____
8. _____
9. _____

Chichén Itza

El Juego de Pelota es el más amplio de Mesoamérica __(1)__ sus
168 metros de largo. Es __(2)__ de los trece dentro del área y fue
campo sagrado __(3)__ encuentros deportivo-religiosos. El Templo
de los Guerreros debe __(4)__ nombre a los numerosos personajes
armados esculpidos __(5)__ piedra y forma parte del conjunto de
las Mil Columnas, pilastras que sirvieron __(6)__ sostener una
construcción hoy inexistente.

1. _____

2. _____

3. _____

4. _____

5. _____

6. _____

La fotografía y la lectura

La fotografía moderna llega a realizaciones __(1)__ sorprendente
belleza expresiva. Revela __(2)__ que no es posible ver a __(3)__ vista,
bellezas de la materia, acordes raros de las cosas, y vale más __(4)__ la
pintura mediocre. Pero, __(5)__ todo, informa, describe, con un poder
que __(6)__ prefieren al de la palabra, y además con objetividad.

Es curioso que en una época en __(7)__ se exalta la instrucción
en __(8)__ arte de la lectura y __(9)__ compadece, como a un ser
disminuido, __(10)__ que no sabe leer, centenares de millones de
gentes __(11)__ lograron el privilegio de saber leer, apenas abren el
periódico, atraviesen precipitados las páginas impresas __(12)__ llegar
al deleitoso rincón de las tirillas cómicas.

1. _____

2. _____

3. _____

4. _____

5. _____

6. _____

7. _____

8. _____

9. _____

10. _____

11. _____

12. _____

UNIT III

Memorias de un escritor

Yo era profesor de literatura inglesa __(1)__ nuestra Universidad. ¿Qué podía hacer __(2)__ enseñar esa casi infinita literatura, esa literatura que __(3)__ duda excede el término de la vida de un hombre o de las generaciones? ¿Qué podía hacer __(4)__ cuatro meses argentinos de fechas patrias y de huelgas?

Hice __(5)__ que pude para enseñar el amor a esa literatura y me abstuve, en lo posible, __(6)__ mencionar fechas y nombres. Vinieron a verme unas alumnas __(7)__ habían dado examen y lo habían aprobado. (Todas las alumnas pasaban conmigo, siempre traté de no aplazar a __(8)__ ; en diez años aplacé a tres alumnos que insistieron __(9)__ ser aplazados.) A las niñas, (serían nueve __(10)__ diez) les dije: "Tengo una idea, ahora que ustedes __(11)__ pasado y que yo he cumplido __(12)__ mi deber de profesor".

1. _____

2. _____

3. _____

4. _____

5. _____

6. _____

7. _____

8. _____

9. _____

10. _____

11. _____

12. _____

Viva FM

Es probable que los radioescuchas de Santo Domingo, la extendida capital de la República Dominicana y uno de los mayores centros urbanos __(1)__ Caribe, crean que han entrado en una zona gris cuando sintonizan Viva FM, el candente nuevo programa de __(2)__ capital.

La estación es obra de Juan Luis Guerra, el premiado cantante y compositor dominicano que popularizó la bachata y que en los últimos años __(3)__ logrado convertirse en uno de los intérpretes más influyentes del mundo de __(4)__ española. El nuevo programa ofrece una mezcla de estilos musicales que va desde las grandes bandas de los años cuarenta __(5)__ las últimas producciones de música pop, étnica y progresiva de las Américas, Europa y África. Los programas de Viva FM presentan una completa mezcla de blues, bossa nova, be-bop y bachatas.

Además de un ecléctico programa musical, Guerra ha contratado los mejores talentos de __(6)__ radio del país, que ponen en práctica las promociones radiales y el humor que caracterizan a los programas radiales estadounidenses.

__(7)__ rey del pop dominicano no ha terminado __(8)__ . Su nueva aventura será la televisión. Mango TV presentará una amplia selección de video musicales de diferentes estilos y otros programas destinados __(9)__ mercado juvenil del país.

El cantautor ha encarado estos nuevos proyectos musicales en momentos en __(10)__ está dedicando sus energías a otras actividades creativas, __(11)__ las que se destaca Bachata Rosa, el nuevo restaurante de la zona colonial de Santo Domingo bautizado con el nombre del álbum que ganó el premio Grammy en 1990.

1. _____

2. _____

3. _____

4. _____

5. _____

6. _____

7. _____

8. _____

9. _____

10. _____

11. _____

UNIT III

Museo Tumbas Reales de Sipán

Es un moderno edificio ___(1)___ forma de pirámide que alberga en su interior verdaderas joyas ___(2)___ arte mochica y que guarda los restos del antiguo dignatario de Sipán, que en anteriores muestras ha recorrido el mundo. La entrada al museo ___(3)___ hace por una rampa de 70 metros de largo. El tránsito por la rampa simula el ascenso de los pobladores moches ___(4)___ un templo de veneración. En ___(5)___ primer piso se encuentra la reconstrucción ___(6)___ la tumba principal, acompañada ___(7)___ los verdaderos restos óseos.

1. _____

2. _____

3. _____

4. _____

5. _____

6. _____

7. _____

Otro día

Comienza ___(1)___ todos una mañana más en ___(2)___ cual se repite un rito singular en este pequeño café en el centro de la ciudad. Algunos ___(3)___ de vacaciones; otros van ___(4)___ quién sabe dónde, probablemente cada uno ___(5)___ a su trabajo. Y los ___(6)___ somos simples espectadores.

"Un café ___(7)___ leche", le pido al camarero y a mi lado ___(8)___ añade: "¡Un chocolate con churros!". Los desayunos los trae Pepe, ___(9)___ asistente del cocinero que hace aparecer rápidamente las tazas y los platos, como por ___(10)___ de magia y como siempre, con ___(11)___ habitual sonrisa.

1. _____

2. _____

3. _____

4. _____

5. _____

6. _____

7. _____

8. _____

9. _____

10. _____

11. _____

Los inicios de Telediario

Radio Televisión Guatemala, S.A. (Canal 3) se constituyó __(1)__ la
primera estación de televisión privada del país, luego __(2)__ los
incipientes experimentos de la televisión estatal en 1955. Formada
la sociedad __(3)__ empresarios de ramas muy distintas a la naciente
industria de la comunicación, pero visionarios en ese sentido, la
identificación de la televisora se emitió al aire __(4)__ primera vez a
las 18:00 horas __(5)__ 15 de mayo de 1956.

El promedio de receptores era escaso; de __(6)__, para la fecha en
América eran pocos los países que contaban __(7)__ este nuevo
instrumento de comunicación.

A lo __(8)__ del tiempo el entretenimiento y la información
periodística __(9)__ los espacios que en un principio fueron de cuatro
horas nocturnas, y hoy abarcan las 24 en forma continua. Los espacios
de noticias se __(10)__ sucedido en forma alterna desde viejos
noticiarios como "Cuestión de Minutos" (permanece en el aire como
decano de la prensa televisiva de Guatemala), pasando por "Tele
Últimas", "Teleflash", __(11)__ otros.

1. _____
2. _____
3. _____
4. _____
5. _____
6. _____
7. _____
8. _____
9. _____
10. _____
11. _____

En familia

Ciro trató con todas sus __(1)__ de no mirar a Zenón, pues cada vez
que se mencionaba __(2)__ tema de los pantalones, Zenón __(3)__
ponía a lanzarle miradas que querían ser confidenciales. Pero acabó
por __(4)__ por vencido y levantó la vista. Los ojos de su tío le __(5)__
un guiño al encontrarse con los __(6)__.

El tío de Ciro empezó a comer muy despacio, contemplando __(7)__
plato, lleno al parecer de satisfacción. Sólo alzaba la vista __(8)__
repetir el guiño en dirección __(9)__ Ciro. Las tías solteras de Ciro,
dos mujeres corpulentas y agradables, __(10)__ sonrieron.

1. _____
2. _____
3. _____
4. _____
5. _____
6. _____
7. _____
8. _____
9. _____
10. _____

UNIT III

Sin duda ___(1)___, muchos sufrimos remordimientos por el consumo excesivo de alimentos durante las fiestas navideñas. En la comunidad latina como en ___(2)___ otra, después de aumentar de ___(3)___, siempre nos esforzamos para bajar esas libritas de ___(4)___.

Muchos expertos señalan que la obesidad ya está convirtiéndose ___(5)___ una de las enfermedades previsibles más seria en el país. Las causas pueden ser muchas, pero entre ellas la ___(6)___ de una dieta balanceada y una vida sedentaria, sin ___(7)___ ejercicios regularmente amenazan a la población. No obstante debemos tener en ___(8)___ que aunque las consecuencias son aniquilantes, todos podemos cambiar nuestro estilo de vida y por ___(9)___, disminuir las posibilidades de muchas enfermedades causadas por la obesidad.

1. _____
2. _____
3. _____
4. _____
5. _____
6. _____
7. _____
8. _____
9. _____

SECTION 23

Mario Vargas Llosa: la biografía **narrada por el escritor mismo será presentada por Canal +**

A pesar ___(1)___ que Vargas Llosa no les hace mucho ___(2)___ a las biografías, ya había escrito una autobiografía titulada *El pez en el agua*. Inicialmente no se encaminaba a escribir una autobiografía pero como explica él, quería contar sus años en la arena política cuando aspiraba a la presidencia del Perú. Pronto se ___(3)___ cuenta de que sus lectores no podrían comprender completamente esa época ___(4)___ saber sobre su infancia y juventud. Para él, fue una catarsis y le ayudó a comprender mejor lo que había hecho todos esos años. ___(5)___ programa de una hora de duración nos presenta a Vargas Llosa ___(6)___ su infancia hasta nuestros días. En él podemos apreciar su sinceridad aunque de vez en cuando le ___(7)___ hablar de ___(8)___ mismo. Según el cineasta Mauricio Bonnett quien dirigió el programa, Vargas Llosa no impuso ningún límite en los temas que discutió como parte del programa excepto su relación con ___(9)___ colega Gabriel García Márquez, cuya amistad terminó en 1976. Patricia Vargas Llosa, su esposa, investigó ___(10)___ fondo la naturaleza del programa que querían realizar y una vez que se sintió a gusto, abrió las puertas de su casa de par en ___(11)___ y contribuyó ___(12)___ enorme cantidad de información. Según Bonnett "… sin ella no hubiéramos hecho nada".

1. _____
2. _____
3. _____
4. _____
5. _____
6. _____
7. _____
8. _____
9. _____
10. _____
11. _____
12. _____

En la oficina

La señorita Refugio le sonrió con amabilidad al ___(1)___ los buenos días. Yánez la miró ___(2)___ agradecimiento. Era como ___(3)___ aquella mujer se hubiera dado ___(4)___ de que algo malo le sucedía y quisiera darle algún consuelo. Era increíble que "los dedos más veloces del Departamento", ___(5)___ la llamaban sus compañeros, tuviera aquella delicada intuición.

Y, ___(6)___ proponérselo, la comparó ___(7)___ los chiquillos que vendían los diarios y tenían la facultad de oler el peligro. ¿Y si confiara ___(8)___ ella? No, la señorita Refugio era una pobre señorita que vivía en un apartamento en la colonia ___(9)___ Valle.

1. _____
2. _____
3. _____
4. _____
5. _____
6. _____
7. _____
8. _____
9. _____

Llegan los Reyes Magos: cabalgatas pasean por toda España

A pocas horas de la noche mágica ___(1)___ 5 de enero, los reyes Melchor, Gaspar y Baltasar viajan hoy ___(2)___ todo el territorio español. ___(3)___ el saludo de Sus Majestades ___(4)___ deslumbrados grandes ___(5)___ chicos en las cabalgatas como la de Alcoy, la más antigua del país con sus 121 años de ininterrumpida tradición. El paseo ___(6)___ hacen en camellos por las arterias centrales de la ciudad, repartiendo caramelos.

A algunos lugares de la costa, llegan los Reyes por ___(7)___ marítima y en Santa Cruz de Tenerife llegarán a bordo ___(8)___ un helicóptero. Una de las más curiosas tradiciones es la de la población Villar del Rey, a la ___(9)___ desde 1977 los Reyes visitan casa ___(10)___ casa a los niños para entregarles sus juguetes.

1. _____
2. _____
3. _____
4. _____
5. _____
6. _____
7. _____
8. _____
9. _____
10. _____

UNIT III

Descubren gigantesca fortuna en lingotes de plata del Imperio español

Frente a la costa de Gran Bretaña se ___(1)___ encontrado miles de kilos de plata en lingotes, los ___(2)___ pertenecieron al Imperio español antes de que ___(3)___ holandeses los compraran en 1730. Un submarinista inglés hizo el descubrimiento cuando, ___(4)___ un año, practicaba ese deporte y dio ___(5)___ la nave perdida que contenía el tesoro.

El hallazgo ___(6)___ mantenido en secreto total ___(7)___ muy recientemente, cuando una nave de guerra holandesa recogió el tesoro en Plymouth y ___(8)___ llevó a Holanda. ___(9)___ recuperaron también más de mil artefactos y objetos de gran valor ___(10)___ el estudio de la vida a bordo de una nave del siglo XVIII.

1. _____
2. _____
3. _____
4. _____
5. _____
6. _____
7. _____
8. _____
9. _____
10. _____

NASA rumbo a Plutón, planeta del Sistema Solar nunca visitado por el hombre

Sevilla.—La NASA decidió ___(1)___ sus ojos en Plutón, ___(2)___ planeta que hasta el presente no ___(3)___ sido visitado por nave humana ___(4)___ . La NASA habilitará ___(5)___ cohete espacial capaz de desplazarse a 50.000 kilómetros ___(6)___ hora, velocidad nunca igualada ___(7)___ la fecha. La nave espacial "New Horizons" es tan rápida ___(8)___ llegará a la Luna en nueve horas y a Júpiter en algo más ___(9)___ un año.

La NASA ha escogido estudiar Plutón ___(10)___ su lejanía de la Tierra. Está tan lejos que telescopios ___(11)___ la potencia del Hubble no han logrado ___(12)___ fotografías que permitan hacer ___(13)___ examen de sus características geológicas. Plutón ___(14)___ descubierto en 1930.

1. _____
2. _____
3. _____
4. _____
5. _____
6. _____
7. _____
8. _____
9. _____
10. _____
11. _____
12. _____
13. _____
14. _____

Los Ángeles: Joven guionista verá sueño convertido en realidad

Julia Restrepo Lloris ___(1)___ alista para el rodaje de una película basada en un guión ___(2)___ , el cual creó ___(3)___ más de dos años. Hasta el momento, no se ___(4)___ dado a conocer los pormenores de la filmación de la película, ni ___(5)___ será el director del proyecto, ya que serán anunciados una ___(6)___ se finalicen los trámites del rodaje. El guión ___(7)___ seleccionado por un comité de productores y directores hispanos de Los Ángeles.

___(8)___ pasado casi un año desde ___(9)___ hablamos con Julia, y hoy comenta que ___(10)___ de menos el contacto ___(11)___ la prensa. Julia se ___(12)___ comprometida con el público que disfrutará ___(13)___ las películas que ella ayuda a crear. No nos ___(14)___ duda de que su nuevo proyecto será un éxito.

1. _____
2. _____
3. _____
4. _____
5. _____
6. _____
7. _____
8. _____
9. _____
10. _____
11. _____
12. _____
13. _____
14. _____

SECTION 29

¿Debe España adoptar horarios de trabajo más europeos?

Un periódico inglés sorprendió a los españoles ___(1)___ unos días al publicar en primera ___(2)___ la noticia de la eliminación de la siesta en España. A ___(3)___ de que por esas mismas fechas ocurrieron muchos sucesos nacionales ___(4)___ internacionales, el diario londinense prefirió destacar el cambio de los horarios de las oficinas de la Administración del Gobierno ___(5)___ terminar el día laboral más temprano.

Los españoles ya no ___(6)___ siestas porque a esa hora están tan ocupados como ___(7)___ resto de los europeos: ___(8)___ de compras, al súper o a una comida de trabajo. La empresa privada podría adoptar esa nueva idea si caen en la ___(9)___ de que así aumentarían la productividad ___(10)___ las ganancias.

1. _____
2. _____
3. _____
4. _____
5. _____
6. _____
7. _____
8. _____
9. _____
10. _____

UNIT III

Diario de un viajero

Hace un mes tuve que viajar a La Habana __(1)__ llevar un mandado: entregarle una maleta a Manuel, un tío __(2)__ , hermano de mi padre. __(3)__ el viaje, comencé a escribir estas notas, __(4)__ no en un papel como lo hacía antes, __(5)__ en mi ordenador portátil para así __(6)__ a la moda, como tantos viajeros que hoy en __(7)__ portan los últimos modelos de cuanto equipo técnico sale __(8)__ mercado.

Díganme ustedes, ¿ __(9)__ cuando viaja no lleva algún artefacto electrónico y __(10)__ sumerge en otro mundo llevado de __(11)__ mano de la hechizante tecnología? Que me lo digan a __(12)__ , que viajo hasta tres veces __(13)__ semana y no logro entablar una conversación con __(14)__ más que con mis juegos de naipes… en el ordenador.

1. _____

2. _____

3. _____

4. _____

5. _____

6. _____

7. _____

8. _____

9. _____

10. _____

11. _____

12. _____

13. _____

14. _____

Los Ángeles: Buzón de preguntas

Mi nombre es Olga Ramos de Olvera y le quisiera ___(1)___ una consulta. Rafael y yo nos casamos ___(2)___ tres semanas y fuimos de luna de ___(3)___ . Era la primera ___(4)___ que viajábamos fuera del país.

El último día en esa linda isla, mi esposo y yo fuimos a ___(5)___ un paseo por la ciudad y pasamos un día agradable. ___(6)___ embargo, nos sentimos muy incómodos ___(7)___ regresar al hotel por la tarde, pues ___(8)___ obvio que en nuestra ausencia ___(9)___ había estado en la habitación sin nuestro permiso. Nos quejamos a la gerencia ___(10)___ no ofrecieron explicación ___(11)___ . Por eso le pregunto: ¿ ___(12)___ debemos hacer mi esposo y yo?

1. _____

2. _____

3. _____

4. _____

5. _____

6. _____

7. _____

8. _____

9. _____

10. _____

11. _____

12. _____

Desaparece una escultura de 38 toneladas de peso del museo Reina Sofía de Madrid

Desde Madrid ___(1)___ ha conocido hoy que el Museo Reina Sofía ___(2)___ perdido una escultura realizada por Richard Serra ___(3)___ 38 toneladas de acero. En 1987 el Ministerio de Cultura compró la obra, pero por no ___(4)___ con el espacio adecuado, la depositó ___(5)___ un almacén de una empresa privada. El museo la echó en ___(6)___ . El gerente de la compañía de almacenaje dijo no saber ___(7)___ del paradero de la obra en ___(8)___ .

En un comunicado de ___(9)___ , el museo ha explicado cómo le perdió la ___(10)___ a la obra del famoso escultor estadounidense, la ___(11)___ fue adquirida por más de 35 millones de pesetas. Hoy en ___(12)___ se desconoce tanto su valor actual como su paradero.

1. _____

2. _____

3. _____

4. _____

5. _____

6. _____

7. _____

8. _____

9. _____

10. _____

11. _____

12. _____

UNIT III

___(1)___ más de doscientos años en Caracas nació el hombre a

___(2)___ eventualmente toda la América ___(3)___ debe su libertad.
Proveniente de una familia muy distinguida de Caracas, Venezuela,
Simón Bolívar Palacios y Sojo pasaría a la historia ___(4)___ el padre
de la libertad. Simón Bolívar cambiaría el destino de muchos países y
de millones de latinoamericanos. Aunque ___(5)___ dice que Bolívar
era un hombre de aspecto físico delgado, definitivamente era un hombre
de gran voluntad, astucia y habilidad para lograr éxito en proyectos
que muchos consideraban imposibles. Es importante destacar que a
lo ___(6)___ de su vida su creencia en Dios lo guió y ___(7)___ efecto
según él, lo consideró el autor de todo lo sucedido en su vida y de
todos sus éxitos. En sus ___(8)___ palabras, "los pueblos cuando sienten
la necesidad de ser libres son poderosos como Dios, porque Dios…
___(9)___ inspira"…

1. _____

2. _____

3. _____

4. _____

5. _____

6. _____

7. _____

8. _____

9. _____

Se dispara en los últimos diez años

*Crece más del doble el número de medios hispanos editados
en EEUU EFE.*

Nueva York— El número de medios de comunicación hispana
aumentó ___(1)___ más del doble en los últimos diez años en EEUU,
según recoge la última edición del "Standard Periodical Directory",
___(2)___ recopila los títulos en circulación en el país.

De acuerdo ___(3)___ la lista divulgada por el grupo, ___(4)___ principios
de este año se contabilizaban 329 medios latinos en todo el territorio
norteamericano, frente a los 124 registrados en 1996.

"Hemos visto un tremendo incremento de las publicaciones hispanas,
sobre ___(5)___ de carácter regional, como "Tu Ciudad Los Ángeles"
y "Ser Magazine" de Laredo (Texas), destacó la editora jefe del
"Standard Periodical Directory", Deborah Striplin.

La experta subrayó el surgimiento de revistas especializadas como
"Siempre Mujer", ___(6)___ el mercado femenino hispano.

Un total de 55.809 títulos aparecen en la última edición del
"Standard Periodical Directory", que ___(7)___ 1964 divulga la más
completa relación de revistas, periódicos y otro tipo de publicaciones
que circulan ___(8)___ el territorio estadounidense.

Integrada ___(9)___ más de cuarenta millones de personas, la comunidad
hispana ___(10)___ ha convertido en la ultima década en la primera minoría
en Estados Unidos.

1. _____

2. _____

3. _____

4. _____

5. _____

6. _____

7. _____

8. _____

9. _____

10. _____

Enredos de la trama y cuerpos esculturales: éxito de Gavilanes

Para sus más ___(1)___ tres millones de espectadores, ¿valió la ___(2)___ sentarse noche tras noche ___(3)___ a la pantalla para ver el capítulo final de "Pasión de gavilanes"? La prensa ___(4)___ criticado severamente ___(5)___ final de la telenovela, porque los buenos ___(6)___ casan y los malos reciben lo ___(7)___ . A pesar de la escasa popularidad ___(8)___ los primeros capítulos, ___(9)___ programa de la cadena Antena 2 logró ___(10)___ éxito acaparando un 25% de la audiencia y hacer que sus espectadores no echaran de ___(11)___ los programas de otros canales.

No hay que ___(12)___ en duda que los programadores no perdonan los fracasos, y menos la prensa, que nos ___(13)___ saber con sus críticas ___(14)___ debemos o no ver por la tele.

1. _____

2. _____

3. _____

4. _____

5. _____

6. _____

7. _____

8. _____

9. _____

10. _____

11. _____

12. _____

13. _____

14. _____

UNIT III

Se repartirán en Nicaragua, Perú y Mozambique

La campaña "Mira por los demás" recoge 5.000 gafas para reciclar y reutilizar en países subdesarrollados

    Barcelona— El Instituto Oftalmológico Tres Torres y el Club de Lions de Barcelona Gaudí han recogido un total de 5.113 gafas usadas,   (1)   través de la campaña de recogida y reciclaje de lentes   (2)   personas sin recursos en países subdesarrollados, "Mira por los demás".

    Tras la recogida de lentes de   (3)   mano, éstas se han llevado al centro de reciclaje de gafas, donde un equipo de profesionales ha comprobado el estado de las mismas   (4)   dividirlas en grupos: las que se encuentran en perfecto estado, las que llegan con montura rota o cristales rotos y   (5)   inservibles. El 92% de las mismas son reutilizables.

    El director del Instituto Oftalmológico Tres Torres, el doctor Jorge Tortorelli, ha expresado su satisfacción   (6)   el resultado de la campaña. "La solidaridad demostrada por   (7)   gente de Catalunya, demuestra   (8)   vez más, que nuestro pueblo está sensibilizado a las necesidades del tercer mundo. La gran acogida que ha tenido nuestra propuesta, y la gran cantidad de gafas recolectadas, ayudarán a paliar en gran parte un gran problema   (9)   que se enfrentan muchos habitantes de países poco desarrollados, la corrección de su defecto visual".

    Estas gafas recicladas serán enviadas, según la demanda,   (10)   países como Nicaragua, Perú o Mozambique,   (11)   los problemas visuales se ven agravados por la falta de recursos.   (12)   el Instituto Oftalmológico Tres Torres como el Club de Leones de Barcelona Gaudí esperan repetir este éxito de colaboración ciudadana en próximas ediciones.

1. _____

2. _____

3. _____

4. _____

5. _____

6. _____

7. _____

8. _____

9. _____

10. _____

11. _____

12. _____

Publicidad de televisión afecta la nutrición de los niños

Washington, Estados Unidos— La publicidad de la televisión norteamericana incita a los niños pequeños ___(1)___ pedir y consumir alimentos ricos en calorías, como refrescos y bombones, cuestiona un estudio del Instituto de Medicina de la Academia Estadounidense de Ciencias recientemente publicado.

"Las tendencias dominantes actuales del mercado de productos alimenticios y bebidas ponen en ___(2)___ la salud de nuestros niños a ___(3)___ plazo", advirtió Michael McGinnis, presidente del comité encargado ___(4)___ realizar el estudio.

"Para que los niños y los jóvenes puedan desarrollar hábitos alimentarios sanos, ___(5)___ los prevengan de enfermedades crónicas como la diabetes (tipo 2), deben comer menos alimentos ___(6)___ muchas calorías y bajos en nutrientes como los refrigerios, los refrescos con gas o las comidas rápidas", agregó.

"Estos productos representan la mayor proporción de las campañas publicitarias", añadió McGinnis, para ___(7)___ la industria alimentaria y de restaurantes tiene, junto con los padres, un rol central que juega para lograr un cambio radical.

Las preferencias y los hábitos alimentarios ___(8)___ adquieren en los primeros años de vida y son determinantes para la salud de los individuos durante toda ___(9)___ existencia, explica el informe.

La proporción de niños y adolescentes (entre los 6 y 19 años) obesos se ___(10)___ triplicado en Estados Unidos en 40 años, según las cifras oficiales.

1. _____
2. _____
3. _____
4. _____
5. _____
6. _____
7. _____
8. _____
9. _____
10. _____

Part C Informal Writing

The Informal Writing section of the exam consists of one prompt for which you will have 10 minutes to write. You will be asked to write an informal or interpersonal note such as an email message, a brief letter, a postcard, or a journal entry.

You are expected to communicate in a succinct manner to respond to the prompt as you do on a regular basis with friends, relatives, and other people with whom you may correspond informally.

Strategies

1. **Define the task.** Read the prompt carefully to understand what you are being asked to do. Pay attention to key words in the description of the task.

2. **Review expressions for written communication.** Become familiar with the following:

   - how to state the date in a message
   - how to use appropriate registers of informal and more formal communication, such as salutation and ending a letter.

3. **Organize your ideas.** Although you will not have enough time to do a thorough outline of what you want to include in the message, you should take a minute to jot down a few ideas.

4. **Check your work.** You should also keep in mind the following questions. Did you check...

   - the agreement of verbs and subjects?
   - the agreement of adjectives and nouns?
   - the use of *ser* and *estar*?
   - the use of *por* and *para*?
   - the use of the indicative and the subjunctive moods?
   - the use of the imperfect and preterit tenses?
   - the use of the personal *a*?
   - that you included accents when needed?

5. **Learn these expressions.** Here are some specific tips to help you practice for this section of the exam: Remember that in Spanish, months and days of the week are not capitalized. Usually the day appears first, then the month, and finally the year: 25 de julio, 2006.

   - Here are some common salutations:

Querido(a)…	*Dear…*
Queridísimo(a)…	*Dearest…*
Mi querido(a)…	*My dear…*

   - If you need to address someone in a more formal manner, you may want to use the following:

Estimado(a) amigo(a):	*Dear (Esteemed) friend:*
Muy señor mío (señora mía):	*Dear Sir/Madam:*
Muy estimado(a) Sr./Sra. (last name):	*Dear (Esteemed) Sir/Madam (last name):*

- When ending a message to a friend, a relative, etc., you may use:

Un abrazo de tu amigo(a),	*A hug from your friend,*
Un fuerte abrazo,	*A big hug,*
Cariñosos saludos de,	*Fondly / Fond greetings from,*
Afectuosamente,	*Affectionately,*
Mis recuerdos a tu familia,	*My regards to your family,*
Cariños,	*Fondly,*
Con todo mi cariño,	*With all my love,*
Un afectuoso (cariñoso) saludo,	*Fond greetings,*
Un beso,	*A kiss,*
Besos,	*Kisses,*

- A note in a more formal situation may include one of the following:

Atentamente,	*Yours truly,*
Suyo(a) afectísimo(a),	*Yours fondly,*
Le saluda cariñosamente,	*Warm greetings / Fond regards from,*
Mis recuerdos a su familia,	*My regards to your family,*
Un afectuoso (cariñoso) saludo,	*Fond greetings,*

6. **Find out how your work will be evaluated.** Finally, becoming familiar with the scoring guidelines your teacher will use will help you understand and evaluate your own work so that you can improve as you continue to practice this type of task.

UNIT III

Part C Informal Writing

SECTION 1

Escríbele una carta breve a un(a) amigo(a). Imagina que el baile formal de la escuela es en dos semanas. Salúdalo(la) y
- expresa la importancia del baile
- coméntale que no tienes compañero(a) con quien ir
- pídele consejos
- despídete

SECTION 2

Escribe un mensaje electrónico. Imagina que una estación local de televisión en español ha cancelado tu programa favorito y le quieres escribir al (a la) director(a). Saluda al (a la) director(a) de la estación y
- expresa tu reacción a la cancelación
- explica por qué te gustaba el programa
- dale alguna recomendación
- despídete

SECTION 3

Escribe una carta breve. Imagina que tuviste una cita en la cual no te divertiste mucho. Saluda a tu amigo(a) y
- describe la cita brevemente
- explica por qué no te gustó
- menciona lo que piensas hacer en el futuro
- despídete

SECTION 4

Escribe un mensaje electrónico. Imagina que te encontraste con una persona que no habías visto por mucho tiempo y le quieres dar la noticia a un(a) amigo(a). Saluda a tu amigo(a) y explícale
- cómo lo (la) encontraste
- tu reacción al encuentro
- los planes para el futuro
- despídete

Escribe un mensaje electrónico. Imagina que respondes al editorial que un periódico local acaba de publicar: "Los jóvenes de hoy no tienen disciplina." Saluda al (a la) editor(a) y
- menciona el editorial
- expresa tu reacción al artículo
- ofrécele sugerencias que ayuden a ampliar su idea sobre los jóvenes
- despídete

Escribe un mensaje electrónico. Imagina que acabas de tener un accidente y le quieres dar la noticia a un(a) amigo(a). Saluda a tu amigo(a) y
- explícale lo que sucedió
- dile cómo te sientes ahora
- menciona lo que te ha dicho el médico
- despídete

Escribe una tarjeta para darle las gracias a un(a) amigo(a). Imagina que te ha enviado un libro de regalo. Saluda a tu amigo(a) y
- menciona el regalo
- expresa tu reacción al regalo
- menciónale una actividad para reunirse pronto
- despídete

Escríbe un mensaje electrónico. Imagina que te han aceptado a un programa de intercambio en Chile y le quieres dar la noticia a un(a) amigo(a). Salúdalo(la) y
- descríbele el programa brevemente
- expresa tu reacción
- háblale sobre tus planes
- despídete

Escribe un mensaje electrónico. Imagina que le escribes al (a la) gerente de una compañía de Internet porque recibes demasiado correo electrónico que no has solicitado y quieres quejarte. Salúdalo(la) y
- explícale el problema
- expresa lo que quieres y por qué
- pregunta lo que debes hacer
- despídete

Escríbele una carta breve a un(a) amigo(a). Imagina que él (ella) ha cumplido la edad requerida para votar. Saluda a tu amigo(a) y
- expresa tu reacción.
- trata de convencerlo para que vote en el futuro
- despídete

UNIT III

Escribe una tarjeta de felicitación. Imagina que uno(a) de tus amigos(as) ha sido elegido(a) presidente(a) del consejo estudiantil. Salúdalo(la) y
- expresa tu reacción
- dale algunos consejos
- ofrécele tu ayuda
- despídete

Escribe un mensaje electrónico. Imagina que algo misterioso te ocurrió anoche y se lo quieres contar a un(a) amigo(a). Saluda a tu amigo(a) y
- descríbele el incidente
- expresa tu reacción
- pídele consejos
- despídete

Escribe una carta breve. Imagina que no puedes ir al próximo torneo de debate y tienes que notificar al (a la) entrenador(a). Salúdalo(la) y
- explícale la situación
- pídele disculpas
- sugiere a otra persona
- despídete

Escribe una nota breve. Imagina que no te portaste como debías en una de tus clases y decides escribirle una nota a tu profesor(a). Salúdalo(la) y
- pídele disculpas
- explícale por qué actuaste así
- expresa lo que harás en el futuro
- despídete

Escribe una cartita. Imagina que tus padres no están en casa y quieres informarles que te vas a quedar en casa de un(a) amigo(a). Salúdalos y
- explícales la situación
- promételes lo que harás
- infórmales cuándo regresarás
- despídete

Imagina que los padres de tu mejor amigo(a) te envían un regalo por tu cumpleaños y tú decides escribirles una carta. Salúdalos e
- indícales el propósito de tu carta
- explícales lo que piensas hacer con el regalo
- despídete

Imagina que viajas a un país hispano y le escribes una tarjeta a tu amigo(a) en los Estados
Unidos. Saluda a tu amigo(a) y
- describe tu experiencia
- sugiérele un encuentro a tu regreso
- despídete

Imagina que, como parte del curso, tienes que escribir un diario de reflexiones en tu clase
de español. Hoy, debes escribir acerca de un cuento o artículo que asignó tu maestro(a)
recientemente. Indica la lectura a la que te vas a referir y
- menciona brevemente de qué se trataba la lectura
- expresa tu reacción al cuento o artículo
- expresa lo que has aprendido

Has estado enfermo(a) y necesitas ponerte al día en el trabajo de tu escuela. Escríbele un
mensaje electrónico a tu maestro(a) de español y
- menciona tu estado de salud
- indícale lo que deseas que haga tu maestro(a) por ti
- comunícale cómo esperas hacer y entregarle tu trabajo
- despídete

En tu distrito escolar, la administración quiere alargar el día escolar 20 minutos: empezar las
clases 10 minutos antes y terminar el día escolar 10 minutos más tarde. Escríbele un mensaje
electrónico al (a la) presidente(a) de la organización de padres hispanos y
- sugiere tus ideas al respecto de los cambios
- sugiere cómo, cuándo, dónde comunicar estas ideas
- despídete

Estás tomando un curso de español en línea a través de un instituto mexicano, pero tienes
problemas con la clase. Escríbele un mensaje electrónico al (a la) director(a) del instituto.
Salúdalo(la) y
- describe cuál es tu problema
- explícale qué deseas hacer
- despídete

Imagina que tienes un examen de matemáticas mañana y dejaste el libro en la escuela.
Escríbele un mensaje electrónico a un(a) compañero(a) de clase. Salúdalo(la) y
- explica lo que necesitas
- sugiérele un plan
- despídete

Quieres trabajar en una librería de tu comunidad. El jefe, el Sr. Ruiz, te pide que le escribas una carta breve en español solicitando el trabajo porque quiere saber tus cualidades como candidato. Salúdalo y
- dile lo que deseas
- háblale de tus destrezas
- despídete

Tu maestro(a) te pide una anotación de tus comentarios en tu diario de reflexión. El tema de hoy es "la Inmigración hispana en los Estados Unidos."
- presenta los problemas
- escribe una reflexión
- escribe tus sugerencias para solucionar los problemas

El grupo de tutores de tu escuela te invitó a participar como voluntario(a) para ayudar a los niños pequeños a aprender a leer. Salúdalos y
- acepta la invitación
- describe tu experiencia previa
- expresa tus deseos
- despídete

Imagina que pediste una prenda de vestir por el Internet y no estás satisfecho(a). Escríbele un correo electrónico a la compañía y
- explícales la situación en detalle
- expresa tus deseos
- despídete

Has tratado de comunicarte por teléfono con un(a) agente de viajes sin resultados. Mándale un mensaje electrónico. Salúdalo(la) y
- expresa tu frustración
- describe el viaje que deseas hacer
- pídele información
- despídete

Regresas a casa después de un viaje al extranjero, pero tu avión no llegará a tiempo. Escríbeles un mensaje electrónico a tus padres. Salúdalos y
- explícales la situación
- diles la nueva información
- trata de tranquilizarlos
- despídete

Escribe un mensaje electrónico en el que respondes a una notificación que has recibido en referencia a un empleo parcial que has solicitado. Saluda al (a la) gerente e

- infórmale sobre el tiempo que tienes disponible
- explícale sobre lo que sabes en referencia a las computadoras
- expresa tu gratitud por el trabajo
- despídete

SECTION 30

Imagina que ibas a ir a una fiesta con un(a) amigo(a) en tu coche pero el coche está en el mecánico. Escríbele un mensaje electrónico. Salúdalo(a) y

- explícale la situación detalladamente
- propón una solución
- despídete

SECTION 31

Imagina que estás de vacaciones en Puerto Rico. Escríbele una tarjeta a tu mejor amigo(a). Salúdalo(la) y

- describe tu estancia
- describe algunas de tus experiencias
- despídete

SECTION 32

Imagina que has recibido un mensaje de la biblioteca por no haber devuelto unos libros. Escríbele un mensaje electrónico al (a la) bibliotecario(a). Salúdalo(la) y

- ofrece tus disculpas
- explica en detalle la situación
- propón una solución
- despídete

UNIT III

Part D Formal Writing (Integrated Skills)

The Formal Writing section of the exam will last approximately 55 minutes. For each task, you will read two printed sources (newspaper or magazine articles or contemporary literary excerpts) and listen to one recording. These three sources present ideas and information related to a prompt about which you will write. You will have 7 minutes to read the printed documents and approximately 3 minutes to listen to the recorded text. Then, you will respond to the written prompt. You will have 45 minutes to write a well-organized and coherent analytical or persuasive essay about an academic, cultural, social, or personal issue related to the prompt. The first 5 minutes of the 45 minutes are intended for you to organize your thoughts before you begin to write. In this section, you are expected to demonstrate your ability to integrate your reading, listening, and writing skills. This means that you will be evaluated on your ability to **interpret** the information in the three sources, your ability to **synthesize** these ideas, and your ability to use these sources to **support** the ideas you present in your essay. Your essay must make references to **all** three sources, but **not** simply summarize the information on the sources. You are required to demonstrate your ability to synthesize this information as you write your essay. It is also required that you make some inferences and/or make assumptions with regard to the sources. This is not as difficult as it may seem, since we do this in our daily lives when we watch a television program and then read about the same topic in the newspaper the next day.

It is important that you understand the steps you will take when writing your essay and what elements must be present in your essay:

1. You may use information that you already know about the topic presented in the written prompt.

2. You will "break down" and summarize the information in the three sources and arrive to conclusions as you identify main ideas and significant details, make inferences, find evidence to support ideas, etc. This means you must process the information and draw conclusions and inferences. Remember that you must be selective as to what is important from the information you gather from the sources.

3. You will synthesize the ideas you have summarized, you will integrate your comments on **all** three sources, and you will create a new "whole": your essay. This means you may base your essay on what you already know about the topic and support it with comments and references to what you have read and heard about it in the three sources.

4. You will write a well-organized and coherent analytical or persuasive essay that demonstrates your control of grammar and syntax, as well as your use of language that is appropriate, meaningful, and grammatically accurate and relevant to the topic.

Strategies

FOR READING THE PRINTED SOURCES

1. **Rely on what you already know.** Read the prompt and start thinking about the theme or topic. Start forming your own ideas about this issue.

2. **Use your reading strategies.** Review the **Reading Strategies** in Unit II (p. 39) and use them as you read the printed sources. As you start to practice for this section of the exam, it will help you to use the reading process outlined there.

3. **Look at the preliminary information and make predictions.** Start getting information from the title and any other text that may precede the printed material (source, theme, dates, etc.).

4. **Identify the main idea.** Scan the printed source and identify the main ideas and significant details. Don't forget that underlining or highlighting key sentences will make it easier for you when you need to go back and start writing your essay.

5. **Use visuals.** Take advantage of any visuals that may be available. They may help you focus on ideas or understand vocabulary presented in the text.

6. **Compare and contrast.** Read the second printed source and get ready to determine how the ideas, people, issues, etc., are presented in these two sources. Do you find opposite or similar ideas? Do the sources complement each other? Do they stress viewpoints from different individuals or cultural perspectives?

7. **Make cultural connections.** Identify cultural elements that may be present in these sources (products, perspectives or practices).

Strategies

FOR LISTENING TO THE RECORDED SOURCES

1. **Listen to authentic spoken Spanish.** In Unit I you will find an extensive discussion of the listening process along with strategies that will help you in this part of the exam as well. For further practice, any time you listen to Spanish television, radio, podcasts, or movies, write down the main point(s) of what you have heard. This will allow you to prepare for this part of the exam in which you need to sort out the most important information to include in your essay.

2. **Follow a three-step process: before listening, while listening, and after listening.** Here is a brief summary of the information given in Unit I . (For more details, read pp. 1–2.)

   • **Before listening:** Read the title and any other information that may precede the audio portion.

   • **While listening:**
     —Be ready to determine the gist of what is being said. Remember you do not have to know every word to understand the passage.
     —Visualize what you hear: it will help you understand what you are hearing.
     —Focus on associations and connections (background knowledge) triggered by the dialogue, narrative, or interview.
     —Pay attention to details.
     —Derive meaning from the context. This will allow you to draw inferences.
     —Do not focus on words you do not understand: it is not very productive, as it will prevent you from fully understanding what is being said.
     —Try to listen to Spanish radio, television, movies, and podcasts when available as much as possible. You will hear different accents in the actual exam.

   • **After listening:** After listening, write the most important words you will need to retell someone not familiar with the topic presented in the audio selection.

FOR WRITING

1. **Follow a three-step process: before writing, while writing, and after writing.** The more you write, the better a writer you will be. Practicing is the key to success. View writing as a three-step process: pre-writing, writing, and post-writing.

   - **Pre-writing:** Reading the printed sources and listening to the recorded source are part of the pre-writing step. You are selecting ideas and focusing on important details in order to later synthesize them and/or quote them in your essay.
     —Try to understand exactly what the instructions are asking you to do.
     —Use a graphic organizer to help you record the key words you plan to use to develop your ideas.
     —Plan your response. What approach do you need to follow: discuss, contrast, compare, other?
     —Look for a **key verb** or **word** in the prompt and plan your answer.
     —Plan how many paragraphs you will need to write. Remember, there is no set or required number of paragraphs.

   - **Writing:** Begin your task. You must budget your time wisely so that you allow time to review what you have written. However, remember, the exam is timed, and you should also get used to writing essays in a forty-five minute time period. If your teacher assigns an essay for homework, make sure to allow yourself forty-five minutes to complete it and no more.
     —Write your introduction to present the thesis of your answer to the prompt.
     —Concentrate on adapting the ideas you read and heard to the prompt you must answer: compare and contrast the ideas if necessary.
     —Incorporate and integrate pertinent, meaningful references from **all** the sources.
     —Quote only what is necessary to support your views. If you are quoting directly from the text, use quotation marks.
     —Avoid using a dictionary, or try to keep this practice to a minimum, since in the actual examination you will not be allowed to consult one. If you cannot think of a specific word or words, describe what you want to communicate by using circumlocution.
     —Remember, organization is important. You must have an introduction, include supporting details and arrive at a conclusion.
     —Stay focused and keep on task.
     —Make sure you demonstrate that you have interpreted (understood) and synthesized the three sources to support your ideas in your essay.
     —Avoid merely paraphrasing or repeating what the sources say in your own words.
     —A summary at the end of an essay is not a restatement of your thesis, but rather a conclusion, taking into consideration what you have discussed throughout the essay.

- **Post-writing:** Some points you may want to keep in mind while revising your essay are:
    —Is your introductory paragraph clear and does it establish the thesis of your essay's topic?
    —Have you developed the ideas clearly? Have you given enough examples to illustrate your point?
    —Have you written a cohesive summary of your ideas?
    —Have you checked…
    …the agreement of verbs and subjects?
    …the agreement of adjectives and nouns?
    …the use of *ser* and *estar*?
    …the use of *por* and *para*?
    …the use of the indicative and the subjunctive moods?
    …the use of the imperfect and preterit tenses?
    …the use of the personal *a*?
    …that you included accents when needed?

2. **Find out how your work will be evaluated.** Become familiar with how your teacher scores the essays and/or the scoring guidelines used to score this part of the exam. This will allow you to know beforehand what is expected from you. If your teacher gives you a score for an essay, go back to the scoring guidelines and determine why you received that score. This will also help you to improve in those areas in which you seem to be lacking the skills you need to succeed in this task.

UNIT III

Part D Formal Writing (Integrated Skills)

Directions: The following question is based on the accompanying Sources 1–3. The sources include both print and audio material. First, you will have 7 minutes to read the printed material. Afterward, you will hear the audio material; you should take notes while you listen. Then, you will have 5 minutes to plan your response and 40 minutes to write your essay. Your essay should be at least 200 words in length.

This question is designed to test your ability to interpret and synthesize different sources. Your essay should use information from the sources to support your ideas. You should refer to ALL of the sources. As you refer to the sources, cite them appropriately. Avoid simply summarizing the sources individually.

Instrucciones: La pregunta siguiente se basa en las Fuentes 1–3. Las fuentes comprenden material tanto impreso como auditivo. Primero, dispondrás de 7 minutos para leer el material impreso. Después, escucharás el material auditivo; debes tomar apuntes mientras escuchas. Entonces, tendrás 5 minutos para organizar tus ideas y 40 minutos para escribir tu ensayo. El ensayo debe tener una extensión mínima de 200 palabras.

Esta pregunta se diseñó para medir tu capacidad de interpretar y sintetizar varias fuentes. Tu ensayo debe utilizar información de las fuentes que apoye tus ideas. Debes referirte a TODAS las fuentes. Al referirte a las fuentes, cítalas apropiadamente. Evita simplemente resumir las fuentes individualmente.

¿Por qué es importante mejorar las condiciones sociales de los niños en todos los rincones del mundo?

FUENTE 1: Este artículo apareció en la revista *Ecos*.

Guatemala—El nivel más alto de desnutrición

La pobreza, la falta de educación de los padres y la limitación de las <u>vacunas</u> influyen directamente en que los niños guatemaltecos ocupen el primer lugar en un ranking nada grato: la tasa de desnutrición crónica más alta de América Latina.

Según la Encuesta Nacional de Salud Materno Infantil 1998–1999, patrocinada por la UNICEF, el nivel de desnutrición crónica en Guatemala alcanza el <u>42 por ciento</u> de los menores. <u>La tasa</u> supera a Haití, donde el 32 por ciento de los niños sufre desnutrición crónica, y a Bolivia y Perú, que comparten el tercer lugar con un 26 por ciento.

La desnutrición crónica indica que los niños guatemaltecos tienen un <u>retardo</u> en el crecimiento para la edad que tienen, lo que podría causarles problemas en su edad adulta.

Los problemas de los niños guatemaltecos están lejos de ser <u>resueltos</u>, pero, según la encuesta, su situación tiende a presentar pequeñas mejorías, que podrían dar esperanzas de una mejor situación para los menores de Guatemala.

Existe una <u>leve</u> mejoría en el porcentaje de menores que han recibido sus vacunas, pues ahora el 59,5 por ciento de los niños ha sido vacunado, mientras que en 1995 solamente el 42,6 por ciento gozaba de esa ventaja. Sin embargo, en esta nación centroamericana, sólo uno de cada tres niños es vacunado antes de los doce meses.

FUENTE 2: Este artículo fue publicado en la revista *Ecos*.

América Latina—Bajísimo gasto educativo

En comparación con los países más industrializados del planeta, la región de América Latina y el Caribe registra un gasto educativo veinte veces menor.

Así lo señala un reciente estudio dado a conocer por la OCDE (Organización para la Cooperación y Desarrollo Económico), según el cual lo que sí ha mejorado en Latinoamérica es la cantidad de <u>matriculación</u> en la educación primaria.

Uno de los problemas comunes de estos países es la falta de <u>adecuación</u> entre las materias que se imparten y la realidad de cada país, aparte de la <u>escasa</u> preparación del profesorado y sus bajos salarios.

Sólo un 66 por ciento de los estudiantes de primaria terminan el 4º curso y únicamente la mitad pasa del 6º curso. A diferencia de otras zonas del planeta, las tasas de matriculación entre niños y niñas son similares. Otras conclusiones del citado informe señalan que la población más afectada por la exclusión de la educación son, sobre todo, la <u>juventud indígena</u> y los habitantes de las zonas rurales y urbanas marginales.

FUENTE 3 (AUDIO): Este informe está basado en dos artículos de la revista *Ecos*.

Directions: The following question is based on the accompanying Sources 1–3. The sources include both print and audio material. First, you will have 7 minutes to read the printed material. Afterward, you will hear the audio material; you should take notes while you listen. Then, you will have 5 minutes to plan your response and 40 minutes to write your essay. Your essay should be at least 200 words in length.

This question is designed to test your ability to interpret and synthesize different sources. Your essay should use information from the sources to support your ideas. You should refer to ALL of the sources. As you refer to the sources, cite them appropriately. Avoid simply summarizing the sources individually.

Instrucciones: La pregunta siguiente se basa en las Fuentes 1–3. Las fuentes comprenden material tanto impreso como auditivo. Primero, dispondrás de 7 minutos para leer el material impreso. Después, escucharás el material auditivo; debes tomar apuntes mientras escuchas. Entonces, tendrás 5 minutos para organizar tus ideas y 40 minutos para escribir tu ensayo. El ensayo debe tener una extensión mínima de 200 palabras.

Esta pregunta se diseñó para medir tu capacidad de interpretar y sintetizar varias fuentes. Tu ensayo debe utilizar información de las fuentes que apoye tus ideas. Debes referirte a TODAS las fuentes. Al referirte a las fuentes, cítalas apropiadamente. Evita simplemente resumir las fuentes individualmente.

Los avances contribuyen al bienestar de la sociedad. Sin embargo, estos avances a veces causan problemas. ¿Cuál es la importancia de mantener un equilibrio entre el uso de los avances tecnológicos y el bienestar del planeta?

FUENTE 1: Este artículo apareció en la revista *Ecos*.

Chile destila el aire

En 1956 hubo una gran sequía en Antofagasta, una ciudad norteña en el desierto de Atacama. No hubo agua durante semanas; la crisis fue tan dura, que el país entero se movilizó. El investigador español Carlos Alberto Espinosa se encontraba en la Universidad de Santiago de Chile; a él se le ocurrió la idea de atrapar la niebla, o la camanchaca, como la llaman los habitantes de la región. La idea era bien sencilla; en realidad es lo que hacen muchas plantas e insectos. Se trata de extender una especie de red o malla de plástico muy fina, y al contacto con ella la niebla se condensa y... ¡ya está! Así se obtiene el agua. Ésta cae a un canal, y de ahí, directamente, a unos contenedores o garrafas. La idea de Espinosa fue patentada y donada a la UNESCO. Más tarde se perfeccionó y sirvió para salvar al pueblo de Chungungo (1992), situado en el desierto chileno de Atacama. El pueblo vivía gracias al agua que le vendían los propietarios de una mina cercana; cuando cerró la mina, se acabó el agua. El atrapanieblas les salvó. Hoy hay instaladas 85 mallas que proporcionan 300.000 litros de agua. Chungungo era un pueblo de pescadores, y ahora también han aprendido a cultivar; el pueblo ha crecido tanto, que tienen tendido eléctrico. La iniciativa surgió en Atacama, pero Perú y Ecuador también se han sumado a esta fórmula mágica que parece poder atrapar el agua del aire.

FUENTE 2: Este artículo apareció en la revista *Ecos*.

Zorita, la central nuclear que divide a España

Zorita es el apodo de una central nuclear. En realidad se llama Central nuclear José Cabrera, pero se encuentra situada en la población de Almotacid de Zorita, en Guadalajara. Es la central más antigua de España; se inauguró en 1968, y en 1999, el Gobierno del PP (Partido Popular), prolongó su actividad durante tres años más.

Actualmente la planta es explotada por la compañía Unión Fenosa; el contrato de explotación vence, y la central debería cerrarse. ¿Debería cerrarse? Esa es la pregunta que mantiene enfrentados a los principales partidos políticos, a la compañía explotadora y a Greenpeace.

Unión Fenosa afirma haber invertido 15 millones de euros en la modernización de la planta. Greenpeace, por su parte, ha presentado un informe en el que se detallan graves problemas al no cumplirse con los standards de seguridad oficiales. El Gobierno responde que cree que se está intentando crear un clima de alarmismo innecesario. El Partido Socialista apoya el cierre; de hecho, defiende el cierre de todas las centrales nucleares y apuesta por que sean sustituidas por fuentes de energía renovables. Zorita ha despertado una polémica dormida.

FUENTE 3 (AUDIO): Este informe está basado en un artículo de la revista *Semana*.

Directions: The following question is based on the accompanying Sources 1–3. The sources include both print and audio material. First, you will have 7 minutes to read the printed material. Afterward, you will hear the audio material; you should take notes while you listen. Then, you will have 5 minutes to plan your response and 40 minutes to write your essay. Your essay should be at least 200 words in length.

This question is designed to test your ability to interpret and synthesize different sources. Your essay should use information from the sources to support your ideas. You should refer to ALL of the sources. As you refer to the sources, cite them appropriately. Avoid simply summarizing the sources individually.

Instrucciones: La pregunta siguiente se basa en las Fuentes 1–3. Las fuentes comprenden material tanto impreso como auditivo. Primero, dispondrás de 7 minutos para leer el material impreso. Después, escucharás el material auditivo; debes tomar apuntes mientras escuchas. Entonces, tendrás 5 minutos para organizar tus ideas y 40 minutos para escribir tu ensayo. El ensayo debe tener una extensión mínima de 200 palabras.

Esta pregunta se diseñó para medir tu capacidad de interpretar y sintetizar varias fuentes. Tu ensayo debe utilizar información de las fuentes que apoye tus ideas. Debes referirte a TODAS las fuentes. Al referirte a las fuentes, cítalas apropiadamente. Evita simplemente resumir las fuentes individualmente.

La vida moderna presenta grandes problemas para la juventud. Al mismo tiempo, los jóvenes se preocupan por su futuro. ¿Qué pueden hacer los jóvenes para enfrentarse a los retos del presente y lograr tener éxito en su vida?

FUENTE 1: Este artículo apareció en la revista *Ecos*.

"Toque de queda" en Canarias

Agüimes es un pequeño pueblo al sur de Gran Canaria; el Ayuntamiento de esta ciudad ha decidido que los jóvenes en edad escolar tendrán que permanecer en el domicilio familiar desde las 23:00 hasta las 6:00 de la mañana durante el período escolar. Si alguno de estos chicos es encontrado en la calle sin la compañía de un adulto, la policía local tiene orden de identificarlos e informarlos de la ley; después les "invitará" a marcharse a su casa. Al mismo tiempo, se dará parte al Servicio de Atención al Menor, que se encargará de hablar con los padres y tomar medidas al respecto.

Los que apoyan esta medida defienden que los niños en edad escolar necesitan descansar; lo que se pretende es acabar con el absentismo escolar y aliviar parcialmente el problema de los jóvenes con el alcohol; en definitiva, proteger a los menores.

Los detractores afirman que la medida es conservadora y anticonstitucional, ya que atenta contra la libertad; además dicen que se trata de una medida más policial que protectora: "los descontroles horarios se arreglan desde instancias familiares, no con medidas policiales".

Alguno ha animado al Ayuntamiento a ponerse en cuarentena y reflexionar antes de poner en práctica esta ley radical.

FUENTE 2: Este artículo apareció en la revista *Ecos*.

España protege de la televisión a los niños

España. Bilbao
EL CORREO

Frenar la telebasura
Editorial. 27/10/04

El compromiso alcanzado ayer a iniciativa de la vice-presidenta primera, María Teresa Fernández de la Vega, entre el Gobierno y los responsables de las televisiones públicas y privadas para atajar la llamada telebasura, junto con el Defensor del pueblo y las asociaciones de apoyo a la infancia, debe ser valorado positivamente, habida cuenta de la proliferación de unos programas televisivos de contenido violento y sexual que no respetan la normativa en materia de emisiones en horarios de protección de menores.

El incremento de las temáticas inapropiadas para niños y adolescentes en las cadenas se produce en un país como España, que, además, ocupa el segundo puesto de la Unión Europea en consumo infantil y diario de televisión, con 218 minutos. Incluso, según las estadísticas más recientes, el 10% de los niños españoles ve contenidos que deben considerarse de adultos, y alrededor de 800.000 menores de 14 años están pegados a la pantalla a partir de las 22.00 horas, justo cuando termina el horario de protección infantil fijado en la legislación.

FUENTE 3 (AUDIO): Estos dos informes están basados en dos artículos de la revista *Ecos*.

Directions: The following question is based on the accompanying Sources 1–3. The sources include both print and audio material. First, you will have 7 minutes to read the printed material. Afterward, you will hear the audio material; you should take notes while you listen. Then, you will have 5 minutes to plan your response and 40 minutes to write your essay. Your essay should be at least 200 words in length.

This question is designed to test your ability to interpret and synthesize different sources. Your essay should use information from the sources to support your ideas. You should refer to ALL of the sources. As you refer to the sources, cite them appropriately. Avoid simply summarizing the sources individually.

Instrucciones: La pregunta siguiente se basa en las Fuentes 1–3. Las fuentes comprenden material tanto impreso como auditivo. Primero, dispondrás de 7 minutos para leer el material impreso. Después, escucharás el material auditivo; debes tomar apuntes mientras escuchas. Entonces, tendrás 5 minutos para organizar tus ideas y 40 minutos para escribir tu ensayo. El ensayo debe tener una extensión mínima de 200 palabras.

Esta pregunta se diseñó para medir tu capacidad de interpretar y sintetizar varias fuentes. Tu ensayo debe utilizar información de las fuentes que apoye tus ideas. Debes referirte a TODAS las fuentes. Al referirte a las fuentes, cítalas apropiadamente. Evita simplemente resumir las fuentes individualmente.

¿Cómo responde el espíritu humano cuando se presentan dificultades en la vida?

Teresa Perales: Campeona paralímpica y parlamentaria

Teresa Perales tiene 28 años, es diputada por el Partido Aragonés en el Parlamento de Aragón, y campeona olímpica de natación. En los pasados Juegos Paralímpicos de Atenas se llevó a casa seis medallas: dos de oro, una de plata en equipo y tres de bronce. Un tratamiento médico erróneo la dejó en una silla de ruedas a los 21 años. Poseedora de una gran vitalidad, Teresa Perales trabaja intensamente en la defensa de los derechos de los discapacitados. El año pasado llegó al Parlamento aragonés, y su presencia ha sido una revolución, ya que sus compañeros han tomado conciencia de las necesidades que tiene una parapléjica para desenvolverse con normalidad.

Pero además de dedicarse a la política, Teresa Perales es toda una deportista. Antes de quedarse en una silla de ruedas, ya practicaba varios deportes. Sin embargo, fue tras su enfermedad cuando descubrió su pasión por la natación, a la que le dedica cuatro horas diarias de entrenamiento. Y es precisamente la natación el deporte que la ha convertido en campeona olímpica: además de los triunfos que ha conseguido este año, en los Juegos de Sydney ya ganó dos medallas de plata y tres de bronce.

UNIT III

Eva la Yerbabuena—El flamenco desde dentro

por Virginia Azañedo

"Esta niña tiene duende", eso le dijo una tía suya hace muchos años, y ella lo ha demostrado día a día en el escenario. Hace unos meses obtuvo el Premio Nacional de Danza. Eva representa un nuevo modelo de bailaora, seria, serena, reconcentrada, clásica, lejos de los grandes espectáculos flamencos. Ella prefiere mirar hacia dentro.

Se crió en los pueblos de sus abuelos Los Ojigares y Armilla, muy cerquita de Granada, pero nació en Fráncfort; por eso, sus amigos le dicen medio en broma que trabaja con disciplina "germana". Desde luego, se escapa de los tópicos flamencos, del alcohol, las drogas y las noches de juerga. Está más cerca de la idea de mujer hogareña que uno tiene en la cabeza, y sólo tiene ojos para su hija, una niña vivaracha y morena de cinco años.

Su carrera como bailaora fue algo rara ya desde el principio, pues en su casa no había tradición flamenca, ni artistas de ningún tipo; pero ella, en cuanto oía flamenco en la radio, se ponía a bailar de una manera instintiva. Hoy, a sus 31 años, sigue creyendo que la técnica no es lo esencial: "La técnica está bien para las noches en que andas cansada y no llega la magia", dice. Por eso, cuando da clases lo hace sin guitarra para que los alumnos puedan interiorizar la esencia de cada palo. Para ella es muy importante que cada bailaor se conozca a sí mismo, a su cuerpo; asegura que el baile es mucho más que movimientos.

Como otras tantas bailaoras siguió su carrera en tablaos y concursos diversos; en esa época hubo quien le pronosticó la ruina, no por bailar mal, sino por atreverse a denunciar públicamente las irregularidades en este tipo de concursos. Pese a todo, poco a poco se ha ido haciendo un nombre en las tablas, desde los tablaos de Carmen Amaya hasta bailar junto al conocido Joaquín Cortés. En 1998 consigue fundar su propia compañía: "Eva Yerbabuena", y comienza una nueva etapa; ya no baila sola, ahora le apetece adentrarse en el mundo de la coreografía y contarnos historias. A través de su espectáculo esta mujer pequeña y tímida se vuelve grande, expresiva y comunicadora, pero lo hace con austeridad. Y esto, señores, como se dice en mi tierra, merece un ole (por favor, sin acento); ¡y el que no diga ole, que se le seque la yerbabuena!

FUENTE 3 (AUDIO): Este informe está basado en un artículo de la revista *Ecos*.

Directions: The following question is based on the accompanying Sources 1–3. The sources include both print and audio material. First, you will have 7 minutes to read the printed material. Afterward, you will hear the audio material; you should take notes while you listen. Then, you will have 5 minutes to plan your response and 40 minutes to write your essay. Your essay should be at least 200 words in length.

This question is designed to test your ability to interpret and synthesize different sources. Your essay should use information from the sources to support your ideas. You should refer to ALL of the sources. As you refer to the sources, cite them appropriately. Avoid simply summarizing the sources individually.

Instrucciones: La pregunta siguiente se basa en las Fuentes 1–3. Las fuentes comprenden material tanto impreso como auditivo. Primero, dispondrás de 7 minutos para leer el material impreso. Después, escucharás el material auditivo; debes tomar apuntes mientras escuchas. Entonces, tendrás 5 minutos para organizar tus ideas y 40 minutos para escribir tu ensayo. El ensayo debe tener una extensión mínima de 200 palabras.

Esta pregunta se diseñó para medir tu capacidad de interpretar y sintetizar varias fuentes. Tu ensayo debe utilizar información de las fuentes que apoye tus ideas. Debes referirte a TODAS las fuentes. Al referirte a las fuentes, cítalas apropiadamente. Evita simplemente resumir las fuentes individualmente.

¿Cuál es la importancia de mantener vivas las celebraciones tradicionales de los diferentes pueblos y regiones de un país?

FUENTE 1: Este artículo apareció en la revista *Ecos*.

Zaragoza se entrega a la Virgen del Pilar

Si está pensando en conocer Zaragoza, una de las mejores fechas para hacerlo es durante las fiestas de la ciudad, que giran en torno a su patrona, la Virgen del Pilar. La festividad se celebra el 12 de octubre y, sin lugar a dudas, el acto principal es la Ofrenda de Flores a la Virgen. Durante ocho horas, más de veinte mil personas vestidas con los trajes regionales colocan ramos de flores en el centro de la plaza del Pilar. Se calcula que, al final del día, siete millones de flores quedan depositadas en la plaza.

Pero esta ofrenda no es la única, porque, a la mañana siguiente, tiene lugar la Ofrenda de Frutos. En el interior de la catedral, más de 10.000 personas hacen entrega a la Virgen de cerezas, melocotones, sandías, manzanas, ajos y otros productos típicos de Aragón. Además, durante estos días hay exhibiciones de jotas, el baile típico aragonés, y un desfile de gigantes y cabezudos. De hecho, la ciudad está tan animada que hasta se dice que las golondrinas no empiezan su migración hasta después del día del Pilar, para así poder participar en los actos de la fiesta.

FUENTE 2: Este artículo fue publicado en la revista *Ecos*.

Carnaval en Lantz

Además de los grandes carnavales de Tenerife o Cádiz, en España también se celebran otras fiestas más pequeñas de origen rural. Uno de los carnavales más interesantes del norte de España es el del pequeño pueblo de Lantz, situado en el valle de Anué, en Navarra. En Lantz, se representa una lucha entre el bien y el mal, con unos personajes llenos de fuerza mitológica. La estrella del Carnaval es el personaje de Miel Otxin, un bandido que destruyó la región. Un muñeco de tres metros y con los brazos en cruz representa a Miel Otxin. Durante el lunes y el martes de Carnaval, Miel Otxin desfila por las calles del pueblo acompañado de otros personajes: el gordo Ziripot, vestido con bolsas llenas de heno; el caballo Zaldico, que corre detrás de Ziripot; y los herreros, que persiguen al caballo para herrarlo. Después de unos días de caos, las fuerzas del bien consiguen imponer otra vez el orden. Miel Otxin es detenido, y entonces se escenifica el juicio: dos disparos matan al bandido, que luego es quemado en la hoguera, alrededor de la cual se baila el tradicional "zortziko".

FUENTE 3 (AUDIO): Este informe está basado en dos artículos de la revista *Ecos*.

Directions: The following question is based on the accompanying Sources 1–3. The sources include both print and audio material. First, you will have 7 minutes to read the printed material. Afterward, you will hear the audio material; you should take notes while you listen. Then, you will have 5 minutes to plan your response and 40 minutes to write your essay. Your essay should be at least 200 words in length.

This question is designed to test your ability to interpret and synthesize different sources. Your essay should use information from the sources to support your ideas. You should refer to ALL of the sources. As you refer to the sources, cite them appropriately. Avoid simply summarizing the sources individually.

Instrucciones: La pregunta siguiente se basa en las Fuentes 1–3. Las fuentes comprenden material tanto impreso como auditivo. Primero, dispondrás de 7 minutos para leer el material impreso. Después, escucharás el material auditivo; debes tomar apuntes mientras escuchas. Entonces, tendrás 5 minutos para organizar tus ideas y 40 minutos para escribir tu ensayo. El ensayo debe tener una extensión mínima de 200 palabras.

Esta pregunta se diseñó para medir tu capacidad de interpretar y sintetizar varias fuentes. Tu ensayo debe utilizar información de las fuentes que apoye tus ideas. Debes referirte a TODAS las fuentes. Al referirte a las fuentes, cítalas apropiadamente. Evita simplemente resumir las fuentes individualmente.

¿Cuál es la importancia de los descubrimientos arqueológicos para valorar una cultura?

FUENTE 1: Este informe está basado en un artículo de la revista *Ecos*.

Uruguay: El tesoro hundido en el mar

Frente a las costas de la capital de Uruguay, Montevideo, un tesoro en joyas y oro espera ser rescatado del interior del barco Nuestra Señora de la Luz, hundido en 1752.

El barco, de bandera portuguesa, estaba al servicio de la Corona española en 1752 y navegaba desde el puerto de Buenos Aires al de Cádiz, con una carga equivalente a unos 150 millones de dólares en joyas y lingotes de oro, cuando naufragó frente a la costa uruguaya víctima de un gran temporal.

El equipo de rescate, dirigido por el argentino Collado, ha trabajado en la búsqueda desde 1992, cuando sus buzos encontraron tres cañones y una moneda de oro acuñada en la Casa de la Moneda de Chile, en 1751.

Desde entonces continuaron las investigaciones, nada fáciles por cierto, hasta que frente a la costa montevideana de Carrasco, hace unos meses, se encontraron unos restos de la embarcación, que servían para sujetar las anclas. Siguiendo ese rastro mar adentro, los buzos dieron finalmente con el barco, casi entero, enterrado en la arena.

Las tareas de rescate han empezado, y se supone que el mencionado tesoro podrá rescatarse intacto para repartir, como lo estipula la ley en estos casos, por partes iguales entre el responsable del hallazgo y el Estado uruguayo.

Collado había encontrado en 1984 el Nuestra Señora de Loreto, un galeón hundido también en la bahía de Montevideo, del cual rescató joyas, lingotes y pepitas de oro. El Río de la Plata, una de las principales vías de navegación durante la época colonial, fue escenario de múltiples naufragios durante los siglos XVIII y XIX, por lo que posiblemente existan muchos otros tesoros escondidos en el misterioso fondo marino.

FUENTE 2: Este artículo apareció en la revista *Ecos*.

Perú: Otro mundo bajo Cuzco

Cuzco es impresionante tanto por fuera como por dentro. El arqueólogo español Anselm Pi Rambla ha descubierto un túnel de dos kilómetros que une el templo de Koricancha (del Sol), en el centro del Cuzco, con la fortaleza de Sacsayhuamán, en las afueras de la ciudad.

La importancia de estos hallazgos puede cambiar la historia de Perú, pues revela la existencia de una cultura preincaica hasta el momento desconocida. El investigador español ha utilizado un radar para cuantificar la extensión del descubrimiento: cámaras, fuentes y mausoleos se extenderían, según los resultados, bajo la ciudad imperial. También se percibe en las imágenes del radar que el túnel encontrado se comunica en línea recta con Kuricanch, con Marcahuasi (convento de Santa Catalina), con el templo del Inca Huiracocha (la Catedral), el Palacio de Huáscar, el templo de Capac (Colcampata) y Huamanca. Es decir, fue una ciudadela solar de máxima importancia, pues los templos tienen una perfecta alineación astronómica.

FUENTE 3 (AUDIO): Este informe se basa en un artículo que apareció en la revista *Ecos*.

Directions: The following question is based on the accompanying Sources 1–3. The sources include both print and audio material. First, you will have 7 minutes to read the printed material. Afterward, you will hear the audio material; you should take notes while you listen. Then, you will have 5 minutes to plan your response and 40 minutes to write your essay. Your essay should be at least 200 words in length.

This question is designed to test your ability to interpret and synthesize different sources. Your essay should use information from the sources to support your ideas. You should refer to ALL of the sources. As you refer to the sources, cite them appropriately. Avoid simply summarizing the sources individually.

Instrucciones: La pregunta siguiente se basa en las Fuentes 1–3. Las fuentes comprenden material tanto impreso como auditivo. Primero, dispondrás de 7 minutos para leer el material impreso. Después, escucharás el material auditivo; debes tomar apuntes mientras escuchas. Entonces, tendrás 5 minutos para organizar tus ideas y 40 minutos para escribir tu ensayo. El ensayo debe tener una extensión mínima de 200 palabras.

Esta pregunta se diseñó para medir tu capacidad de interpretar y sintetizar varias fuentes. Tu ensayo debe utilizar información de las fuentes que apoye tus ideas. Debes referirte a TODAS las fuentes. Al referirte a las fuentes, cítalas apropiadamente. Evita simplemente resumir las fuentes individualmente.

¿Qué importancia tiene la promoción de la lectura en la sociedad de hoy?

FUENTE 1: Este artículo apareció en la revista *Ecos*.

¿Libros o refrescos?

Hay máquinas en el metro que venden refrescos. Otras venden tabaco, y también hay máquinas que ofrecen patatas fritas, pequeños dulces, chicles y caramelos. Pero, ¿ha visto usted alguna vez una máquina que, por unos cuantos euros, le venda un libro?

El Metro de Barcelona ha llegado a un acuerdo con la editorial "Suma de Letras" para instalar, en vestíbulos, andenes y pasillos, máquinas automáticas de venta de libros de bolsillo. Los libros pertenecen a la colección "Punto de Lectura", que incluye títulos tan conocidos y exitosos como "La carta esférica", de Arturo Pérez-Reverte, o "La fiesta del chivo", de Mario Vargas Llosa.

Hay libros para todos los gustos. Se puede comprar un libro de José Saramago o uno del "Club de la Comedia". Eso sí, todos los títulos que encontrará están escritos o traducidos al castellano o al catalán. De momento, hay ocho máquinas expendedoras de libros, pero a lo mejor cunde la idea y se populariza la venta de "alimentos para el alma".

FUENTE 2: Este artículo apareció en la edición electrónica del periódico madrileño *El Mundo*.

¡eureka!, la primera revista gratuita de divulgación científica, saldrá mensualmente a las calles de Barcelona

de Charo Marcos

Madrid.— *¡eureka!,* la primera revista gratuita de divulgación científica y humanística, salió el lunes por la tarde a las calles de Barcelona. Se trata de una publicación mensual sin ánimo de lucro que tratará de acercar temas de cultura general de forma "amena, atractiva y entretenida". Detrás de esta publicación está Ovnis Cellula, una ONG[1] vinculada a la Universidad de Barcelona que pretende "impulsar la comunicación pública de la ciencia en todos sus estilos y formas". *¡eureka!* es su apuesta más ambiciosa para la divulgación social de la ciencia y la cultura.

El equipo responsable de *¡eureka!* es un grupo de jóvenes científicos y humanistas que combinan la investigación y la docencia con su vocación de dar a conocer más sobre la ciencia. Al frente del proyecto se encuentran Héctor Ruiz y Jesús Hernán. En esta iniciativa también colabora la Asociación para la Difusión de las Humanidades.

La publicación tendrá unas 52 páginas, de las que el 5%, aproximadamente, serán publicidad. "Una proporción muy baja porque, pese a que no es comercial, buscamos que se automantenga", explica Héctor Ruiz. Con una tirada inicial de 100.000 ejemplares, *¡eureka!* se distribuirá mensualmente en las estaciones de metro y las zonas de paso de más afluencia en el área metropolitana de Barcelona. La revista llegará a la calle por la tarde. "Queremos cubrir el regreso de la gente de sus trabajos, que se la lleven a casa, porque es una revista para guardar", subraya Ruiz.

La publicación está redactada en catalán y español aunque de momento predomina el castellano, también hay artículos en los que se utilizan las dos lenguas. La revista cuenta además con una página web dedicada a la cultura desde la que los lectores podrán acceder a contenidos ampliados, nuevos artículos, concursos y propuestas. Además, los seguidores de *¡eureka!* podrán enviar sus propios artículos de divulgación que después serán publicados en la edición de papel de la revista.

---

[1]*ONG: Organización que no depende del gobierno y no espera ganancias económicas*

FUENTE 3 (AUDIO): Este informe está basado en el artículo "Ejemplo mundial. En pocos años Colombia desarrolló una de las redes de bibliotecas públicas más importantes del Tercer Mundo". Fue difundido por la revista colombiana *Semana*.

Directions: The following question is based on the accompanying Sources 1–3. The sources include both print and audio material. First, you will have 7 minutes to read the printed material. Afterward, you will hear the audio material; you should take notes while you listen. Then, you will have 5 minutes to plan your response and 40 minutes to write your essay. Your essay should be at least 200 words in length.

This question is designed to test your ability to interpret and synthesize different sources. Your essay should use information from the sources to support your ideas. You should refer to ALL of the sources. As you refer to the sources, cite them appropriately. Avoid simply summarizing the sources individually.

Instrucciones: La pregunta siguiente se basa en las Fuentes 1–3. Las fuentes comprenden material tanto impreso como auditivo. Primero, dispondrás de 7 minutos para leer el material impreso. Después, escucharás el material auditivo; debes tomar apuntes mientras escuchas. Entonces, tendrás 5 minutos para organizar tus ideas y 40 minutos para escribir tu ensayo. El ensayo debe tener una extensión mínima de 200 palabras.

Esta pregunta se diseñó para medir tu capacidad de interpretar y sintetizar varias fuentes. Tu ensayo debe utilizar información de las fuentes que apoye tus ideas. Debes referirte a TODAS las fuentes. Al referirte a las fuentes, cítalas apropiadamente. Evita simplemente resumir las fuentes individualmente.

¿Cuál es la importancia de promover, a una edad temprana, el interés de los jóvenes por la ciencia?

FUENTE 1: Este artículo apareció en la revista *Ecos*.

Papalote: Aprender y disfrutar

Papalote, el museo interactivo para niños en Ciudad de México, cumplió diez años. Durante este tiempo, más de doce millones de niños aprendieron a ver por los ojos de un delfín, entraron a un hormiguero gigante, o elaboraron su propio programa de televisión; es decir, disfrutaron de algunas de las 300 propuestas interactivas de Papalote.

El nombre de este museo, papalote, es una acertada elección. La palabra es indígena (náhuatl) y significa "mariposa". Pero por extensión, el término papalote en México quiere decir cometa.

A la entrada de este museo educativo hay un cartel con la siguiente frase: "Aquí está prohibido no tocar". Y se trata precisamente de eso: aprender tocando y jugando. Con motivo de su décimo cumpleaños, Papalote inauguró una pantalla esférica gigante. En esta pantalla se proyectan películas sobre el cielo y las estrellas. Los astros se ven tan reales y cercanos, que el comentario a la salida es invariablemente: ¡padrííísimo!, ¿no?

UNIT III

FUENTE 2: Este artículo apareció en la revista *Américas* publicada en Estados Unidos.

Un museo con pulso de vida: el parque de la Ciencia

Un centro interactivo de Río de Janeiro permite a los visitantes explorar múltiples aspectos de la ciencia y continúa la tradición de los innovadores programas de salud pública.

de Joyce Gregory Wyels

Un soleado sábado, grupos de escolares trepan a bordo de un tren en miniatura que los transporta por una selva tropical, pasando por un rosado castillo morisco, hasta una caballeriza. Allí siguen las travesuras de una tarántula, atentamente observan por un microscopio las células de sus propias mejillas y se encaraman a la réplica de una "célula vegetal" de hierro y plástico aumentada cuatro millones de veces, mientras aprenden sobre varias formas de vida. "Queremos que aprecien la belleza de la biodiversidad", dice su guía Christina Castro.

En la siguiente parada, los niños exploran coloridos instrumentos que se encuentran al aire libre. Un joven dibuja espirales con un remo alrededor de un poste, mientras los otros pedalean en bicicletas fijas o miran absortos cómo una hoja seca de repente se prende fuego. El lugar es una especie de parque temático, pero en este caso el tema es la ciencia, y los niños disfrutan de una introducción práctica a los conceptos de transformación y transmisión de energía.

No es por casualidad que en ese entorno todo sea móvil, dinámico y cargado de energía, indefinido e interrelacionado. Tampoco es una sorpresa que los niños respondan con entusiasmo a los múltiples estímulos. "Los jóvenes están abiertos a nuevas experiencias", dice la bióloga y educadora Paula Bonatto mientras supervisa el experimento de la hoja. "La ciencia los ayuda a satisfacer su curiosidad".

En el Parque de la Ciencia, los niños que retozan en lo que parece ser un patio de juegos disfrutan, en realidad, de una introducción informal a la energía de onda y otros conceptos. "Se trata de miremos y hablemos de esto", dice Paula Bonatto. "El poste con piezas móviles está pensado para demostrar la organización de las cosas en la naturaleza. Las ondas no son siempre lineares. ¿Sabías que los huracanes son manifestaciones de ondas retorcidas?" Desde esta simple observación, Bonatto pasa a describir la forma del ADN. Los niños que visitan el museo muestran un entendimiento mucho mayor de conceptos sofisticados relacionados con estos fenómenos.

FUENTE 3 (AUDIO): Esta es una entrevista publicada en la revisita colombiana *Semana*. El título es "Hay que perderle el miedo a la ciencia".

Directions: The following question is based on the accompanying Sources 1–3. The sources include both print and audio material. First, you will have 7 minutes to read the printed material. Afterward, you will hear the audio material; you should take notes while you listen. Then, you will have 5 minutes to plan your response and 40 minutes to write your essay. Your essay should be at least 200 words in length.

This question is designed to test your ability to interpret and synthesize different sources. Your essay should use information from the sources to support your ideas. You should refer to ALL of the sources. As you refer to the sources, cite them appropriately. Avoid simply summarizing the sources individually.

Instrucciones: La pregunta siguiente se basa en las Fuentes 1–3. Las fuentes comprenden material tanto impreso como auditivo. Primero, dispondrás de 7 minutos para leer el material impreso. Después, escucharás el material auditivo; debes tomar apuntes mientras escuchas. Entonces, tendrás 5 minutos para organizar tus ideas y 40 minutos para escribir tu ensayo. El ensayo debe tener una extensión mínima de 200 palabras.

Esta pregunta se diseñó para medir tu capacidad de interpretar y sintetizar varias fuentes. Tu ensayo debe utilizar información de las fuentes que apoye tus ideas. Debes referirte a TODAS las fuentes. Al referirte a las fuentes, cítalas apropiadamente. Evita simplemente resumir las fuentes individualmente.

Las tradiciones, las comidas y los monumentos, son parte de la cultura de los pueblos. ¿Debemos hacer un esfuerzo por conservarlos? Explica tu respuesta.

FUENTE 1: Este artículo, "Cuando hay buena cultura, hay buena comida", de Ana Laura Valle, apareció en la revista *Geomundo*.

Cuando hay buena cultura, hay buena comida

de Ana Laura Valle

Don Rafael Ansón, presidente de la Academia Española de Gastronomía, gran amante de México por su tradición, cultura y gastronomía, estuvo de visita en la ciudad de México con motivo de la apertura de la Academia Mexicana de Gastronomía fundada con el respaldo de la Academia Española. Ansón, junto con algunos personajes mexicanos, estuvo trabajando en la consolidación de esta institución, para que formara parte de la Academia Internacional, a la cual pertenecían 23 países. La creación de este organismo pretende que México se incorpore a las naciones que poseen una cocina popular, tradicional y anónima. Ansón comenta que México es el único país de América en donde se puede encontrar una diversidad extensa de cocinas, ya que cambian de región en región porque es un pueblo que demostró que antes de la Conquista disponía de cultura excepcional, y cuando hay una buena cultura, hay buena comida.

Las academias de gastronomía, al igual que las destinadas a las artes y a la lengua, se fundan para mantener las creaciones y las obras que la humanidad ha hecho a lo largo de la historia. Ansón opina que es tan importante conservar una catedral gótica, como una obra maestra de la cocina, ya que el ser humano ha hecho un esfuerzo por convertir los alimentos en estado puro en obras culinarias.

La formación de academias empezó con la española. De ahí se consolidó la internacional, incorporándose a este proyecto Francia e Inglaterra; hoy en día, se compone de 21 países más. Actualmente, la mexicana es una de las cuatro que funcionan con mayor eficacia en el mundo y tiene una serie de proyectos muy importantes, como la creación de los Premios Nacionales de Gastronomía al mejor jefe de cocina.

FUENTE 2: Este artículo apareció en el suplemento de periódicos *El Cultural* publicado en España.

"La Patum de Berga", declarada Patrimonio Oral e Inmaterial de la Humanidad

La UNESCO ha proclamado a La Patum de Berga Obra Maestra del Patrimonio Oral e Inmaterial de la Humanidad. El Jurado internacional, compuesto por dieciocho miembros, ha aceptado 43 de las 64 candidaturas presentadas por países de todo el mundo entre las que España había presentado, además la candidatura del flamenco. Tras la decisión adoptada hoy por la UNESCO, España cuenta con dos declaraciones de Patrimonio Oral e Inmaterial de la Humanidad.

Esta proclamación se otorga a aquellas creaciones que destacan entre las de una comunidad cultural y que, fundadas en la tradición, responden a las expectativas de la comunidad en cuanto a expresión de su identidad cultural y social. La "Patum" es una fiesta que se celebra en la localidad de Berga (Barcelona) y procede del teatro popular religioso de la Edad Media. En su evolución, fue separándose de esta tradición y convirtiéndose en una fiesta pagana. El vocablo Patum nació de la onomatopeya del sonido del Tabal, instrumento de percusión con el que los bergadanos de la época acompañaban su repique.[1] En la Patum se condensan todos los elementos que definen el teatro ritual y la fiesta, representando igualmente formas de teatro medieval que continúan estando vivas a través de la fiesta.

---

[1]*repique: sonido*

FUENTE 3 (AUDIO): Este informe está basado en el "Patrimonio en descuido", artículo de Alex Batista que apareció en el periódico dominicano *El Caribe*.

Directions: The following question is based on the accompanying Sources 1–3. The sources include both print and audio material. First, you will have 7 minutes to read the printed material. Afterward, you will hear the audio material; you should take notes while you listen. Then, you will have 5 minutes to plan your response and 40 minutes to write your essay. Your essay should be at least 200 words in length.

This question is designed to test your ability to interpret and synthesize different sources. Your essay should use information from the sources to support your ideas. You should refer to ALL of the sources. As you refer to the sources, cite them appropriately. Avoid simply summarizing the sources individually.

Instrucciones: La pregunta siguiente se basa en las Fuentes 1–3. Las fuentes comprenden material tanto impreso como auditivo. Primero, dispondrás de 7 minutos para leer el material impreso. Después, escucharás el material auditivo; debes tomar apuntes mientras escuchas. Entonces, tendrás 5 minutos para organizar tus ideas y 40 minutos para escribir tu ensayo. El ensayo debe tener una extensión mínima de 200 palabras.

Esta pregunta se diseñó para medir tu capacidad de interpretar y sintetizar varias fuentes. Tu ensayo debe utilizar información de las fuentes que apoye tus ideas. Debes referirte a TODAS las fuentes. Al referirte a las fuentes, cítalas apropiadamente. Evita simplemente resumir las fuentes individualmente.

¿Cuál es la importancia de contribuir al bienestar de los menos afortunados en la sociedad?

FUENTE 1: Este artículo apareció en la revista *Ecos*.

Familias paraguas en Navidad

La Navidad nos recuerda la paz y la solidaridad, que durante el año parecen estar escondidas.
Sin embargo, hay organizaciones, como la Fundación Infantil gallega Meniños, que son
solidarias durante todo el año. Ellos han puesto en marcha dos campañas. En colaboración con
la Comunidad de Madrid, trabajan para que los niños que por distintas circunstancias están
solos (no huérfanos) puedan disfrutar de una acogida temporal en otra familia. Mientras sus
padres superan la mala racha (económica, psicológica…) ellos reciben la protección y el cariño
de una familia. Es el programa "Familias-Paraguas". En un año, 28 niños han recibido ayuda.

La segunda campaña es todavía más arriesgada; bajo el lema "Se buscan abrazos", la
Fundación intenta que niños y adolescentes en situaciones especiales (mayores de ocho años,
grupos de hermanos, niños con alguna deficiencia física o psíquica…) encuentren una familia
dispuesta a acogerlos temporalmente o a adoptarlos. Desde 1999, han sido atendidos
166 niños y adolescentes. Hoy, entre las 79 familias que han colaborado en el proyecto,
se reparten 87 niños que disfrutan, gracias a ellas, de un nuevo futuro.

Si desean obtener más información o quieren colaborar, diríjanse a www.meninos.org; también
les atenderán en el teléfono 0034 902 22 07 07.

FUENTE 2: Este artículo apareció en la revista *Ecos*.

Vivir en compañía

Estudiar supone para muchos jóvenes tener que buscar un alojamiento en una nueva ciudad.
Encontrar una habitación accesible no es tarea fácil.

Por otra parte, en España, cada día hay más ancianos que viven solos y aislados. El proyecto
"abuelos adoptivos" quiere solucionar estos dos problemas. ¿Cómo?, pues facilitando a los
estudiantes una vivienda en la casa de una persona mayor. El joven debe comprometerse a
respetar a su nuevo "abuelo" y a ayudarle en las tareas cotidianas, mientras que el anciano
facilitará una habitación adecuada a su nieto "adoptivo". Dependiendo del municipio en que
se encuentre la vivienda, las condiciones de convivencia son diferentes, así que si están
interesados en vivir esta experiencia pueden dirigirse a la Universidad o a la Concejalía de
Asuntos Sociales del municipio que elijan.

Esta iniciativa no tiene únicamente un sentido práctico; la idea es crear un compromiso
solidario de los jóvenes con los mayores.

Directions: The following question is based on the accompanying Sources 1–3. The sources include both print and audio material. First, you will have 7 minutes to read the printed material. Afterward, you will hear the audio material; you should take notes while you listen. Then, you will have 5 minutes to plan your response and 40 minutes to write your essay. Your essay should be at least 200 words in length.

This question is designed to test your ability to interpret and synthesize different sources. Your essay should use information from the sources to support your ideas. You should refer to ALL of the sources. As you refer to the sources, cite them appropriately. Avoid simply summarizing the sources individually.

Instrucciones: La pregunta siguiente se basa en las Fuentes 1–3. Las fuentes comprenden material tanto impreso como auditivo. Primero, dispondrás de 7 minutos para leer el material impreso. Después, escucharás el material auditivo; debes tomar apuntes mientras escuchas. Entonces, tendrás 5 minutos para organizar tus ideas y 40 minutos para escribir tu ensayo. El ensayo debe tener una extensión mínima de 200 palabras.

Esta pregunta se diseñó para medir tu capacidad de interpretar y sintetizar varias fuentes. Tu ensayo debe utilizar información de las fuentes que apoye tus ideas. Debes referirte a TODAS las fuentes. Al referirte a las fuentes, cítalas apropiadamente. Evita simplemente resumir las fuentes individualmente.

¿Es necesario proteger el medio ambiente a cualquier costo?

FUENTE 1: Este artículo apareció en la revista *Ecos*.

Bolivia: Nuevas especies en las Yungas

Siete especies de animales se han descubierto en la selva boliviana: dos ranas, dos serpientes, dos sapos y un lagarto acaban de ser registrados, según informó el biólogo tropical, Michael Harvey, experto en anfibios y reptiles bolivianos de la Universidad de Florida.

Las Yungas son una zona de Bolivia que se encuentra entre unos 1.500 y 2.500 metros de altura y que se extiende desde el lado este de los Andes, en la frontera entre Perú y Bolivia, hasta el centro del país. Bolivia se caracteriza por su variedad climática. Hay fundamentalmente tres zonas dependiendo de la altitud: las llanuras tropicales, los valles y las yungas, y el Altiplano, de vientos helados.

Hace dos años, los estudiantes de las universidades de Oxford, de Glasgow y la universidad Mayor San Simón de Bolivia decidieron adentrarse en esta zona de valles y montañas en la ladera este de los Andes. La selva tropical escondía en los valles especies desconocidas. El director de la expedición, Ross MacLeod, se mostraba encantado, especialmente con ranas y sapos. "El 15% de los sapos de este sitio no se encuentran en ninguna otra parte del mundo", dice.

Tras haber comprobado la riqueza de la fauna boliviana, se trata ahora de protegerla. Las compañías madereras y los agricultores son los grandes depredadores del lugar; MacLeod mantiene la confianza: "Esperamos que las agencias de conservación de Bolivia utilicen esta información para desarrollar un plan en la Zona".

FUENTE 2: Este artículo fue publicado en la revista *Ecos*.

Tragedia ecológica en Chile: Mueren cisnes en reserva natural

por Hernán Neira

Durante los últimos meses, cientos de cisnes de cuello negro (Cygnus melancoryphus) han muerto en la reserva ecológica llamada Santuario de la Naturaleza Carlos Anwandter, en la provincia de Valdivia, al sur de Chile. El santuario está protegido ambientalmente por la legislación chilena, tiene una superficie de 50.000 hectáreas, y su importancia radica en que es el principal punto de nidificación de dicha especie de cisnes en América del Sur. El área, además, está reconocida por diversas convenciones internacionales por constituir un sistema ecológico húmedo único en el mundo, donde se refugian miles de aves acuáticas.

La población de cisnes ha disminuido trágicamente, y muchos de los que quedan vivos registran señales de descoordinación neurológica y desnutrición. Otros han emigrado a lagunas o estuarios donde jamás se había visto ese tipo de aves. Hay indicios de que la causa de las muertes es provocada por la empresa Celulosa Arauco y Constitución, que hace poco menos de un año se instaló en la ribera norte del humedal. La fábrica produce celulosa "kraft" blanqueada, base de la fabricación de papel. Para su proceso, la fábrica extrae agua de ríos cercanos al humedal, y la devuelve al humedal con residuos industriales.

La situación es tan grave, que la investigación no pudo realizarse por completo. Estaba previsto analizar huevos, pero, a diferencia de otros años, esta primavera las aves no anidaron en el humedal, y no fue posible encontrar ni un solo huevo. Los cisnes son sólo la última parte de una cadena que se encuentra destruida; si mueren, es porque todo un sistema ecológico ha muerto previamente. De hecho, el río ha cambiado de color, pues al haber muerto las algas, el agua arrastra muy lentamente el fondo de tierra. También la población humana se ha visto afectada: hay olores nauseabundos, la gente padece dolores de cabeza y vómitos. Por ello, algunos habitantes de San José de la Mariquina, el pueblo más cercano, han abandonado la zona.

Cierre temporal de la fábrica

Ante la presión de los habitantes —para quienes los cisnes son un símbolo de la región—, el Gobierno chileno anunció que adoptará medidas para solucionar el problema. Entre ellas figura la reubicación y alimentación de los cisnes que se encuentran débiles, crear una Reserva Nacional y desarrollar una segunda investigación para determinar la calidad ambiental del humedal. Respecto a la contaminación, la decisión más importante es ampliar el control de la planta de Celulosa Arauco y Constitución, pero también controlar más el turismo y la agricultura, que también pueden incidir en el desastre. El 19 de enero, además, el Gobierno clausuró la planta hasta que sean corregidas las irregularidades.

FUENTE 3 (AUDIO): Este informe está basado en un artículo de la revista *Ecos*.

Directions: The following question is based on the accompanying Sources 1–3. The sources include both print and audio material. First, you will have 7 minutes to read the printed material. Afterward, you will hear the audio material; you should take notes while you listen. Then, you will have 5 minutes to plan your response and 40 minutes to write your essay. Your essay should be at least 200 words in length.

This question is designed to test your ability to interpret and synthesize different sources. Your essay should use information from the sources to support your ideas. You should refer to ALL of the sources. As you refer to the sources, cite them appropriately. Avoid simply summarizing the sources individually.

Instrucciones: La pregunta siguiente se basa en las Fuentes 1–3. Las fuentes comprenden material tanto impreso como auditivo. Primero, dispondrás de 7 minutos para leer el material impreso. Después, escucharás el material auditivo; debes tomar apuntes mientras escuchas. Entonces, tendrás 5 minutos para organizar tus ideas y 40 minutos para escribir tu ensayo. El ensayo debe tener una extensión mínima de 200 palabras.

Esta pregunta se diseñó para medir tu capacidad de interpretar y sintetizar varias fuentes. Tu ensayo debe utilizar información de las fuentes que apoye tus ideas. Debes referirte a TODAS las fuentes. Al referirte a las fuentes, cítalas apropiadamente. Evita simplemente resumir las fuentes individualmente.

La lucha de los indígenas en muchas partes del mundo continúa hasta nuestros días. ¿Les debe algo la sociedad a los grupos indígenas por el tratamiento que recibieron en el pasado?

FUENTE 1: Este artículo apareció en la revista *Ecos*.

Mapuches en pie de guerra

El millón y medio de habitantes mapuches de Chile han vuelto a ponerse en pie de guerra para reclamar sus derechos ancestrales. Durante la pasada dictadura del general Augusto Pinochet, los mapuches sufrieron una nueva usurpación de sus tierras cuando se dispuso el fraccionamiento de casi 1.800 comunidades y se les prohibió hacer uso del derecho indígena de herencia territorial. Hilario Huirilef, consejero de la Corporación Nacional de Desarrollo Indígena, ha declarado a la prensa recientemente: "Contemplamos endurecer nuestra lucha contra los invasores si en cuatro o cinco años no se resuelven nuestros problemas".

En los últimos meses se han registrado enfrentamientos entre los aborígenes y las fuerzas de seguridad del gobierno chileno, especialmente en Temuco, capital de la Araucanía, y en otras ciudades como Ralco, Ercilla o Tirua. Los mapuches realizan actualmente protestas públicas para defender las reivindicaciones expuestas ya ante la Organización de las Naciones Unidas, las cuales son, básicamente: el autogobierno de una amplia región al sur del río Bío Bío, el norte de la región de Los Lagos, y la Araucanía.

Actualmente, varias empresas madereras instaladas en las zonas citadas están acabando con los bosques nativos, y la construcción de una central hidroeléctrica en Ralco, en el cauce del Bío Bío, amenaza con inundar cientos de hectáreas habitadas antaño por los indígenas.

FUENTE 2: Este artículo apareció en la revista *Ecos*.

Congreso indígena en defensa de sus derechos

Para defender sus derechos, más de 50.000 indígenas colombianos de la región del Cauca comenzaron una marcha de protesta hasta la ciudad de Cali, al suroeste del país. Esta marcha pacífica, que recorrió más de cien kilómetros de la carretera Panamericana, se convirtió en un congreso que iba de lugar a lugar y que se denominó Primer Congreso Indígena y Popular, y tuvo como lema "Minga por la vida, la justicia, la alegría, la libertad y la autonomía". Para los indígenas, "minga" significa "reunión de la comunidad para conseguir un propósito".

Los indígenas denunciaron la situación de emergencia en que se encuentra el país, que, según ellos, deriva de la estrategia neoliberal y de la globalización. Para ello, en el congreso se decidió desarrollar una serie de acciones que lleven a la convocatoria de un referendo popular sobre la conveniencia de la firma del Tratado de Libre Comercio con Estados Unidos.

Frente al conflicto armado que vive Colombia, los indígenas pidieron que se respetasen los derechos humanos y la salida de los grupos armados de sus territorios. Además, pidieron el reconocimiento de su guardia indígena como fuerza popular nacional e internacional de paz.

FUENTE 3 (AUDIO): Este informe está basado en un artículo del diario *Prensa Libre de Guatemala*.

UNIT III

Directions: The following question is based on the accompanying Sources 1–3. The sources include both print and audio material. First, you will have 7 minutes to read the printed material. Afterward, you will hear the audio material; you should take notes while you listen. Then, you will have 5 minutes to plan your response and 40 minutes to write your essay. Your essay should be at least 200 words in length.

This question is designed to test your ability to interpret and synthesize different sources. Your essay should use information from the sources to support your ideas. You should refer to ALL of the sources. As you refer to the sources, cite them appropriately. Avoid simply summarizing the sources individually.

Instrucciones: La pregunta siguiente se basa en las Fuentes 1–3. Las fuentes comprenden material tanto impreso como auditivo. Primero, dispondrás de 7 minutos para leer el material impreso. Después, escucharás el material auditivo; debes tomar apuntes mientras escuchas. Entonces, tendrás 5 minutos para organizar tus ideas y 40 minutos para escribir tu ensayo. El ensayo debe tener una extensión mínima de 200 palabras.

Esta pregunta se diseñó para medir tu capacidad de interpretar y sintetizar varias fuentes. Tu ensayo debe utilizar información de las fuentes que apoye tus ideas. Debes referirte a TODAS las fuentes. Al referirte a las fuentes, cítalas apropiadamente. Evita simplemente resumir las fuentes individualmente.

La obra de un autor o una autora ¿es un reflejo de sus experiencias personales? Explica tu respuesta.

Antonio Machado

por Miguel Ibáñez

Durante algunos años se ha visto a Antonio Machado como un poeta de izquierdas. Sin duda, don Antonio fue un gran poeta, y también fue un hombre de izquierdas, pero no exactamente un poeta social. La aparente sencillez de su lenguaje, el uso ocasional de palabras campesinas, y el manejo de la rima consonante y de estrofas que sonaban tradicionales, pueden provocar la ilusión de que Antonio Machado fue un poeta fácil. Pero lo cierto es que Machado fue uno de los escritores españoles que más se han preocupado por los aspectos formales de su escritura. Además de eso, los temas que trata Machado, desde sus rincones provincianos, son los mismos que preocupan a la literatura europea más interesante de su época: el tiempo, la identidad del "yo", la estructura de la realidad.

Nace el poeta en Sevilla, en 1875, dentro de una familia de tradición liberal. Su padre, que fue un famoso folclorista, estuvo vinculado a la Institución Libre de Enseñanza, el primer intento de educación moderna en España. En esta misma institución hace el poeta sus primeros estudios, y algunas de sus ideas principales vienen de aquella especie de apostolado progresista: el interés por el paisaje y la naturaleza, su rechazo del señorito, el rentista, y otros personajes vagos que andan por los casinos de las ciudades españolas, su liberalismo republicano y su religiosidad basada en la intimidad de una conciencia que interroga y duda, antes que en las certezas oficiales de ninguna iglesia.

El padre de Antonio muere siendo el poeta aún joven, y las dificultades económicas que atraviesa la familia le hacen abandonar los estudios. Sólo a los veinticinco años, en 1900, alcanzará Antonio el grado de bachiller. Por esas fechas, y ya en Madrid, publica sus primeras colaboraciones en las revistas literarias, se relaciona con Rubén Darío, Unamuno, Valle-Inclán, viaja a París (la peregrinación de todo poeta español de aquella época que se apreciara a sí mismo), disfruta de los encantos de la vida bohemia junto con su hermano Manuel, también poeta, y publica su primer libro, "Soledades", en 1903. Más tarde sacará una segunda versión mejorada y ampliada al mismo tiempo. Ese libro es más apreciado hoy que entonces. Machado es todavía un poeta "modernista", y así se le ve en aquella época.

El año de 1912 será importante también en la vida del poeta por otras razones, más trágicas. Su esposa Leonor, una muchacha diecinueve años más joven que él, con la que se había casado tres años antes, muere de tuberculosis. De pronto, Soria se le hace dolorosa. Todo en esta ciudad le recuerda a Leonor, y solicita el traslado al otro extremo de España. Ese mismo año se va a Baeza, en Andalucía.

Al fin, en 1919 consigue volver a Castilla, esta vez a Segovia. Allí, cerca de Madrid, lleva una vida tranquila, como la que llevaba en Soria, pero ya es un poeta más que conocido, y los reclamos de la sociedad literaria son inevitables: da charlas, escribe, es nombrado miembro de la Real Academia de la Lengua, aunque nunca llegó a tomar posesión; y publica "Nuevas Canciones" en 1924. Además conoce a una nueva mujer a la que llama en sus poemas Guiomar. Esta mujer será su último gran amor.

FUENTE 2: Este artículo apareció en la revista *Ecos*.

Natalia Toledo: poetisa en español y zapoteco

"La poesía de Natalia es suave como su mirada, redonda como sus hombros, demandante como sus labios, rizada como las olas que coronan su cabeza", afirma la escritora y periodista mexicana Elena Poniatowska. Estos elogios se dirigen a Natalia Toledo Paz, poetisa mexicana bilingüe, que escribe en español y zapoteco. Natalia Toledo nació en 1967 en Juchitán, Oaxaca, y es hija del pintor mexicano Francisco Toledo. Los primeros años de su vida los pasó en Juchitán, en el istmo de Tehuantepec. Allí creció feliz, paseando descalza por las polvorientas calles. Y fue en esas mismas calles donde la poetisa adquirió, de mano de las combativas mujeres juchitecas, gran parte de su sabiduría.

Más tarde, se trasladó con su padre a México D.F., lugar donde todavía reside. A pesar de vivir en una de las ciudades más grandes del mundo, Natalia Toledo no ha dejado nunca de sentirse unida a su tierra de origen y a su gente. Por ello, se dedica a combinar la difusión de la cocina del istmo de Tehuantepec con la actividad literaria. Natalia Toledo escribe unos poemas en los que transmite la emoción que siente por su Juchitán natal. Además, escribe en sus dos idiomas, español y zapoteco, por lo que la poetisa se ha convertido en una de las voces autorizadas que se levantan a favor de la preservación de las lenguas indígenas. A ella le gusta escribir en zapoteco; dicen los que han escuchado este idioma que es una lengua muy melódica. Y es probablemente por ello, por la musicalidad del zapoteco, por lo que los poemas de Natalia Toledo no son abusivos en el uso de metáforas y figuras literarias. "Recorre al mundo cotidiano y lo asume, observa, siente, respira, suda. No inventa nombres, hace instantáneas con palabras y es discreta con las metáforas", dice Elena Poniatowska.

Su segundo libro de poesías lleva por título "Mujeres de Sol – Mujeres de Oro". En él, Natalia Toledo tomó como protagonistas a las mujeres de su tierra y sus oficios: las vendedoras, las curanderas, las cantantes, las comadronas, las niñas... Se dice que en Juchitán las mujeres son las que mantienen el poder, porque ellas saben cómo afrontar las situaciones con más certeza que los hombres. "Por ser mujer, Natalia las comprende, y todas las mujeres de este mundo pueden aspirar a hallarse en sus poemas", dice Elena Poniatowska. Asimismo, es la misma Natalia Toledo quien reconoce que su poesía es íntima y personal.

Natalia (poetisa y cocinera)
Hay días en que amanezco hermosa
y no me es posible
cumplir con el rostro iluminado,
entonces tengo que emborracharme,
porque jamás he soportado ser bella.

Y su versión en zapoteco:

Natalia (gunaa rucaa diidxa li ne rutoo guendaró)
Nuu dxi rirayá' gueela' nua' sicarú
ne qui rizaaladxe' guuya guzaani' lua'
ni runetiá rixudxe'
naa qui huayuu dxí chualaadxe'
gaca' sicarú.

FUENTE 3 (AUDIO): Esta entrevista está basada en un artículo de la revista *Ecos*.

Directions: The following question is based on the accompanying Sources 1–3. The sources include both print and audio material. First, you will have 7 minutes to read the printed material. Afterward, you will hear the audio material; you should take notes while you listen. Then, you will have 5 minutes to plan your response and 40 minutes to write your essay. Your essay should be at least 200 words in length.

This question is designed to test your ability to interpret and synthesize different sources. Your essay should use information from the sources to support your ideas. You should refer to ALL of the sources. As you refer to the sources, cite them appropriately. Avoid simply summarizing the sources individually.

Instrucciones: La pregunta siguiente se basa en las Fuentes 1–3. Las fuentes comprenden material tanto impreso como auditivo. Primero, dispondrás de 7 minutos para leer el material impreso. Después, escucharás el material auditivo; debes tomar apuntes mientras escuchas. Entonces, tendrás 5 minutos para organizar tus ideas y 40 minutos para escribir tu ensayo. El ensayo debe tener una extensión mínima de 200 palabras.

Esta pregunta se diseñó para medir tu capacidad de interpretar y sintetizar varias fuentes. Tu ensayo debe utilizar información de las fuentes que apoye tus ideas. Debes referirte a TODAS las fuentes. Al referirte a las fuentes, cítalas apropiadamente. Evita simplemente resumir las fuentes individualmente.

¿Qué aspectos contribuyen a la creación de la comida que distingue una cultura? Explica tu respuesta.

FUENTE 1: Este artículo apareció en la revista *Nexos* publicada en Estados Unidos.

Embrujo en las ollas

Marjorie Ross, de Costa Rica, es una galardonada escritora de varios libros sobre cocina latinoamericana.

El arte de sazonar es un saber antiguo, originado en la prehistoria. Los condimentos han tenido, desde entonces, momentos de gran esplendor y épocas de olvido. Se cree que fue en el Extremo Oriente donde se originaron las especias más valiosas: la canela, el jengibre y los clavos. La dificultad para adquirirlas las convirtió, incluso, en materiales preciosos. Tanto así que hasta se anotaban en los testamentos como herencia muy preciada. No olvidemos que llegaron a ser tan importantes como para que el Gran Navegante Cristóbal Colón se lanzara al descubrimiento del Nuevo Mundo buscando una ruta rápida para llegar a ellas.

Aunque no las halló, sí encontró múltiples plantas que cambiarían para siempre las cocinas europeas. Bernal Díaz del Castillo dejó constancia, por ejemplo, de la admiración que le causó a Hernán Cortés la cantidad de yerbas del jardín de Montezuma; Fray Bernardino de Sahagún detalla en sus escritos los aromáticos condimentos que se encontraban en los mercados aztecas.

De ellos, indudablemente, los más llamativos por la variedad de formas, colores y sabores, eran los chiles, que luego viajarían hasta los más lejanos rincones del planeta. Pero también les causó asombro el delicado sabor de la vainilla.

A los condimentos autóctonos se sumaron los aportes de los conquistadores europeos. De esa mezcla sabrosa surgieron los sofritos que unen en una proporción siempre nueva al prehistórico achiote (bija), con la cebolla, el chile morón y el ajo europeos; y en los que coexisten hojas verdes de ambos continentes. Con variantes nacionales, casi no hay guiso latinoamericano que no lleve algún tipo de sofrito. A su lado, coexisten los moles y chirmoles, que con salsas plenas de gusto y aroma que engalanan un sin fin de recetas de México y Centroamérica.

En cuanto a los postres, rápidamente se casaron canela, clavo y nuez moscada con el perfume de la vainilla y su uso es abundante en arroces con leche, flanes, budines y dulces de frutas.

FUENTE 2: Este artículo apareció en la revista *Américas*, publicada en los Estados Unidos.

Sabor y alma sudamericana

por Jack Robertiello

Cuando Maria Baez Kijac comenzó a trabajar en The South American Table, su épico *tour de force* de las comidas y la cultura de América del Sur, no sabía que se trataba solamente del comienzo de un trabajo de quince años, a lo largo de los cuales el proyecto asumió diversas formas y se expandió, a medida que la cultura norteamericana absorbía las influencias de los nuevos inmigrantes de todo el continente. En esa época, en los Estados Unidos todavía no se conocían las arepas ni las empanadas, y los restaurantes colombianos y argentinos confundían a los comensales anunciándolas como «comida española».

De eso hace tiempo. En una época en que la cultura *yankee* se identifica cada vez más con la salsa y los tamales, el libro de Kijac nos ofrece un histórico volumen que detalladamente delinea los comienzos y la evolución de las diversas culturas gastronómicas de América del Sur, además de muchísimas —450 para ser específico— estupendas recetas.

Pero las recetas sin contexto no son tan interesantes como las que tienen una historia, y Kijac aborda el impacto que ejerce la geografía en los ingredientes y las civilizaciones en las recetas, además de las cambiantes corrientes culinarias traídas por migraciones e invasiones, religiones y tradiciones.

Kijac, instructora de cocina e historiadora culinaria nacida y criada en Quito, Ecuador, se trasladó a Chicago a los veintiún años para ir a la universidad, y terminó quedándose, casándose y criando una familia en las afueras de la ciudad.

Pero en aquel tiempo, no solamente era difícil encontrar los principales ingredientes para los platos sudamericanos (por lo cual un libro de recetas auténticas no era realmente útil), sino que además la cocina internacional casera se limitaba a un pequeño grupo de entusiastas. Incluso la comida francesa parecía exótica para la mayoría de los norteamericanos de esa época, de manera que continuó cocinando, mientras escribía pequeños libros sobre la quinoa y la cocina latinoamericana.

A medida que comenzaron a conseguirse los ingredientes que antes eran difíciles de encontrar, se animó a ahondar en recetas más clásicas, por ejemplo, las que se preparan con choclo.[1] «El choclo que tenemos en los Estados Unidos es demasiado aguado para la mayoría de los platos sobre los que escribo. El choclo sudamericano por lo general es más amiláceo. Ahora que se importa choclo más rústico del Perú y otros países, por ejemplo, es posible preparar correctamente muchos de estos platos, y las recetas reflejan este hecho», dice.

---

[1]*choclo: maíz*

FUENTE 3 (AUDIO): Este reportaje está basado en el artículo titulado "El chile, el condimento mexicano por excelencia", de Laura B. de Caraza Campos. Fue publicado en la revista mexicana *México desconocido*.

Directions: The following question is based on the accompanying Sources 1–3. The sources include both print and audio material. First, you will have 7 minutes to read the printed material. Afterward, you will hear the audio material; you should take notes while you listen. Then, you will have 5 minutes to plan your response and 40 minutes to write your essay. Your essay should be at least 200 words in length.

This question is designed to test your ability to interpret and synthesize different sources. Your essay should use information from the sources to support your ideas. You should refer to ALL of the sources. As you refer to the sources, cite them appropriately. Avoid simply summarizing the sources individually.

Instrucciones: La pregunta siguiente se basa en las Fuentes 1–3. Las fuentes comprenden material tanto impreso como auditivo. Primero, dispondrás de 7 minutos para leer el material impreso. Después, escucharás el material auditivo; debes tomar apuntes mientras escuchas. Entonces, tendrás 5 minutos para organizar tus ideas y 40 minutos para escribir tu ensayo. El ensayo debe tener una extensión mínima de 200 palabras.

Esta pregunta se diseñó para medir tu capacidad de interpretar y sintetizar varias fuentes. Tu ensayo debe utilizar información de las fuentes que apoye tus ideas. Debes referirte a TODAS las fuentes. Al referirte a las fuentes, cítalas apropiadamente. Evita simplemente resumir las fuentes individualmente.

Muchas personas de distintas generaciones opinan acerca de los jóvenes. ¿Cómo puedes responder a las ideas que existen hoy sobre los jóvenes?

Jóvenes

por Santiago Gamboa

Jóvenes de 13, 14 y 15 años evolucionando entre los escaparates de la *Feria del Libro,* en uniforme, en grupos de cinco o seis, mirando aquí y allá, abriéndose paso entre la selva de títulos y portadas, haciéndose chistes, empujándose y riéndose, llamándose a gritos unos a otros, así los hemos visto estos días, miles de jóvenes asistiendo a charlas y llenando salones de tertulias en Corferias, tomando notas a veces, y otras dormitando o sencillamente mirando los nubarrones y el aguacero cotidiano de los días de abril.

Estos jóvenes, a mí, me conmueven. Los he visto prestarse billetes manoseados para comprar un libro entre dos y, a veces, entre tres e irse luego con él absortos, atesorándolo contra el pecho, en carrerilla rumbo a la siguiente presentación, o coleccionando folletos y haciéndose firmar dedicatorias en cuadernos académicos, felices, mostrándose los trofeos del día, y confieso que al verlos, a centenares o miles de ellos, pienso en lo inútil de todas esas aciagas predicciones sobre el futuro de la cultura, del libro, pero también de las artes, esas voces agoreras que pronostican un progresivo decaimiento del público lector o espectador por la supuesta entrega incondicional de los jóvenes a los computadores y a los videos y a las redes informáticas.

Que la lectura será una actividad minoritaria es algo que no debería sorprender a nadie. Siempre lo ha sido. Baste recordar que antes de la invención de Gutemberg (la imprenta), cada libro era único y sólo de algunos títulos se hacían copias a mano, en las escuelas de copistas de los monasterios, y estos raros ejemplares, a su vez, eran leídos por muy pocos ojos, un porcentaje ya no digamos minoritario sino ínfimo de la sociedad, quienes tenían el privilegio de acceder a ellos y de saber leer, que durante siglos fue algo reservado a espíritus muy selectos.

Hoy un porcentaje elevado de la población sabe leer, y estos jóvenes, que deambulan entre los libros, son ya muy privilegiados, independientemente de las clases sociales y el precio de sus colegios, y lo son porque pueden elegir y porque tienen la cultura para hacerlo, incluso elegir no leer. También se transmiten las taras y los complejos y los vicios, aunque espero, y hago votos por ello, que estos muchachos hermosos, influidos por cualquier buen libro, here- den sobre todo el deseo de cambiar para que algún día seamos de verdad mejores.

UNIT III

FUENTE 2: Este artículo apareció en el periódico español *ABC*.

La soledad de la nueva generación

MADRID. No están ciegos, ni mudos, ni sordos; ni escondidos detrás de una aparente imagen hedonista, alocada, amoral, irresponsable o consumista. Lo cierto es que, en el silencio de una de las etapas más emocionantes de la vida, los adolescentes españoles gritan, como sólo saben hacerlo a su edad, sus aventuras y desventuras, alegrías y tristezas, esperanzas y preocupaciones... Hoy se abre paso una nueva generación, de la que poco se conoce y que crece más sola que nunca en el camino de la vida. Se siente profundamente insegura y desconfiada. Y, por si fuera poco, son chicos y chicas de entre 12 y 18 años con una tremenda necesidad afectiva, por ser amados y escuchados. Frágiles jóvenes que se enfrentan a un futuro incierto: un mercado de trabajo en el que hay empleo, pero precario[1], y viviendas inalcanzables[2].

Dicen los expertos que nunca existió una adolescencia en la que se disfrutara de tantas comodidades. Se han hecho dueños y señores de la revolución tecnológica: internet, DVD, móviles y videojuegos conforman un universo para su distracción. Nunca gozaron de tantas posibilidades para viajar y relacionarse con otros. Nunca antes aparecieron tantas concejalías y planes de juventud. «Pero nunca han crecido tan solos, con tan poca atención personalizada y directa. Les falta cariño sostenido en el tiempo, alguien que realmente les escuche cómo son», explica el catedrático de Sociología de la Universidad de Deusto, Javier Elzo.

Los nuevos adolescentes

- Son menos que hace diez o quince años
- La mayoría son hijos únicos
- La adolescencia se ha extendido. Comienza antes y termina más tarde
- Los jóvenes viven en plena revolución tecnológica
- Las familias están cada vez más fragilizadas y son cada vez más inestables, con consecuencias desconocidas para las futuras generaciones
- La violencia juvenil sigue siendo mayoritariamente masculina, pero empieza a darse también la femenina
- Las lecturas de los chicos y chicas de entre 15 y 19 años son más diferentes que hace cinco años, marcándose la identidad de género pese al igualitarismo
- Ahora hay más trabajo, pero es temporal, de baja calidad, muy presionado y al comienzo, incluso para universitarios, mal pagado
- La igualdad de género está casi asumida

Nunca en la historia existió una generación tan preparada y con tantas oportunidades, tan diversa. «Lo tienen más fácil, pero también más complicado —apunta Funes—, porque se abren tantas alternativas y tan complejas que muchos se encuentran perplejos».

Y así son los gritos de nuestros adolescentes, silenciosos a veces, ruidosos otras, pero siempre conscientes de un futuro incierto.

---

[1]*precario: inestable*
[2]*inalcanzables: difícil de obtener*

FUENTE 3 (AUDIO): Este es un fragmento de una entrevista que apareció en el periódico argentino *Clarín*. Se titula "Fueron alumnos excelentes, quieren ser los mejores maestros", de Alejandra Toronchik.

Directions: The following question is based on the accompanying Sources 1–3. The sources include both print and audio material. First, you will have 7 minutes to read the printed material. Afterward, you will hear the audio material; you should take notes while you listen. Then, you will have 5 minutes to plan your response and 40 minutes to write your essay. Your essay should be at least 200 words in length.

This question is designed to test your ability to interpret and synthesize different sources. Your essay should use information from the sources to support your ideas. You should refer to ALL of the sources. As you refer to the sources, cite them appropriately. Avoid simply summarizing the sources individually.

Instrucciones: La pregunta siguiente se basa en las Fuentes 1–3. Las fuentes comprenden material tanto impreso como auditivo. Primero, dispondrás de 7 minutos para leer el material impreso. Después, escucharás el material auditivo; debes tomar apuntes mientras escuchas. Entonces, tendrás 5 minutos para organizar tus ideas y 40 minutos para escribir tu ensayo. El ensayo debe tener una extensión mínima de 200 palabras.

Esta pregunta se diseñó para medir tu capacidad de interpretar y sintetizar varias fuentes. Tu ensayo debe utilizar información de las fuentes que apoye tus ideas. Debes referirte a TODAS las fuentes. Al referirte a las fuentes, cítalas apropiadamente. Evita simplemente resumir las fuentes individualmente.

¿Cuál es el impacto del desarrollo del turismo en las comunidades que atraen a los turistas?

FUENTE 1: Este artículo apareció en la revista *Nexos* publicada en Estados Unidos.

La Calle Olvera, un homenaje al pasado

por Alejandra y Fabricio Espasande

En el corazón de Los Ángeles se encuentra la Calle Olvera, centro del antiguo poblado que vio nacer la gran metrópoli.

A finales del siglo XVIII, el gobernador Felipe de Neve envió al capitán Fernando Rivera a las provincias de Sonora y Sinaloa (México) —entonces Nueva España— a buscar nuevos pobladores para fundar en 1781 un pequeño poblado a 14 kilómetros de la Misión de San Gabriel, cerca del río Porciúncula. El pueblo fue bautizado como El Pueblo de Nuestra Señora la Reina de los Ángeles del Río Porciúncula. Treinta años después, Los Ángeles tenía ya más de 600 habitantes. Los Ángeles se había convertido en la población más grande de la California española.

En 1818, Francisco Ávila, ex alcalde del pueblo, construyó su casa de adobe en la calle que más tarde llevaría el nombre de Agustín Olvera, el primer juez de la corte suprema del condado. La Casa Ávila sería testigo del crecimiento del pueblo, hasta llegar a ciudad y gran urbe tras los períodos de influencia española, mexicana y estadounidense, esta última desde 1848 hasta la actualidad. A medida que los adobes dejaban paso a los ladrillos y al acero, la calle Olvera fue decayendo y tomada por el crimen y la delincuencia.

En 1926, Christine Sterling, se quedó horrorizada al ver el estado decaído en el que se encontraba la parte más histórica de la ciudad. Sterling emprendió una campaña para restaurar el adobe y evitar su demolición, obteniendo con dificultad el apoyo de líderes cívicos y la comunidad en general. Una vez logrado el propósito, vislumbró la transformación del callejón en un lugar social y comercial hispano-americano, donde la cultura mexicana y la herencia histórica del área, fueran celebradas. La Calle Olvera fue reinaugurada el 20 de abril de 1930.

Desde entonces Olvera se ha convertido en un punto de encuentro en la ciudad, atrayendo anualmente cerca de tres millones de visitantes que se deleitan con los puestos de los comerciantes y la auténtica comida mexicana de la calle. La restauración resultó contagiosa y se extendió a un movimiento de preservación histórica que culminó en lo que hoy se conoce como El Parque Histórico de El Pueblo de Los Ángeles. En el centro de la plaza luce hoy un quiosco donde culminan las diversas celebraciones festivas.

Uno de los elementos fundamentales de La Calle Olvera son sus múltiples celebraciones, que fielmente rotan en ciclo anual. Las más importantes son: en marzo, la Bendición de los Animales, donde miles de personas traen sus mascotas para ser bendecidas por el cardenal de la ciudad. En noviembre, El Día de los Muertos, y en Navidad, Las Posadas. Es admirable observar, que de cierta manera, este grupo de comerciantes ha relevado a la pequeña comunidad de pobladores para que su cultura y tradición no se pierdan en el agujero de la historia.

FUENTE 2: Este artículo apareció en la revista *Américas*.

La mitad del mundo se desplaza

Quito se propone mejorar su atracción turística más visitada y agregar un parque temático.
Escrito por Larry Luxner

En el camino hacia Quito por la Carretera Panamericana, no puede dejar de verse el monumento más famoso del Ecuador: el globo de concreto y la línea amarilla que marca la latitud 0′0″, donde el hemisferio norte se encuentra con el hemisferio sur. Los turistas y los residentes locales han acudido durante años a visitar este monumento, conocido como la Mitad del Mundo, donde se toman fotografías con un pie a cada lado de la línea, y luego recorren los puestos en los que pueden comprar tarjetas, anillos, camisetas o cualquier otro recuerdo.

Los turistas no saben que realmente no están parados sobre la línea del Ecuador. Gracias a la tecnología satelital, los científicos han descubierto que la famosa línea amarilla está realmente a unos 304 metros de distancia. Por esta razón —y también porque el Monumento de la Mitad el Mundo se ha convertido en una especie de vergüenza nacional— la municipalidad de Quito se propone desmantelar el complejo y construir un parque temático cultural completamente nuevo.

Aunque en Quito se restauró el colorido e histórico barrio de La Peñas y se ha empezado a promover más el turismo a lugares históricos de la ciudad, la atracción turística más famosa continúa siendo la Mitad del Mundo, situada a unos treinta minutos al norte de la ciudad. La construcción del nuevo monumento tiene como verdadero objetivo tener algo mejor que mostrar. El nuevo parque temático contará con cinco zonas dedicadas a la vida vegetal y animal del Ecuador, su diversidad cultural, el arte y las artesanías prehispánicas, y el tema de la línea ecuatorial. Entre otras cosas, la nueva Mitad del Mundo contará con un planetario, un teatro y un patio de comida con restaurantes que servirán comidas típicas nacionales.

FUENTE 3 (AUDIO): Este informe está basado en el artículo "Conservación internacional: Premios de herencia mundial". Fue difundido por *Conservation.org*.

UNIT III

Directions: The following question is based on the accompanying Sources 1–3. The sources include both print and audio material. First, you will have 7 minutes to read the printed material. Afterward, you will hear the audio material; you should take notes while you listen. Then, you will have 5 minutes to plan your response and 40 minutes to write your essay. Your essay should be at least 200 words in length.

This question is designed to test your ability to interpret and synthesize different sources. Your essay should use information from the sources to support your ideas. You should refer to ALL of the sources. As you refer to the sources, cite them appropriately. Avoid simply summarizing the sources individually.

Instrucciones: La pregunta siguiente se basa en las Fuentes 1–3. Las fuentes comprenden material tanto impreso como auditivo. Primero, dispondrás de 7 minutos para leer el material impreso. Después, escucharás el material auditivo; debes tomar apuntes mientras escuchas. Entonces, tendrás 5 minutos para organizar tus ideas y 40 minutos para escribir tu ensayo. El ensayo debe tener una extensión mínima de 200 palabras.

Esta pregunta se diseñó para medir tu capacidad de interpretar y sintetizar varias fuentes. Tu ensayo debe utilizar información de las fuentes que apoye tus ideas. Debes referirte a TODAS las fuentes. Al referirte a las fuentes, cítalas apropiadamente. Evita simplemente resumir las fuentes individualmente.

Los libros son parte de la vida del hombre. ¿Están los libros en vías de extinción? Explica tu respuesta.

FUENTE 1: Este artículo apareció en una antología que recoge artículos del suplemento dominical *El Semanal*, publicado en España.

Libros viejos

por Arturo Pérez-Reverte

No sé si a ustedes les gustan los libros viejos y antiguos. A mí me gustan más que los nuevos, tal vez porque a su forma y contenido se añade la historia conocida o imaginaria de cada ejemplar. Las manos que lo tocaron y los ojos que lo leyeron.

No hay ningún libro inútil. En realidad los libros no se equivocan nunca. Los más antiguos fueron compuestos a mano, las tintas se mezclaron cuidadosamente, el papel se eligió con cuidado: buen papel hecho para durar. Pasó el tiempo, y los que habían nacido juntos fueron alejándose unos de otros. Igual que los hombres mismos, vivieron suertes diversas; y en la historia de cada uno hubo gloria, fracaso, derrota, tristeza o soledad. Conocieron manos dulces y manos homicidas. También, como los seres humanos, tuvieron sus héroes y sus mártires: unos cayeron en el cumplimiento de su deber, mutilados, desgastados y rotos de tanto ser leídos, como soldados exhaustos que sucumbieran peleando hasta la última página; otros fallecieron quemados, rotos.

Pero hubo algunos, los afortunados, que sí cayeron en las manos adecuadas: ésos fueron leídos y conservados, y fertilizaron nuevos libros que son sus descendientes. Esos libros antiguos todavía andan por acá y por allá y siguen generando ideas, historias, conocimientos y sueños. Son los supervivientes.

Acérquense a los libros con el afecto y el respeto de quien se acerca a un digno y noble veterano. Gocen, por tanto, del privilegio de acceder a ellos, ahora que todavía siguen ahí. Y si saben hablar su lenguaje, si saben merecerlos, tal vez una noche tranquila, en un sillón confortable, en la paz de un estudio, en cualquier sitio adecuado, ellos aceptarán contarles en voz baja su fascinante, y vieja, y noble historia.

FUENTE 2: Este artículo apareció en una antología que recoge artículos publicados por Luis Aguilar León en varios periódicos de Hispanoamérica, Europa y los Estados Unidos.

La extinción de los libros, de la serie *Todo tiene su tiempo (Tiempo de llorar, tiempo de reír, tiempo de soñar y tiempo de pensar)*.

En su famosa novela "El Jorobado de Notre Dame", Víctor Hugo describe la reacción de un arcediano[1] de la catedral cuando, en el siglo XV, recibe uno de los primeros productos de una primitiva imprenta: un libro. El arcediano contempló el libro, midió de inmediato el poder revolucionario que se reflejaba en sus páginas y, mirando la catedral, dijo: "Esto matará aquello".

Las catedrales góticas eran como grandes libros de piedra, permanentes lecciones de instrucción religiosa. El libro contribuyó a liquidar esa época. La multiplicación de las obras escritas creó una revolución cultural y científica. Hacia 1700, lo esencial en las sociedades europeas no era construir catedrales góticas sino publicar enciclopedias.

El empuje de los libros y las bibliotecas creció hasta la década de 1960. Apareció un nuevo invento que, como la imprenta en el siglo XV, iba a revolucionar la cultura: las computadoras. Las computadoras se han adueñado de los medios de comunicación, facilitado la transmisión de ideas, invadido los hogares e influenciado la música y el arte.

Como las catedrales góticas del medioevo, los libros pasarán a ser medios de información obsoletos. Las nuevas generaciones tienen prisa en aprender y los libros requieren tiempo. Hoy en día, los menores de 14 años leen mucho menos que antes. Pero casi todos saben cómo usar una computadora. Las computadoras no se cansan ni duermen ni cierran jamás su enorme fuente de conocimientos. Sin moverse de su mesa de trabajo una persona puede invocar el saber acumulado en los más viejos y en los más remotos rincones de la cultura.

Me fui a contemplar mis libros, evoqué al viejo arcediano de Notre Dame y pensé que algo muy noble, los libros, se puede perder bajo esta oleada técnica. Pero, con la resignación de quien sabe aceptar lo inevitable, me senté frente a mi computadora a escribir este artículo.

------

[1]*arcediano: religioso*

FUENTE: Este es un pasaje del capítulo "El cementerio de los libros olvidados" de la novela *La sombra del viento*, de Carlos Ruiz Zafón.

UNIT IV Speaking

Part A Informal Speaking (Simulated Conversation)

The Informal Speaking section of the exam consists of one simulated conversation task. The simulated conversation integrates two skills: listening and speaking. You will listen to a conversational prompt and an explanation of the task; then, you will be prompted several times to respond to a question or statement as part of the conversation. You will have the opportunity to respond five to six times during the simulated converation and you will be expected to speak for twenty seconds in each exchange you produce.

Perhaps the most important part of this task is recognizing the context in which it takes place. It is very important that you understand the context and instantly recall the vocabulary and grammatical forms you will need to express yourself in that situation. In some of the conversations you will be asked to role play and follow a conversation initiated by someone else. In others cases you will be expected to initiate the conversation yourself.

According to *The Merriam-Webster Dictionary*, to simulate is defined as "to give or create the effect or appearance of; imitate"[1]. With that in mind, you must get your mind inside the "simulated" setting—put yourself in the situation that is described to you. Imitate the situation, as if it was real, and pretend you are in the same situation. You do not have to say things that are factual or real to you or your life, but rather say something that is appropriate in that situation, something that shows your ability to express yourself in Spanish within that context.

The conversational topics are general, presenting everyday situations you may encounter with your classmates, or with people who speak Spanish in your community or abroad.

---

[1]*The Merriam-Webster Dictionary 1998* by Merriam-Webster Incorporated.

Strategies

1. **Read the conversational outline carefully before beginning.** You can start by planning how to address the person you will be engaging in the simulated conversation: informally or more formally.

2. **Review verbs used in conversation.** While you read the outline, pay attention to the verbs that describe what you will communicate. Here are some descriptive verbs you should keep in mind; as you come across others, add them to the list:

Acepta…	Di…	Pregunta…
Aconseja…	Explica…	Propón…
Agradece…	Expresa…	Reacciona…
Comunica…	Finaliza…	Recomienda…
Convence…	Incluye…	Saluda…
Cuenta…	Insiste…	Sugiere…
Da…	Menciona…	Trata…
Describe…	Ofrece…	
Despídete…	Pide…	

3. **Listen carefully to the prompts and the questions and/or statements.** Even if you don't quite understand every single word, you will have a minute to read the outline of the conversation, and that will help you to get the general idea of what the conversation will be about.

4. **Use your imagination.** This is a task to show your ability to speak in Spanish. It is simulated, so it doesn't have to be factual. Just focus on responding appropriately!

5. **Make sure you stay within the general theme of the conversation.** Going into a different direction, although it may be appropriate, may be construed as you not understanding the question or statement to which you are responding.

6. **Check your responses as you speak.** If you make a mistake, go ahead and correct yourself.

7. **Try not to change time frames.** It helps to stay within the same verb tense of the statement or question, although it is not necessary, as long as the tense you choose is appropriate and grammatically correct.

8. **Make sure you say something when prompted.** Even if you are not sure you understood, the possibilities that you will say something that may be appropriate are good, especially if you have focused on the idea of the setting.

9. **Review conversational expressions.** Become familiar with some expressions you may need to react in different situations in Spanish. Look at Appendix E: Useful Expressions for Informal Speaking (Simulated Conversation).

10. **Speak clearly and loudly.** This will help your voice record well.

11. **Find out how your work will be evaluated.** Ask your teacher for the scoring guidelines that are used to score this part of the exam. These will help you know clearly what the expectations are and how your performance will be evaluated. Using these scoring guidelines as you practice will help you evaluate your work and improve upon it.

Part A Informal Speaking (Simulated Conversation)

SECTION 1

Directions: You will now participate in a simulated conversation. First, you will have 30 seconds to read the outline of the conversation. Then, you will listen to a message and have one minute to read again the outline of the conversation. Afterward, the conversation will begin, following the outline. Each time it is your turn, you will have 20 seconds to respond; a tone will indicate when you should begin and end speaking. You should participate in the conversation as fully and appropriately as possible.

Instrucciones: Ahora participarás en una conversación simulada. Primero, tendrás 30 segundos para leer el esquema de la conversación. Entonces, escucharás un mensaje y tendrás un minuto para leer de nuevo el esquema de la conversación. Después, empezará la conversación, siguiendo el esquema. Siempre que te toque, tendrás 20 segundos para responder; una señal te indicará cuando debes empezar y terminar de hablar. Debes participar en la conversación de la manera más completa y apropiada posible.

Imagina que te encuentras con tu amiga Leticia en el pasillo de la escuela. Escucha lo que te dice.

(A) La conversación
[You will hear the situation you need to imagine on the recording.
Escucharás la situación que necesitas imaginar en la grabación.]

(B) La conversación
[The shaded lines reflect what you will hear Leticia say.
Las líneas en gris reflejan lo que Leticia te dice.]

Leticia:	• Te saluda y te dice por qué quiere hablar contigo.
Tú:	• Salúdala. • Pídele más información.
Leticia:	• Te explica lo que pasó.
Tú:	• Expresa tu reacción.
Leticia:	• Continúa la conversación.
Tú:	• Reacciona. • Pídele una descripción.
Leticia:	• Continúa la conversación.
Tú:	• Reacciona a la descripción.
Leticia:	• Continúa la conversación.
Tú:	• Dale algunos consejos.
Leticia:	• Continúa la conversación.
Tú:	• Finaliza los planes. • Despídete.
Leticia:	• Se despide.

Directions: You will now participate in a simulated conversation. First, you will have 30 seconds to read the outline of the conversation. Then, you will listen to a message and have one minute to read again the outline of the conversation. Afterward, the conversation will begin, following the outline. Each time it is your turn, you will have 20 seconds to respond; a tone will indicate when you should begin and end speaking. You should participate in the conversation as fully and appropriately as possible.

Instrucciones: Ahora participarás en una conversación simulada. Primero, tendrás 30 segundos para leer el esquema de la conversación. Entonces, escucharás un mensaje y tendrás un minuto para leer de nuevo el esquema de la conversación. Después, empezará la conversación, siguiendo el esquema. Siempre que te toque, tendrás 20 segundos para responder; una señal te indicará cuando debes empezar y terminar de hablar. Debes participar en la conversación de la manera más completa y apropiada posible.

Imagina que quieres ser presidente del consejo estudiantil de tu escuela.

(A) La entrevista
[You will hear the situation you need to imagine on the recording.
Escucharás la situación que necesitas imaginar en la grabación.]

(B) La entrevista
[The shaded lines reflect what you will hear on the recording.
Las líneas en gris reflejan lo que escucharás en la grabación.]

Reportero:	• Te explica por qué quiere hablar contigo.
Tú :	• Explica detalladamente las razones.
Reportero:	• Continúa la entrevista.
Tú:	• Expresa tu opinión
Reportero:	• Continúa la entrevista.
Tú:	• Dile por lo menos dos sugerencias.
Reportero:	• Continúa la entrevista.
Tú:	• Expresa tu opinión.
Reportero:	• Te habla sobre las últimas elecciones.
Tú:	• Reacciona a lo que dice.
Reportero:	• Trata de llegar a un acuerdo.
Tú:	• Explica lo que piensas hacer.
Reportero:	• Se despide.
Tú:	• Expresa tu gratitud y despídete.

Directions: You will now participate in a simulated conversation. First, you will have 30 seconds to read the outline of the conversation. Then, you will listen to a message and have one minute to read again the outline of the conversation. Afterward, the conversation will begin, following the outline. Each time it is your turn, you will have 20 seconds to respond; a tone will indicate when you should begin and end speaking. You should participate in the conversation as fully and appropriately as possible.

Instrucciones: Ahora participarás en una conversación simulada. Primero, tendrás 30 segundos para leer el esquema de la conversación. Entonces, escucharás un mensaje y tendrás un minuto para leer de nuevo el esquema de la conversación. Después, empezará la conversación, siguiendo el esquema. Siempre que te toque, tendrás 20 segundos para responder; una señal te indicará cuando debes empezar y terminar de hablar. Debes participar en la conversación de la manera más completa y apropiada posible.

Imagina que estás esperando el autobús y te encuentras con Luci, una amiga a quien no ves hace algunas semanas.

(A) La conversación
[You will hear the situation you need to imagine on the recording.
Escucharás la situación que necesitas imaginar en la grabación.]

(B) La conversación
[The shaded lines reflect what you will hear on the recording.
Las líneas en gris indican lo que escucharás en la grabación.]

Luci:	• Comienza la conversación.
Tú:	• Salúdala. • Expresa tu reacción al verla de nuevo.
Luci:	• Continúa la conversación.
Tú:	• Expresa tu reacción. • Averigua la razón de esta situación.
Luci:	• Continúa la conversación.
Tú:	• Expresa cómo te sientes. • Ofrécele un consejo.
Luci:	• Continúa la conversación.
Tú:	• Dale la información. • Ofrécele más sugerencias.
Luci:	• Continúa la conversación.
Tú:	• Ofrécele una sugerencia para una cita.
Luci:	• Continúa la conversación.
Tú:	• Ofrécele otra sugerencia.
Luci:	• Continúa la conversación.
Tú:	• Confirma los planes. • Despídete.

Directions: You will now participate in a simulated conversation. First, you will have 30 seconds to read the outline of the conversation. Then, you will listen to a message and have one minute to read again the outline of the conversation. Afterward, the conversation will begin, following the outline. Each time it is your turn, you will have 20 seconds to respond; a tone will indicate when you should begin and end speaking. You should participate in the conversation as fully and appropriately as possible.

Instrucciones: Ahora participarás en una conversación simulada. Primero, tendrás 30 segundos para leer el esquema de la conversación. Entonces, escucharás un mensaje y tendrás un minuto para leer de nuevo el esquema de la conversación. Después, empezará la conversación, siguiendo el esquema. Siempre que te toque, tendrás 20 segundos para responder; una señal te indicará cuando debes empezar y terminar de hablar. Debes participar en la conversación de la manera más completa y apropiada posible.

Imagina que recibes un mensaje telefónico de tu amigo Ricardo, quien te pide que lo llames por teléfono. Escucha el mensaje.

(A) El mensaje
[You will hear the message on the recording.
Escucharás el mensaje en la grabación.]

(B) La conversación
[The shaded lines reflect what you will hear on the recording.
Las líneas en gris reflejan lo que escucharás en la grabación.]

Ricardo:	• [El teléfono suena.] Contesta el teléfono.
Tú:	• Saluda a Ricardo. • Dile por qué no respondiste cuando él te llamó.
Ricardo:	• Te dice la razón de su llamada.
Tú:	• Reacciona a lo que te cuenta Ricardo.
Ricardo:	• Continúa la conversación.
Tú:	• Expresa tu reacción. • Aconseja a Ricardo.
Ricardo:	• Continúa la conversación.
Tú:	• Reacciona a su comentario. • Haz planes para encontrarte con Ricardo e Ignacio.
Ricardo:	• Reacciona a tu idea y se despide.
Tú:	• Despídete.

Directions: You will now participate in a simulated conversation. First, you will have 30 seconds to read the outline of the conversation. Then, you will listen to a message and have one minute to read again the outline of the conversation. Afterward, the conversation will begin, following the outline. Each time it is your turn, you will have 20 seconds to respond; a tone will indicate when you should begin and end speaking. You should participate in the conversation as fully and appropriately as possible.

Instrucciones: Ahora participarás en una conversación simulada. Primero, tendrás 30 segundos para leer el esquema de la conversación. Entonces, escucharás un mensaje y tendrás un minuto para leer de nuevo el esquema de la conversación. Después, empezará la conversación, siguiendo el esquema. Siempre que te toque, tendrás 20 segundos para responder; una señal te indicará cuándo debes empezar y terminar de hablar. Debes participar en la conversación de la manera más completa y apropiada posible.

Imagina que tienes un problema con una muela y tienes que visitar a tu dentista urgentemente.

(A) La conversación
[You will hear the situation you need to imagine on the recording.
Escucharás la situación que necesitas imaginar en la grabación.]

(B) La conversación
[The shaded lines reflect what you will hear on the recording.
Las líneas en gris reflejan lo que escucharás en la grabación.]

Dentista:	• Empieza la conversación.
Tú:	• Salúdalo. • Explícale tu situación.
Dentista:	• Continúa la conversación.
Tú:	• Responde a su pregunta. • Pídele información acerca de la situación.
Dentista:	• Continúa la conversación.
Tú:	• Explica tu punto de vista. • Pregunta acerca de esta situación.
Dentista:	• Continúa la conversación.
Tú:	• Explica cómo te sientes. • Dile lo que piensas.
Dentista:	• Continúa la conversación.
Tú:	• Dile lo que piensas. • Explica tu decisión.
Dentista:	• Continúa la conversación.
Tú:	• Termina la conversación.

UNIT IV

Directions: You will now participate in a simulated conversation. First, you will have 30 seconds to read the outline of the conversation. Then, you will listen to a message and have one minute to read again the outline of the conversation. Afterward, the conversation will begin, following the outline. Each time it is your turn, you will have 20 seconds to respond; a tone will indicate when you should begin and end speaking. You should participate in the conversation as fully and appropriately as possible.

Instrucciones: Ahora participarás en una conversación simulada. Primero, tendrás 30 segundos para leer el esquema de la conversación. Entonces, escucharás un mensaje y tendrás un minuto para leer de nuevo el esquema de la conversación. Después, empezará la conversación, siguiendo el esquema. Siempre que te toque, tendrás 20 segundos para responder; una señal te indicará cuando debes empezar y terminar de hablar. Debes participar en la conversación de la manera más completa y apropiada posible.

Imagina que te encuentras con tu amiga Cecilia, a quien le hablas sobre una idea que tienes.

(A) La conversación
[You will hear the situation you need to imagine on the recording.
Escucharás la situación que necesitas imaginar en la grabación.]

(B) La conversación
[The shaded lines reflect what you will hear on the recording.
Las líneas en gris reflejan lo que escucharás en la grabación.]

Tú:	• Saluda a Cecilia.
Cecilia:	• Te responde a tu saludo.
Tú:	• Dile por qué quieres hablar con ella.
Cecilia:	• Te dice lo que piensa de tu idea.
Tú:	• Pregúntale sobre lo que te aconseja.
Cecilia:	• Continúa la conversación.
Tú:	• Expresa tu reacción. • Pídele que te ayude con los planes.
Cecilia:	• Continúa la conversación.
Tú:	• Reacciona a su sugerencia.
Cecilia:	• Termina la conversación.
Tú:	• Finaliza los planes. • Despídete.

Directions: You will now participate in a simulated conversation. First, you will have 30 seconds to read the outline of the conversation. Then, you will listen to a message and have one minute to read again the outline of the conversation. Afterward, the conversation will begin, following the outline. Each time it is your turn, you will have 20 seconds to respond; a tone will indicate when you should begin and end speaking. You should participate in the conversation as fully and appropriately as possible.

Instrucciones: Ahora participarás en una conversación simulada. Primero, tendrás 30 segundos para leer el esquema de la conversación. Entonces, escucharás un mensaje y tendrás un minuto para leer de nuevo el esquema de la conversación. Después, empezará la conversación, siguiendo el esquema. Siempre que te toque, tendrás 20 segundos para responder; una señal te indicará cuando debes empezar y terminar de hablar. Debes participar en la conversación de la manera más completa y apropiada posible.

Imagina que llegas a clase muy temprano. Quieres hablar con tu maestro porque tienes un problema con el informe que tenías que hacer.

(A) La conversación
[You will hear the situation you need to imagine on the recording.
Escucharás la situación que necesitas imaginar en la grabación.]

(B) La conversación
[The shaded lines reflect what you will hear on the recording.
Las líneas en gris indican lo que escucharás en la grabación.]

El maestro:	• Te saluda.
Tú:	• Saluda a tu maestro. • Explica tu situación.
El maestro:	• Te explica por qué no puede aceptar lo que le propones.
Tú:	• Reacciona a su comentario. • Dale más detalles acerca de tu situación.
El maestro:	• Continúa la conversación.
Tú:	• Explica por qué quieres que te escuche. • Dale una sugerencia.
El maestro:	• Continúa la conversación.
Tú:	• Reacciona a su comentario. • Trata de convencerlo para que escuche tu sugerencia.
El maestro:	• Continúa la conversación.
Tú:	• Dale las gracias. • Explica lo que vas a hacer.
El maestro:	• Finaliza la conversación.

UNIT IV

Directions: You will now participate in a simulated conversation. First, you will have 30 seconds to read the outline of the conversation. Then, you will listen to a message and have one minute to read again the outline of the conversation. Afterward, the conversation will begin, following the outline. Each time it is your turn, you will have 20 seconds to respond; a tone will indicate when you should begin and end speaking. You should participate in the conversation as fully and appropriately as possible.

Instrucciones: Ahora participarás en una conversación simulada. Primero, tendrás 30 segundos para leer el esquema de la conversación. Entonces, escucharás un mensaje y tendrás un minuto para leer de nuevo el esquema de la conversación. Después, empezará la conversación, siguiendo el esquema. Siempre que te toque, tendrás 20 segundos para responder; una señal te indicará cuando debes empezar y terminar de hablar. Debes participar en la conversación de la manera más completa y apropiada posible.

Imagina que recibes una llamada telefónica de tu amigo Gilberto.

(A) La conversación
[You will hear the phone ring.
Escucharás el teléfono sonar.]

(B) La conversación
[The shaded lines reflect what you will hear on the recording.
Las líneas en gris indicon lo que escucharás en la grabación.]

Gilberto:	• [El teléfono suena.] Te saluda.
Tú:	• Salúdalo. • Cuéntale lo que pasó.
Gilberto:	• Él reacciona y te hace una pregunta.
Tú:	• Contesta la pregunta detalladamente.
Gilberto:	• Explica por qué te llamó.
Tú:	• Expresa tu reacción. • Sugiere otra opción.
Gilberto:	• Continúa la conversación.
Tú:	• Finaliza los planes. • Pídele su opinión.
Gilberto:	• Reacciona y se despide.
Tú:	• Despídete.

Directions: You will now participate in a simulated conversation. First, you will have 30 seconds to read the outline of the conversation. Then, you will listen to a message and have one minute to read again the outline of the conversation. Afterward, the conversation will begin, following the outline. Each time it is your turn, you will have 20 seconds to respond; a tone will indicate when you should begin and end speaking. You should participate in the conversation as fully and appropriately as possible.

Instrucciones: Ahora participarás en una conversación simulada. Primero, tendrás 30 segundos para leer el esquema de la conversación. Entonces, escucharás un mensaje y tendrás un minuto para leer de nuevo el esquema de la conversación. Después, empezará la conversación, siguiendo el esquema. Siempre que te toque, tendrás 20 segundos para responder; una señal te indicará cuando debes empezar y terminar de hablar. Debes participar en la conversación de la manera más completa y apropiada posible.

Imagina que vas a la oficina de Empresa Móviles S.A. para devolver un teléfono móvil que está defectuoso.

(A) La conversación
[You will hear the situation you need to imagine on the recording.
Escucharás la situación que necesitas imaginar en la grabación.]

(B) La conversación
[The shaded lines reflect what you will hear on the recording.
Las líneas en gris indican lo que escucharás en la grabación.]

Ana Carla:	• Salúdala.
Tú:	• Saluda.
	• Explica tu problema.
Ana Carla:	• Continúa la conversación.
Tú:	• Explica qué te gustaría.
	• Pídele más información.
Ana Carla:	• Continúa la conversación.
Tú:	• Reacciona a su propuesta.
	• Trata de convencerla para mejorar la oferta.
Ana Carla:	• Continúa la conversación.
Tú:	• Toma una decisión.
	• Explica la situación.
Ana Carla:	• Continúa la conversación.
Tú:	• Finaliza la conversación.
	• Despídete.

Directions: You will now participate in a simulated conversation. First, you will have 30 seconds to read the outline of the conversation. Then, you will listen to a message and have one minute to read again the outline of the conversation. Afterward, the conversation will begin, following the outline. Each time it is your turn, you will have 20 seconds to respond; a tone will indicate when you should begin and end speaking. You should participate in the conversation as fully and appropriately as possible.

Instrucciones: Ahora participarás en una conversación simulada. Primero, tendrás 30 segundos para leer el esquema de la conversación. Entonces, escucharás un mensaje y tendrás un minuto para leer de nuevo el esquema de la conversación. Después, empezará la conversación, siguiendo el esquema. Siempre que te toque, tendrás 20 segundos para responder; una señal te indicará cuando debes empezar y terminar de hablar. Debes participar en la conversación de la manera más completa y apropiada posible.

Imagina que tienes una conversación con tu padre sobre las vacaciones de verano.

(A) La conversación
[You will hear the situation you need to imagine on the recording.
Escucharás la situación que necesitas imaginar en la grabación.]

(B) La conversación
[The shaded lines reflect what you will hear on the recording.
Las líneas en gris reflejan lo que escucharás en la grabación.]

Tu padre:	• Describe los planes para las vacaciones.
Tú:	• Reacciona negativamente a sus planes. • Da otra sugerencia.
Tu padre:	• Trata de convencerte.
Tú:	• Explica por qué te parece mejor tu idea.
Tu padre:	• Continúa la conversación.
Tú:	• Expresa tu reacción. • Sugiere hablar con tu madre.
Tu padre:	• Continúa la conversación.
Tú:	• Sugiere otras opciones para presentar a tu madre. • Explica por qué.
Tu padre:	• Te recuerda lo que pasó el año pasado.
Tú:	• Reacciona a lo que dice. • Háblale sobre lo que piensan hacer tus amigos.
Tu padre:	• Trata de llegar a un acuerdo.
Tú	• Reacciona a lo que dice. • Termina la conversación.

Directions: You will now participate in a simulated conversation. First, you will have 30 seconds to read the outline of the conversation. Then, you will listen to a message and have one minute to read again the outline of the conversation. Afterward, the conversation will begin, following the outline. Each time it is your turn, you will have 20 seconds to respond; a tone will indicate when you should begin and end speaking. You should participate in the conversation as fully and appropriately as possible.

Instrucciones: Ahora participarás en una conversación simulada. Primero, tendrás 30 segundos para leer el esquema de la conversación. Entonces, escucharás un mensaje y tendrás un minuto para leer de nuevo el esquema de la conversación. Después, empezará la conversación, siguiendo el esquema. Siempre que te toque, tendrás 20 segundos para responder; una señal te indicará cuando debes empezar y terminar de hablar. Debes participar en la conversación de la manera más completa y apropiada posible.

Imagina que primero escuchas un mensaje por la radio animándote a participar en un concurso. Imagina que después participas en una entrevista como finalista del concurso.

(A) El mensaje
[You will hear the message on the recording.
Escucharás el mensaje en la grabación.]

(B) La conversación
[The shaded lines reflect what you will hear on the recording.
Las líneas en gris indican lo que escucharás en la grabación.]

Sra. Robledo:	• Abre la puerta de su despacho y te saluda.
Tú:	• Salúdala. • Expresa tu reacción a la entrevista.
Sra. Robledo:	• Te pide más detalles de tu proyecto.
Tú:	• Reacciona a la pregunta. • Incluye más detalles.
Sra. Robledo:	• Continúa la entrevista.
Tú:	• Reacciona a la pregunta. • Ofrece tu explicación.
Sra. Robledo:	• Termina la entrevista.
Tú:	• Termina tu parte de la entrevista. • Despídete.
Sra. Robledo:	• Se despide.

Directions: You will now participate in a simulated conversation. First, you will have 30 seconds to read the outline of the conversation. Then, you will listen to a message and have one minute to read again the outline of the conversation. Afterward, the conversation will begin, following the outline. Each time it is your turn, you will have 20 seconds to respond; a tone will indicate when you should begin and end speaking. You should participate in the conversation as fully and appropriately as possible.

Instrucciones: Ahora participarás en una conversación simulada. Primero, tendrás 30 segundos para leer el esquema de la conversación. Entonces, escucharás un mensaje y tendrás un minuto para leer de nuevo el esquema de la conversación. Después, empezará la conversación, siguiendo el esquema. Siempre que te toque, tendrás 20 segundos para responder; una señal te indicará cuando debes empezar y terminar de hablar. Debes participar en la conversación de la manera más completa y apropiada posible.

Imagina que vas conduciendo tu automóvil y una agente de policía te hace señas para que pares el auto.

(A) La conversación
[You will hear the situation you need to imagine on the recording.
Escucharás la situación que necesitas imaginar en la grabación.]

(B) La conversación
[The shaded lines reflect what you will hear on the recording.
Las líneas en gris reflejan lo que escucharás en la grabación.]

Agente:	• Empieza la conversación.
Tú:	• Saluda a la agente de policía. • Pregúntale sobre la situación.
Agente:	• Continúa la conversación.
Tú:	• Pide disculpas. • Dale una explicación.
Agente:	• Continúa la conversación.
Tú:	• Explica tu punto de vista. • Dile lo que piensas.
Agente:	• Continúa la conversación.
Tú:	• Explica los detalles. • Trata de convencerla.
Agente:	• Continúa la conversación.
Tú:	• Pide disculpas. • Sugiere una solución.
Agente:	• Continúa la conversación.
Tú:	• Comunícale lo que vas a hacer. • Despídete.

Directions: You will now participate in a simulated conversation. First, you will have 30 seconds to read the outline of the conversation. Then, you will listen to a message and have one minute to read again the outline of the conversation. Afterward, the conversation will begin, following the outline. Each time it is your turn, you will have 20 seconds to respond; a tone will indicate when you should begin and end speaking. You should participate in the conversation as fully and appropriately as possible.

Instrucciones: Ahora participarás en una conversación simulada. Primero, tendrás 30 segundos para leer el esquema de la conversación. Entonces, escucharás un mensaje y tendrás un minuto para leer de nuevo el esquema de la conversación. Después, empezará la conversación, siguiendo el esquema. Siempre que te toque, tendrás 20 segundos para responder; una señal te indicará cuando debes empezar y terminar de hablar. Debes participar en la conversación de la manera más completa y apropiada posible.

Imagina que Jorge, un estudiante que se graduó de la universidad a la cual quieres asistir, viene a visitar tu escuela.

(A) La entrevista
[You will hear the situation you need to imagine on the recording.
Escucharás la situación que necesitas imaginar en la grabación.]

(B) La entrevista
[The shaded lines reflect what you will hear on the recording.
Las líneas en gris reflejan lo que escucharás en la grabación.]

Jorge:	• Te saluda y establece la razón de la entrevista.
Tú:	• Salúdalo y explícale la razón por la cual te sientes de esa manera.
Jorge:	• Continúa la entrevista.
Tú:	• Responde a su pregunta con todo detalle posible.
Jorge:	• Continúa la entrevista.
Tú:	• Responde a su pregunta con todo detalle posible.
Jorge:	• Continúa la entrevista.
Tú:	• Expresa tus deseos y explica por qué.
Jorge:	• Continúa la entrevista.
Tú:	• Responde a su pregunta y explica.
Jorge:	• Continúa la entrevista.
Tú:	• Reacciona a su pregunta detalladamente.
Jorge:	• Te ofrece una gran oportunidad.
Tú:	• Agradécele la invitación y pídele una cita.
Jorge:	• Te dice lo que él piensa hacer y se despide.
Tú:	• Reacciona a su propuesta, dale las gracias y despídete.

Directions: You will now participate in a simulated conversation. First, you will have 30 seconds to read the outline of the conversation. Then, you will listen to a message and have one minute to read again the outline of the conversation. Afterward, the conversation will begin, following the outline. Each time it is your turn, you will have 20 seconds to respond; a tone will indicate when you should begin and end speaking. You should participate in the conversation as fully and appropriately as possible.

Instrucciones: Ahora participarás en una conversación simulada. Primero, tendrás 30 segundos para leer el esquema de la conversación. Entonces, escucharás un mensaje y tendrás un minuto para leer de nuevo el esquema de la conversación. Después, empezará la conversación, siguiendo el esquema. Siempre que te toque, tendrás 20 segundos para responder; una señal te indicará cuando debes empezar y terminar de hablar. Debes participar en la conversación de la manera más completa y apropiada posible.

Imagina que llamas a la casa de tu amiga Marisa y responde su abuelo. Necesitas hablar con Marisa, pero el abuelo no sabe quién eres. Escucha la conversación.

(A) La conversación
[You will hear the situation you need to imagine on the recording.
Escucharás la situación que necesitas imaginar en la grabación.]

(B) La conversación
[The shaded lines reflect what you will hear on the recording.
Las líneas en gris reflejan lo que escucharás en la grabación.]

Abuelo:	• [El teléfono suena.] Empieza la conversación.
Tú:	• Salúdalo. • Explícale lo que deseas.
Abuelo:	• Continúa la conversación.
Tú:	• Habla más fuerte. • Responde a su pregunta. • Identifícate.
Abuelo:	• Continúa la conversación.
Tú:	• Habla más fuerte. • Explica tu situación. • Insiste en el motivo de tu llamada.
Abuelo:	• Continúa la conversación.
Tú:	• Explica con más detalles. • Dile lo que deseas hacer.
Abuelo:	• Continúa la conversación.
Tú:	• Comunica tu intención.
Abuelo:	• Continúa la conversación.
Tú:	• Despídete.

Directions: You will now participate in a simulated conversation. First, you will have 30 seconds to read the outline of the conversation. Then, you will listen to a message and have one minute to read again the outline of the conversation. Afterward, the conversation will begin, following the outline. Each time it is your turn, you will have 20 seconds to respond; a tone will indicate when you should begin and end speaking. You should participate in the conversation as fully and appropriately as possible.

Instrucciones: Ahora participarás en una conversación simulada. Primero, tendrás 30 segundos para leer el esquema de la conversación. Entonces, escucharás un mensaje y tendrás un minuto para leer de nuevo el esquema de la conversación. Después, empezará la conversación, siguiendo el esquema. Siempre que te toque, tendrás 20 segundos para responder; una señal te indicará cuando debes empezar y terminar de hablar. Debes participar en la conversación de la manera más completa y apropiada posible.

Imagina que te han invitado a un programa de entrevistas para gente joven.

(A) La entrevista
[You will hear the situation you need to imagine on the recording.
Escucharás la situación que necesitas imaginar en la grabación.]

(B) La entrevista
[The shaded lines reflect what you will hear on the recording.
Las líneas en gris reflejan lo que escucharás en la grabación.]

Reportera:	• Te explica el propósito del programa.
Tú:	• Reacciona a su pregunta.
Reportera:	• Continúa la entrevista.
Tú:	• Explica detalladamente.
Reportera:	• Continúa la entrevista.
Tú:	• Explica cómo.
Reportera:	• Continúa la entrevista.
Tú:	• Expresa lo que hacen tú y tus compañeros.
Reportera:	• Te habla sobre otra área que afecta a los jóvenes.
Tú:	• Reacciona a lo que dice.
Reportera:	• Cambia un poco el tono de la entrevista.
Tú:	• Expresa tu opinión.
Reportera:	• Termina la entrevista.
Tú:	• Agradécele la invitación. • Despídete.

Directions: You will now participate in a simulated conversation. First, you will have 30 seconds to read the outline of the conversation. Then, you will listen to a message and have one minute to read again the outline of the conversation. Afterward, the conversation will begin, following the outline. Each time it is your turn, you will have 20 seconds to respond; a tone will indicate when you should begin and end speaking. You should participate in the conversation as fully and appropriately as possible.

Instrucciones: Ahora participarás en una conversación simulada. Primero, tendrás 30 segundos para leer el esquema de la conversación. Entonces, escucharás un mensaje y tendrás un minuto para leer de nuevo el esquema de la conversación. Después, empezará la conversación, siguiendo el esquema. Siempre que te toque, tendrás 20 segundos para responder; una señal te indicará cuando debes empezar y terminar de hablar. Debes participar en la conversación de la manera más completa y apropiada posible.

Imagina que visitas un museo en España y vas a la taquilla de la entrada.

(A) La conversación
[You will hear the situation you need to imagine on the recording.
Escucharás la situación que necesitas imaginar en la grabación.]

(B) La conversación
[The shaded lines reflect what you will hear on the recording.
Las líneas en gris reflejan lo que escucharás en la grabación.]

Recepcionista:	• Empieza la conversación.
Tú:	• Saluda al recepcionista.
	• Contesta su pregunta.
	• Pide información sobre el museo.
Recepcionista:	• Continúa la conversación.
Tú:	• Responde a su pregunta.
	• Pide información acerca de los eventos del museo.
Recepcionista:	• Continúa la conversación.
Tú:	• Explica qué deseas hacer.
	• Pide más información para tu visita al museo.
Recepcionista:	• Continúa la conversación.
Tú:	• Explícale tu decisión.
	• Pídele información acerca de la tienda.
Recepcionista:	• Continúa la conversación.
Tú:	• Despídete.
Recepcionista:	• Termina la conversación.

Directions: You will now participate in a simulated conversation. First, you will have 30 seconds to read the outline of the conversation. Then, you will listen to a message and have one minute to read again the outline of the conversation. Afterward, the conversation will begin, following the outline. Each time it is your turn, you will have 20 seconds to respond; a tone will indicate when you should begin and end speaking. You should participate in the conversation as fully and appropriately as possible.

Instrucciones: Ahora participarás en una conversación simulada. Primero, tendrás 30 segundos para leer el esquema de la conversación. Entonces, escucharás un mensaje y tendrás un minuto para leer de nuevo el esquema de la conversación. Después, empezará la conversación, siguiendo el esquema. Siempre que te toque, tendrás 20 segundos para responder; una señal te indicará cuando debes empezar y terminar de hablar. Debes participar en la conversación de la manera más completa y apropiada posible.

Imagina que recibes una llamada de tu amiga Soledad. Ella tiene una noticia importante.

(A) La conversación
[You will hear the phone ring on the recording.
Escucharás el teléfono sonar en la grabación.]

(B) La conversación
[The shaded lines reflect what you will hear on the recording.
Las líneas en gris reflejan lo que escucharás en la grabación.]

Tú:	• [El teléfono suena.] Responde el teléfono. • Pídele a la persona que se identifique.
Soledad:	• Se identifica y te dice por qué te llama.
Tú:	• Reacciona a la noticia. • Trata de averiguar la razón.
Soledad:	• Te explica la causa de la noticia.
Tú:	• Expresa tu reacción.
Soledad:	• Continúa la conversación.
Tú:	• Trata de calmarla. • Aconséjala.
Soledad:	• Continúa la conversación.
Tú:	• Anímala. • Describe cómo pueden continuar la amistad.
Soledad:	• Reacciona a tus comentarios y hace planes para mañana.
Tú:	• Finaliza los planes y despídete.
Soledad:	• Se despide.

UNIT IV

Directions: You will now participate in a simulated conversation. First, you will have 30 seconds to read the outline of the conversation. Then, you will listen to a message and have one minute to read again the outline of the conversation. Afterward, the conversation will begin, following the outline. Each time it is your turn, you will have 20 seconds to respond; a tone will indicate when you should begin and end speaking. You should participate in the conversation as fully and appropriately as possible.

Instrucciones: Ahora participarás en una conversación simulada. Primero, tendrás 30 segundos para leer el esquema de la conversación. Entonces, escucharás un mensaje y tendrás un minuto para leer de nuevo el esquema de la conversación. Después, empezará la conversación, siguiendo el esquema. Siempre que te toque, tendrás 20 segundos para responder; una señal te indicará cuando debes empezar y terminar de hablar. Debes participar en la conversación de la manera más completa y apropiada posible.

Imagina que recibes un mensaje telefónico solicitando que llames para participar en un concurso.

(A) El mensaje
[You will hear the message on the recording.
Escucharás el mensaje en la grabación.]

(B) La conversación
[The shaded lines reflect what you will hear on the recording.
Las líneas en gris indican lo que escucharás en la grabación.]

Marisol:	• [El teléfono suena.] Te saluda.
Tú:	• Salúdala. • Identifícate. • Explica la razón de tu llamada.
Marisol:	• Continúa la conversación.
Tú:	• Expresa tu reacción con respecto al concurso. • Pide información acerca del concurso.
Marisol:	• Continúa la conversación.
Tú:	• Comenta acerca de la información. • Pide más detalles.
Marisol:	• Continúa la conversación.
Tú:	• Comunícale tu intención. • Expresa tu entusiasmo.
Marisol:	• Continúa la conversación.
Tú:	• Expresa tu reacción. • Exprésale tus deseos acerca del sorteo.

Directions: You will now participate in a simulated conversation. First, you will have 30 seconds to read the outline of the conversation. Then, you will listen to a message and have one minute to read again the outline of the conversation. Afterward, the conversation will begin, following the outline. Each time it is your turn, you will have 20 seconds to respond; a tone will indicate when you should begin and end speaking. You should participate in the conversation as fully and appropriately as possible.

Instrucciones: Ahora participarás en una conversación simulada. Primero, tendrás 30 segundos para leer el esquema de la conversación. Entonces, escucharás un mensaje y tendrás un minuto para leer de nuevo el esquema de la conversación. Después, empezará la conversación, siguiendo el esquema. Siempre que te toque, tendrás 20 segundos para responder; una señal te indicará cuando debes empezar y terminar de hablar. Debes participar en la conversación de la manera más completa y apropiada posible.

Imagina que estás almorzando con tu amiga María Elena en la cafetería de la escuela.

(A) La conversación
[You will hear the situation you need to imagine on the recording.
Escucharás la situación que necesitas imaginar en la grabación.]

(B) La conversación
[The shaded lines reflect what you will hear on the recording.
Las líneas en gris reflejan lo que escucharás en la grabación.]

Tú:	• Explícale lo que pasó.
María Elena:	• Reacciona a lo que le contaste.
Tú:	• Responde a su pregunta. • Dale más información.
María Elena:	• Te hace otra pregunta.
Tú:	• Contesta la pregunta detalladamente.
María Elena:	• Continúa la conversación.
Tú:	• Cuéntale detalladamente lo que te pregunta.
María Elena:	• Continúa la conversación.
Tú:	• Responde afirmativamente. • Dile lo que piensan los otros estudiantes.
María Elena:	• Expresa su opinión.
Tú:	• Expresa tu opinión. • Despídete.
María Elena:	• Se despide.

UNIT IV

Directions: You will now participate in a simulated conversation. First, you will have 30 seconds to read the outline of the conversation. Then, you will listen to a message and have one minute to read again the outline of the conversation. Afterward, the conversation will begin, following the outline. Each time it is your turn, you will have 20 seconds to respond; a tone will indicate when you should begin and end speaking. You should participate in the conversation as fully and appropriately as possible.

Instrucciones: Ahora participarás en una conversación simulada. Primero, tendrás 30 segundos para leer el esquema de la conversación. Entonces, escucharás un mensaje y tendrás un minuto para leer de nuevo el esquema de la conversación. Después, empezará la conversación, siguiendo el esquema. Siempre que te toque, tendrás 20 segundos para responder; una señal te indicará cuando debes empezar y terminar de hablar. Debes participar en la conversación de la manera más completa y apropiada posible.

Imagina que viajas a la ciudad de Santiago, Chile, para la boda de tu tío al día siguiente. El vuelo en el que viajas llega con retraso y tienes problemas con la conexión.

(A) La conversación
[You will hear the situation you need to imagine on the recording.
Escucharás la situación que necesitas imaginar en la grabación.]

(B) La conversación
[The shaded lines reflect what you will hear on the recording.
Las líneas en gris indican lo que escucharás en la grabación]

Agente:	• Empieza la conversación.
Tú:	• Salúdalo. • Explica tu situación. • Demuéstrale cómo te sientes.
Agente:	• Continúa la conversación.
Tú:	• Añade más detalles acerca de tu viaje. • Pide más información para tu conexión.
Agente:	• Continúa la conversación.
Tú:	• Insiste en tu situación • Sugiérele una alternativa para tu conexión.
Agente:	• Continúa la conversación.
Tú:	• Reacciona. • Expresa cómo te sientes con esa alternativa. • Pide más información acerca del vuelo.
Agente:	• Continúa la conversación.
Tú:	• Toma una decisión acerca del vuelo a Santiago. • Exprésale tu desagrado al empleado de la aerolínea.
Agente:	• Se despide.

Part B Formal Oral Presentation (Integrated Skills)

The formal speaking task consists of an oral presentation in a formal or academic setting. You will have 5 minutes to read one document (a newspaper or magazine article or a contemporary literary excerpt) and you will then listen to a short audio selection. After that you will have 2 minutes to plan and prepare for your presentation, and 2 minutes to record your answer to a question related to the printed and recorded sources.

Since the Formal Writing and Formal Oral Presentation sections of the exam follow similar principles, it is worth reviewing some of the information found at the beginning of Unit II (pp. 39–41).

In the Formal Oral Presentation section, as in the Formal Writing section, you are expected to demonstrate your ability to integrate your reading, listening, and (ultimately) speaking skills. This means that you will be evaluated on your ability to **interpret** the information in the two sources, your ability to **synthesize** these ideas, and your ability to use these sources to **support** the ideas you present in your formal presentation. Your presentation must make references to both sources, but **not** simply summarize the information from the sources. You are required to demonstrate your capability to synthesize this information as you make your presentation. It is also expected that you make some inferences and or make assumptions with regard to the sources.

It is important that you understand the steps you will take when preparing your presentation and what elements must be present:

1. You may use information that you already know about the topic.

2. You must process the information presented and draw conclusions and inferences. Remember that you must be selective as to what information from the sources is important.

3. You will synthesize the ideas, you will integrate your comments on **both** sources, and you will develop your presentation.

Read through the introductory material in Unit I (Listening), pp. 1–2; Unit II (Reading), pp. 39–41; and Unit III Part D (Formal Writing), pp. 152–155 to review in more detail the strategies given there.

Strategies

FOR SPEAKING

1. **Practice speaking in this format.** Remember that you are making a "formal" presentation based on two sources. The more you practice this type of exercise, the more comfortable you will become with synthesizing the information and offering some of your own personal opinions about the topic.

2. **Read the question or prompt very carefully.** Make sure that you know exactly what you are being asked to do: compare, contrast, explain, discuss, etc.

3. **Use graphic organizers.** They will help you gather information as you are read and/or listen.

4. **Jot down key words from both sources.** You can use these later in your presentation.

5. **Personalize your presentation.** Think about how you can make the ideas presented relevant to the person listening to your presentation.

UNIT IV

6. **Use both sources.** Incorporate and integrate pertinent and meaningful references from each source.

7. **Include inferences and opinions.** Make sure you show that you have understood the sources and are able to make inferences and express your own opinions about them.

8. **Review transition words.** Try to incorporate phrases such as the ones in Appendix C (Some Words and Expressions Used to Connect Ideas). This will make your presentation flow more smoothly.

9. **Check your responses as you speak.** If you make a mistake while speaking, you may correct yourself.

10. **Plan ahead.** Time yourself properly and make sure you use the entire two minutes.

11. **Speak clearly.** Make sure you enunciate and don't talk too quickly.

12. **Find out how your work will be evaluated.** Finally, become familiar with the scoring guidelines that will be used to assess your presentation. This will help you understand what is expected of you, and it will also allow you to make mental notes of the areas you need to improve.

Part B Formal Oral Presentation (Integrated Skills)

Directions: The following question is based on the accompanying printed article and audio selection. First, you will have 5 minutes to read the printed article. Afterward, you will hear the audio selection; you should take notes while you listen. Then, you will have 2 minutes to plan your answer and 2 minutes to record your answer.

Instrucciones: La pregunta siguiente se basa en el artículo impreso y la selección auditiva. Primero, tendrás 5 minutos para leer el artículo impreso. Después, escucharás la selección auditiva; debes tomar apuntes mientras escuchas. Entonces, tendrás 2 minutos para preparar tu respuesta y 2 minutos para grabar tu respuesta.

Imagina que tienes que dar una presentación formal ante una clase de español sobre el siguiente tema:

El artículo impreso habla sobre la restauración del malecón en Guayaquil, Ecuador; el informe que vas a escuchar habla sobre las obras de arte en los muros de Caracas, Venezuela. En una presentación formal, compara cómo estas dos ciudades han revitalizado estos dos lugares.

UNIT IV

Texto Impreso

FUENTE 1: Este artículo, "Restauran el malecón de Guayaquil", por Vanessa Pittaluga, fue publicado en la revista *Ecos*.

Ecuador: Restauran el malecón en Guayaquil

A orillas del río Guayas, en pleno centro de Guayaquil, se construyó el más ambicioso proyecto de regeneración urbana de Ecuador. El proyecto "Malecón 2000", que concluyó a finales del año pasado, buscaba revalorizar el centro histórico y ofrecerle nuevo brillo a la opacada ciudad portuaria. A este gran proyecto le siguieron otros que han embellecido la ciudad, dándoles una mejor calidad de vida a sus habitantes.

Santiago de Guayaquil, capital de la provincia del Guayas, no sólo es el puerto principal de Ecuador, sino también la capital económica del país. Se calcula que un 73% de las importaciones y un 47% de las exportaciones del país se desarrollan en esa movida y alegre metrópoli. Gracias a este proyecto de restauración del "Malecón Simón Bolívar", miles de guayaquileños pueden disfrutar de 21 hectáreas de diversión a lo largo de 2,5 km. Se ha triplicado el espacio que ofrecía el antiguo malecón, brindando distracción mediante almacenes, restaurantes, museos, jardines y monumentos históricos completamente renovados.

El proyecto, que comprendió tres etapas, fue impulsado por el Municipio de Guayaquil y fue apoyado por la Universidad Oxford-Brookes de Inglaterra y entidades privadas.

Vanessa Pittaluga

Informe de la radio

FUENTE 2 (AUDIO): Este informe, que se titula "Obras de arte en los muros de Caracas", se basa en un artículo publicado en la revista *Ecos*.

Directions: The following question is based on the accompanying printed article and audio selection. First, you will have 5 minutes to read the printed article. Afterward, you will hear the audio selection; you should take notes while you listen. Then, you will have 2 minutes to plan your answer and 2 minutes to record your answer.

Instrucciones: La pregunta siguiente se basa en el artículo impreso y la selección auditiva. Primero, tendrás 5 minutos para leer el artículo impreso. Después, escucharás la selección auditiva; debes tomar apuntes mientras escuchas. Entonces, tendrás 2 minutos para preparar tu respuesta y 2 minutos para grabar tu respuesta.

Imagina que tienes que dar una presentación formal ante una clase de español sobre el siguiente tema:

En el artículo de revista, vas a leer acerca del trabajo en los Estados Unidos; en el reportaje que vas a escuchar, podrás encontrar datos acerca de la situación del trabajo en Argentina. En tu presentación formal, compara la información que aparece en ambas fuentes.

Texto Impreso

FUENTE 1: Este artículo, "Empleo para adultos mayores," por Mary Cárdenas, apareció en la sección *Comunidad* de la revista *Vive*, que se publica en Estados Unidos.

Empleo para adultos mayores

por Mary Cárdenas

La edad no es obstáculo para solicitar empleo.

Si usted tiene más de 55 años de edad y está necesitando trabajo, el programa de empleo para adultos mayores SCSEP de la fundación *American Association for Retired People*, autorizado por la ley y financiado por el Departamento de Trabajo de Estados Unidos ofrece entrenamiento y ofertas de trabajo para reingresar a la fuerza laboral a las personas que cumplan los requisitos de residencia e ingreso económico. Igualmente otorga ayuda gratis con los impuestos a individuos con medianos y bajos ingresos, especialmente a los mayores de 60 años.

Asesoría legal

El personal de asesoría legal defiende los derechos legales de los adultos mayores que se encuentran en situaciones críticas relacionadas con su salud, cuidados de largo plazo, asuntos del consumidor y de trabajo. Tiene otros programas que ofrecen información, educación y servicios que les garantizan vidas independientes, con dignidad y sentido de propósito.

Capacitación

El programa de empleo para adultos mayores en servicio a la comunidad de la fundación lo puede ayudar a mejorar sus habilidades laborales, a capacitarse y a encontrar empleo, dándole confianza en sí mismo para que tenga éxito en la búsqueda de trabajo. Puede ser asignado a una agencia anfitriona de la comunidad, por ejemplo un banco de alimentos, una biblioteca, un hospital, etc., donde trabajará 20 horas semanales y se le pagará por lo menos un salario mínimo, pero durante ese período continuarán buscándole un empleo permanente de tiempo completo o parcial, para cuando ya esté preparado.

Ayudas para el empleo

Teniendo como base sus necesidades, habilidades y buena disposición para aprender otros oficios, el personal de la fundación seguirá las siguientes etapas:
—Evaluará sus habilidades laborales e intereses.
—Le ayudará a establecer sus objetivos laborales.
—Le pondrá en contacto con quienes puedan capacitarlo para aprender nuevas destrezas.
—Le ayudará a actualizar su hoja de vida y le enseñará a buscar empleo.
—Le pondrá en contacto con empleadores que valoran a los trabajadores adultos mayores.
—Le ofrecerá un ingreso temporal mientras se capacita.

La fundación conoce el mercado laboral al igual que los empleadores. Por lo tanto, puede recomendar a los participantes. Lo mejor de todo es que este programa está a disposición de todos los latinos sin costo alguno y en español, con el único fin de que los adultos mayores se reincorporen al mundo laboral. ¡Ánimo!

Informe de la radio

FUENTE 2 (AUDIO): Este informe se titula "Ante la crisis, creatividad." Está basado en un artículo que apareció en la revista *Ecos*.

Directions: The following question is based on the accompanying printed article and audio selection. First, you will have 5 minutes to read the printed article. Afterward, you will hear the audio selection; you should take notes while you listen. Then, you will have 2 minutes to plan your answer and 2 minutes to record your answer.

Instrucciones: La pregunta siguiente se basa en el artículo impreso y la selección auditiva. Primero, tendrás 5 minutos para leer el artículo impreso. Después, escucharás la selección auditiva; debes tomar apuntes mientras escuchas. Entonces, tendrás 2 minutos para preparar tu respuesta y 2 minutos para grabar tu respuesta.

Imagina que tienes que dar una presentación formal ante una clase de español sobre el siguiente tema:

Vas a leer un artículo sobre Juanes, el cantante colombiano; luego vas a escuchar una narración sobre Daniel Barenboim, pianista y compositor argentino de origen judío. En una presentación formal, compara cómo estos dos artistas han usado la música.

UNIT IV

Texto Impreso

FUENTE 1: Este artículo, "Juanes", por Covadonga Jiménez, fue publicado en la revista *Ecos*.

Juanes

Colombiano natural de Medellín, Juanes es el artista latino que arrasa actualmente con su música en el continente americano. Fue, en concreto, la gran estrella de la última edición de los Grammys Latinos, donde ganó en las cinco categorías en las que fue nominado: Mejor Album del Año: "Un día normal"; Mejor Disco del Año: "Un día normal"; Mejor Canción del Año: "Es por ti"; Mejor Canción Rock del Año: "Mala gente"; y Mejor Solista Rock del Año. Y a esto se suman, además de otros premios, otros tres Grammys Latinos por su anterior disco "Fíjate bien". Dos discos en solitario que han supuesto su entrada por la puerta grande a la industria discográfica norteamericana, y su merecido reconocimiento como compositor, cantante y guitarrista en todo el mundo.

Juan Esteban Aristizábal —de la unión de sus dos nombres surge el artístico Juanes —creció amando la música. Su padre y sus cinco hermanos le enseñaron a tocar la guitarra y a deleitarse con la música tradicional de Los Visconti, de Carlos Gardel o Diomedes Díaz. Pero su curiosidad de adolescente lo llevó a descubrir en un concierto de rock los sonidos estridentes de las guitarras eléctricas y el enloquecido ritmo de la batería.

En 1988 Juanes fundó su propio grupo de rock, "Ekhymosis". Fueron años de mucho trabajo, tocando en un garaje con su banda, y escribiendo letras que reflejaban lo cotidiano de las calles de Medellín: violencia, guerra entre cárteles de narcotraficantes, vidas jóvenes truncadas, dolor y pobreza. La música de "Ekhymosis" se convirtió para muchos jóvenes sin rumbo en un símbolo de rebeldía contra la sociedad que les estaba tocando vivir. En la última etapa de "Ekhymosis", Juanes decide fusionar el rock con sonidos de cumbia y ranchera.

La fusión supuso confusión para muchos seguidores de "Ekhymosis", y significó, tras casi 12 años, el fin de la banda, y el renacer de Juanes. Con poco más que muchas ilusiones y su guitarra se traslada a Los Ángeles, California, a buscar una salida a sus nuevos sueños y a sus tremendas ganas de mostrar la música que llevaba dentro de sí.

El encuentro fortuito con el productor Gustavo Santaolalla supuso para este joven colombiano, tras un intenso trabajo y muchas ilusiones, grabar su primer álbum en solitario, "Fíjate bien". Con este disco, los sueños de Juanes empezaron a hacerse realidad. La gran capacidad de trabajo de este joven colombiano le llevó a grabar el pasado año su segundo disco, "Un día normal", y vuelve a tener éxito. Doce canciones, once compuestas por él, con mucha garra, con mucho ritmo y con algo más que buenas melodías, con mucho contenido. Juanes canta en español, y la fama y los Grammys le dan aún más fuerza para seguir componiendo, tocando su guitarra, cantando, y demostrando que el que persigue sus sueños consigue hacerlos realidad, pagando el único precio de ser auténtico y leal a sí mismo.

Covadonga Jiménez

Informe de la radio

FUENTE 2 (AUDIO): Este informe, que se titula "Daniel Barenboim y la Orquesta West Eastern Divan," está basado en un artículo que se publicó en *Ecos*.

Directions: The following question is based on the accompanying printed article and audio selection. First, you will have 5 minutes to read the printed article. Afterward, you will hear the audio selection; you should take notes while you listen. Then, you will have 2 minutes to plan your answer and 2 minutes to record your answer.

Instrucciones: La pregunta siguiente se basa en el artículo impreso y la selección auditiva. Primero, tendrás 5 minutos para leer el artículo impreso. Después, escucharás la selección auditiva; debes tomar apuntes mientras escuchas. Entonces, tendrás 2 minutos para preparar tu respuesta y 2 minutos para grabar tu respuesta.

Imagina que tienes que dar una presentación formal ante una clase de español sobre el siguiente tema:

En el artículo impreso vas a leer acerca de los tigres en la India. El informe que vas a escuchar habla de los animales domésticos. En tu presentación formal, compara la responsabilidad de los seres humanos en estas dos situaciones.

Texto Impreso

FUENTE 1: Este artículo apareció en el periódico digital *elmundo.es*, publicado en España.

250 guardas elaboran un censo

¿Cuántos tigres quedan en la India? La protección del animal más emblemático de la India.

MUMBAI (INDIA).–Armado con sofisticados equipos de telecomunicaciones, un pequeño ejército de 250 guardas forestales indios ha encarado uno de los grandes retos medioambientales del país asiático: un censo de tigres, el animal nacional.

El censo del felino, el más ambicioso y científico de los emprendidos hasta ahora, ha comenzado en la reserva de Sunderbans, en Bengala Occidental. Esta zona protegida situada en la costa oriental de la India, de 10.000 kilómetros cuadrados, es el principal santuario mundial para el tigre.

La creación de esta fuerza especial es un empeño personal del primer ministro indio, después de la matanza registrada el pasado mes de marzo en la reserva de Sariska, y que desencadenó las críticas de los ecologistas. Los cazadores acabaron con toda la población del parque, 18 ejemplares.

Por primera vez, para elaborar el censo se cuenta con los últimos avances técnicos disponibles, desde programas informáticos especialmente diseñados a avanzadas cámaras digitales, pasando por radiotransmisores que permiten el seguimiento vía satélite de los animales.

Organizaciones conservacionistas habían criticado los últimos censos, manteniendo que habían sido inflados. El último recuento, de 2003, cifraba la población de tigres en la India en unos 3.700 ejemplares, de los que al menos 260 se localizan en la reserva de Sunderbans. Los ecologistas, sin embargo, mantienen que no quedan en el país más de 2.000. Hace un siglo, unos 40.000 ejemplares se repartían por las zonas selváticas del subcontinente.

La primera fase del censo terminará el próximo día 10 y se ha comprometido a evaluar también el estado del hábitat natural de esta especie en extinción. Los cazadores realizan su actividad con relativa impunidad en todo el país. Un sólo ejemplar puede alcanzar los 40.000 euros en el mercado negro. Los órganos y los huesos del tigre siguen siendo muy apreciados en la medicina tradicional china.

Informe de la radio

FUENTE 2 (AUDIO): Este informe se titula "Las mascotas no son juguetes", y está basado en un artículo publicado en la edición digital del periódico español *ABC*.

Directions: The following question is based on the accompanying printed article and audio selection. First, you will have 5 minutes to read the printed article. Afterward, you will hear the audio selection; you should take notes while you listen. Then, you will have 2 minutes to plan your answer and 2 minutes to record your answer.

Instrucciones: La pregunta siguiente se basa en el artículo impreso y la selección auditiva. Primero, tendrás 5 minutos para leer el artículo impreso. Después, escucharás la selección auditiva; debes tomar apuntes mientras escuchas. Entonces, tendrás 2 minutos para preparar tu respuesta y 2 minutos para grabar tu respuesta.

Imagina que tienes que dar una presentación formal ante una clase de español sobre el siguiente tema:

Vas a leer un artículo de un periódico chileno sobre las telenovelas hispanas; en el informe que vas a escuchar, se discute el lenguaje de las telenovelas. En tu presentación formal, compara la información que presentan estas dos fuentes.

Texto Impreso

FUENTE 1: Este artículo, "En el idioma de las telenovelas" por Lucila Castro, se publicó en el periódico argentino *La Nación*.

En el idioma de las telenovelas

por Lucille Castro

El domingo 28 de agosto, mientras me entretenía e informaba leyendo el diario, encontré un artículo, en la sección Empleos y Recursos Humanos, titulado «El auge del idioma de las telenovelas» —escribe la profesora María Amelia Gambaro—. Como soy profesora en letras, este informe llamó inmediatamente mi atención. En él se hace mención de unos cursos destinados especialmente a locutores y telefonistas de *call centers* para (cito textualmente) «dominar el llamado español o castellano neutro que escuchamos en el cine y en la televisión». Afirma la articulista que el objetivo de estas clases, que se dictan cuatro veces por semana, es «lograr una comunicación más fluida con los clientes que comparten la lengua, pero no la nacionalidad». Asevera[1], más adelante, que este aprendizaje del español neutro surgió como una necesidad de mejorar el diálogo escrito u oral con «empresas multinacionales».

Tras la lectura de esta noticia, quedé perpleja. En efecto, quienes escuchamos o leemos con atención los doblajes a este llamado castellano neutro de series y películas sabemos que estos sufren de serios problemas de construcción y de dicción, que el catedrático G. Martín Vivaldi, en su Curso de redacción, llama, específicamente, «telecismos». El citado autor define estos como «una serie de expresiones que no sabemos si son castellano neutro…, ambiguo o, simplemente, disparatado, absurdo e inadmisible». Y enuncia, para ejemplificar, las siguientes frases extractadas de la pantalla televisiva: «Qué bueno que viniste», «¡Qué tanto que tardaste!», «En lo absoluto», «Yo me regreso a casa», «Repórtese al coronel», «Jugar póquer», «Balacera» (por «tiroteo»), «El conteo» (por «la cuenta»), etcétera. Para fundamentar su opinión acerca de esta alteración de nuestro idioma, G. Martín Vivaldi reproduce declaraciones efectuadas hace varios años por un funcionario puertorriqueño: «Este idioma híbrido creado en Méjico y 'perfeccionado' en Puerto Rico… tiene como finalidad buscar un punto medio entre las múltiples formas de acento que hay en Norteamérica. Pero la consecuencia es que en lugar de enriquecer el castellano lo degenera».

Para culminar su exposición, el referido catedrático español formula una severa advertencia: «Debemos poner fin a ese 'castellano neutro' de los telefilmes. El llamado 'castellano neutro' no existe ni puede existir a menos que lo que se pretenda sea empobrecer el idioma.»

---

[1]*aseverar: afirmar, confirmar*

Informe de la radio

FUENTE 2 (AUDIO): Este informe se titula "Las telenovelas cohesionan la lengua." Está basado en un artículo que apareció en la portada de *La página del idioma* en la Web.

Directions: The following question is based on the accompanying printed article and audio selection. First, you will have 5 minutes to read the printed article. Afterward, you will hear the audio selection; you should take notes while you listen. Then, you will have 2 minutes to plan your answer and 2 minutes to record your answer.

Instrucciones: La pregunta siguiente se basa en el artículo impreso y la selección auditiva. Primero, tendrás 5 minutos para leer el artículo impreso. Después, escucharás la selección auditiva; debes tomar apuntes mientras escuchas. Entonces, tendrás 2 minutos para preparar tu respuesta y 2 minutos para grabar tu respuesta.

Imagina que tienes que dar una presentación formal ante una clase de español sobre el siguiente tema:

Ahora vas a leer un artículo acerca de la ciudad de Potosí; después, escucharás un informe acerca de otra ciudad, Bogotá. En una presentación formal, compara la visión que tienes ahora de estas dos ciudades.

Texto Impreso

FUENTE 1: El artículo, "Potosí: Bolivia suspendida en el tiempo," de David Adams, fue publicado en Estados Unidos por la revista *Nexos*.

Potosí: Bolivia suspendida en el tiempo

Ser olvidado por la historia tiene sus ventajas. Hay pocos lugares en el mundo que se han preservado tan bien como Potosí. Ofrece una experiencia única: un viaje al techo del mundo, con una riqueza cultural e histórica incomparables.

La expresión española 'vale un Potosí' dice mucho de la fama alcanzada por la ciudad. La magistral arquitectura colonial de sus monumentos de piedra, y sus casas con balcones y portadas en calles estrechas, transportan al visitante a un lejano pasado.

. Declarada Ciudad Patrimonio de la Humanidad en 1987 por la UNESCO, la ciudad emprendió en 1993 una gran campaña de restauración de sus edificios históricos. En sólo una década, con la ayuda del gobierno español, se ha transformado el atractivo turístico de la ciudad al salvarse diversos edificios.

Como es una ciudad pequeña, se puede apreciar todo a pie. La joya principal, sin duda, es el museo de la Casa de la Moneda donde se acuñaban las monedas del imperio español.

Del tamaño de una fortaleza en pleno centro de la ciudad, su construcción comenzó en 1572. La Casa de la Moneda es hoy el museo principal de Bolivia y tiene la mejor colección de monedas coloniales, hechas de la plata que abundaba en las minas del famoso Cerro Rico.

A pocos metros del museo se encuentra la catedral, un magnífico ejemplo del curioso estilo potosino llamado 'barroco mestizo', producto de la mezcla del trabajo de arquitectos locales con influencia colonial. Por la calle Hoyos se encuentra la iglesia de Belén, ahora convertida en un pequeño y moderno teatro con un café muy agradable.

El sur de la ciudad está dominado por el Cerro Rico, de cuyas entrañas salía la plata tan codiciada en tiempos del imperio español. Desde 1545 a 1825 el Cerro Rico produjo la impresionante cantidad de 46.000 toneladas de plata pura.

Informe de la radio

FUENTE 2 (AUDIO): Este informe se titula "Bogotá se ha convertido en el destino obligado de los turistas en Colombia." Fue publicado en la revista colombiana *Cambio*.

Directions: The following question is based on the accompanying printed article and audio selection. First, you will have 5 minutes to read the printed article. Afterward, you will hear the audio selection; you should take notes while you listen. Then, you will have 2 minutes to plan your answer and 2 minutes to record your answer.

Instrucciones: La pregunta siguiente se basa en el artículo impreso y la selección auditiva. Primero, tendrás 5 minutos para leer el artículo impreso. Después, escucharás la selección auditiva; debes tomar apuntes mientras escuchas. Entonces, tendrás 2 minutos para preparar tu respuesta y 2 minutos para grabar tu respuesta.

Imagina que tienes que dar una presentación formal ante una clase de español sobre el siguiente tema:

El artículo que vas a leer habla de Paco de Lucía; el reportaje que vas a escuchar es sobre Rosario Flores. En tu presentación formal, destaca los logros de cada una de estas dos personas.

UNIT IV

Texto Impreso

FUENTE 1: Este artículo, "Paco de Lucía. El maestro de la guitarra flamenca", por Covadonga Jiménez, apareció en la revista *Ecos*.

Paco de Lucía
El maestro de la guitarra flamenca

Se llama Francisco Sánchez Gómez, pero todos lo conocen como Paco de Lucía. Es "el maestro" de la guitarra flamenca, aunque a él no le gusten los títulos, sino el trabajo bien hecho, a conciencia. Es un compositor y músico innovador, que ha conseguido revolucionar el lenguaje del flamenco con su guitarra, pero manteniendo sus raíces y su tradición.

Paco de Lucía nació en 1947 en Algeciras, Cádiz, dentro de una familia numerosa y aficionada a la música. Su padre, guitarrista, inculcó[1] e inspiró en sus hijos el amor por el flamenco, en parte por necesidad, en parte por orgullo. Tres de ellos tuvieron madera[2] para este arte, en especial el pequeño Paco, quien desde los siete años se aficionó a la guitarra, que hoy sigue siendo su herramienta de trabajo. Con doce años Paco de Lucía empezó a recorrer el mundo con su guitarra. De Sabicas, uno de los grandes guitarristas españoles, aprendió lo más puro del flamenco, para conseguir sobre esa base su propio estilo, su personalidad.

Entre 1964 y 1967 saca sus primeros dos discos, y en 1969 conoce a uno de los cantaores más excepcionales de la historia del flamenco, Camarón de la Isla, con quien inicia una relación musical muy fructífera. En 1973, la rumba de Paco de Lucía "Entre dos aguas" encandiló en España a jóvenes y a mayores, y estuvo en los primeros puestos de las listas de éxito. A partir de entonces se inició la renovación del flamenco, y Paco de Lucía era uno de sus precursores. Su diálogo con la música se extendió al jazz, a la música brasileña, a la clásica y a la salsa. Su guitarra, por ejemplo, ha hecho duelos con los jazzistas Pedro Iturralde, Chick Corea, John MacLaughlin, Larry Coryell, o se ha atrevido a interpretar a los clásicos, como Falla, Rodrigo y Albéniz, entre otros.

La necesidad de Paco de Lucía de dar un nuevo lenguaje al flamenco, de enriquecerlo con nuevos acordes y ritmos, le hace formar también un sexteto y un trío donde su guitarra flamenca se fusiona con el saxo, el bajo eléctrico, la flauta, el cajón, o las palmas. Paco de Lucía, transgresor del purismo, de la ortodoxia flamenca, se convierte en el maestro del nuevo lenguaje de este arte que traspasa todas las fronteras.

"La guitarra de Paco de Lucía", "Fuente y caudal", "Fantasía flamenca", "Antología" "Siroco", "Almoraima", "Sólo quiero caminar", "Friday Night in San Francisco" —con John McLaughlin y Al Di Meola—, "Luzía", y "Cositas buenas" —su último trabajo— son algunos de sus discos, que han marcado diversas etapas en su desarrollo como músico y compositor. Paco de Lucía es un símbolo del flamenco; un maestro que ha conseguido no sólo el reconocimiento de los aficionados de todo el mundo, sino también el de la Fundación Príncipe de Asturias, que le ha concedido recientemente el galardón Premio Príncipe de Asturias de las Artes.

---

[1]*inculcar: grabar, fijar en la memoria*
[2]*tener madera: tener capacidad*

Informe de la radio

FUENTE 2 (AUDIO): Este informe se titula "Rosario Flores: Con su luz propia." Está basado en un artículo que apareció en la revista *Ecos*.

Directions: The following question is based on the accompanying printed article and audio selection. First, you will have 5 minutes to read the printed article. Afterward, you will hear the audio selection; you should take notes while you listen. Then, you will have 2 minutes to plan your answer and 2 minutes to record your answer.

Instrucciones: La pregunta siguiente se basa en el artículo impreso y la selección auditiva. Primero, tendrás 5 minutos para leer el artículo impreso. Después, escucharás la selección auditiva; debes tomar apuntes mientras escuchas. Entonces, tendrás 2 minutos para preparar tu respuesta y 2 minutos para grabar tu respuesta.

Imagina que tienes que dar una presentación formal ante una clase de español sobre el siguiente tema:

El artículo de periódico que vas a leer trata del medio ambiente en Colombia; el reportaje que vas a escuchar habla de la labor de Ruth Saavedra en Bolivia. En tu presentación formal, compara la información que se presenta en ambos medios de información.

UNIT IV

Texto Impreso

FUENTE 1: Este artículo, "Campesinos, a cocinar con gas", fue escrito por la redacción del periódico *El País* publicado en Colombia.

Campesinos, a cocinar con gas

Redacción de EL PAÍS

Cartago. El tradicional sancocho de gallina que se sirve en los pequeños municipios del norte del Valle, ya no se cocinará con leña sino con gas.

Lo anterior se debe a que 500 familias campesinas de la zona fueron beneficiadas con un programa de conservación del medio ambiente.

El proyecto consistió en la dotación de dichos hogares con estufas a gas, para así evitar la tala[1] indiscriminada de bosques naturales con el fin de obtener leña para sus fogones.

"Recibimos una estufa[1] a gas gratis y además nos enseñaron el manejo y los cuidados que se deben tener a la hora de operar esta clase de elementos. O sea que el sancocho ya no se hará con leña sino con gas", expresó Carlina Agudelo, una de las beneficiarias.

El programa es liderado por Ecopetrol, y coordinado por la CVC[2] en los municipios de El Águila, Toro y Versalles.

Carlos Vargas, alcalde de El Águila, precisó que en su municipio fueron entregadas 278 estufas a igual número de familias que habitan en la zona rural y que cocinan con leña.

"Hoy muchas comunidades disfrutan de las ayudas, las cuales esperamos incrementar en los próximos años", agregó el Mandatario.

Héctor Becerra, su homólogo en Toro, recalcó que allí los favorecidos fueron 152 familias campesinas que residen en las veredas Patio Bonito y La Quiebra. "Esa zona alta cordillerana es la que hoy padece el problema de la tala indiscriminada y la quema de bosques."

Para Versalles el programa destinó 70 estufas, las cuales se distribuyeron en igual número de hogares del corregimiento El Embal.

Por su parte, Jairo Arias, coordinador de la oficina de la CVC que orienta el proceso de administración de los recursos naturales en el norte del Valle, reconoció el valor ambiental del programa, "porque protege los bosques del corredor natural integrado por el Cerro Tatamá y la Serranía de Los Paraguas".

---

[1]*tala: corte*
[2]*estufa: cocina*
[3]*CVC: Corporación Regional del Valle del Cauca*

Informe de la radio

FUENTE 2 (AUDIO): Este informe se titula "Cocinas solares: Rayos de transformación". Está basado en un artículo escrito por Darwin O'Ryan y Louise Meyer que apareció en la revista *Américas*, publicada en Estados Unidos.

Instrucciones: La pregunta siguiente se basa en el artículo impreso y la selección auditiva. Primero, tendrás 5 minutos para leer el artículo impreso. Después, escucharás la selección auditiva; debes tomar apuntes mientras escuchas. Entonces, tendrás 2 minutos para preparar tu respuesta y 2 minutos para grabar tu respuesta.

Imagina que tienes que dar una presentación formal ante una clase de español sobre el siguiente tema:

El artículo que vas a leer es sobre el bailarín Ángel Corella; el informe que vas a escuchar habla sobre María Pagés, bailadora y coreógrafa. En una presentación formal, compara la carrera de ambos.

UNIT IV

Texto Impreso

FUENTE 1: Este artículo, "El 'salto de Ángel'," fue publicado en la revista *Ecos*.

El "salto de Ángel"

Ángel Corella es bailarín. Lleva toda la vida dando saltos y piruetas, pero probablemente ninguna le ha producido tanto vértigo como el gran salto que ahora pretende dar. El bailarín madrileño ha creado junto con su hermana, María, también bailarina, su propia Fundación, la Fundación Ángel Corella. El objetivo es fomentar la danza clásica, dar la posibilidad a aquellos que por diversas circunstancias no pueden costearse una formación artística. Paralelamente, ha puesto en marcha un ambicioso proyecto: una residencia para jóvenes (entre doce y dieciocho años), que servirá como fuente para su propia compañía de danza. Con la residencia quiere evitar que las nuevas generaciones vivan las dificultades que él sufrió. Según ha anunciado, habrá espacio para 200 alumnos y funcionará gracias a un sistema de becas.

Ángel tiene veintiocho años y mucha experiencia teatral; en 1991, con dieciséis años, consiguió el primer premio del Concurso Nacional de Ballet. Con tan sólo diecinueve llegó al American Ballet Theatre como solista. El año pasado ganó, en España, el Premio Nacional de Danza. Sin embargo, algo que lamenta el bailarín es haber tenido que realizar toda su carrera artística en el extranjero, "tener que irme de mi país, … eso es duro". Ahora vive en Nueva York, pero echa de menos muchas cosas, "la familia, el paisaje, la tortilla, el jamón… sobre todo el jamón", dice. Aun así, está muy agradecido por la oportunidad que América le ha ofrecido. Por eso, su residencia-escuela en Cataluña estará "hermanada" con el American Ballet.

Informe de la radio

FUENTE 2 (AUDIO): Este informe, que se titula "María Pagés: tradición y modernidad", está basado en un artículo que se publicó en *Ecos*.

Imagina que tienes que dar una presentación formal ante una clase de español sobre el siguiente tema:

El artículo de revista trata sobre Fernando del Paso; el reportaje describe la vida de Encarnación García Villa. En tu presentación formal, compara la vida de estas dos personas.

Texto Impreso

FUENTE 1: Este artículo, "Fernando del Paso, escritor mexicano," fue publicado en la sección de *Cultura* de la revista colombiana *Cambio*.

Fernando del Paso, escritor mexicano: "Revisar *El Quijote* exige una actitud modesta"

Fernando del Paso, uno de los grandes escritores de la generación inmediatamente posterior al *boom* latinoamericano, es conocido por ambiciosas y destacadas novelas como *Palinuro de México* y *Linda 67,* así como por libros de poesía y ensayo. Capítulo aparte merece su obra cumbre, *Noticias del Imperio,* una novela histórica sobre México. Durante el paso del mexicano por la Feria del Libro de Bogotá para presentar el ensayo *Viaje alrededor de El Quijote* (Fondo de Cultura Económica), la revista CAMBIO habló con él.

CAMBIO: ¿Cuál fue su primer contacto con la obra de Cervantes?

FERNANDO DEL PASO: Me acerqué por primera vez a *El Quijote* a temprana edad, gracias a una hermosa edición con grabados de Doré que estaba en la biblioteca de un tío. Quiero pensar que entonces lo leí completo, pero no puedo asegurarlo. Hace algunos meses, cuando fui nombrado miembro del Colegio Nacional de México,[1] me impusieron la tarea de dictar 10 conferencias, lo que coincidió con mi regreso a esa obra.

CAMBIO: ¿Cómo fue el proceso de lectura y análisis?

FERNANDO DEL PASO: Al principio me di cuenta de que me había metido en un verdadero berenjenal,[2] porque hay bibliografía teórica y académica sobre el libro desde hace 350 años.

CAMBIO: ¿Qué conclusiones sacó de ese regreso al Quijote?

FERNANDO DEL PASO: Me di cuenta de que para revisar *El Quijote* hay que tener una actitud modesta, sobre todo porque elegí alternar mis pensamientos con los de muchísimos autores.

CAMBIO: ¿Una novela histórica requiere tantas lecturas previas como un ensayo?

FERNANDO DEL PASO: La receta para escribir es, por supuesto, escribir. Pero también es leer mucho. Yo me casé con la literatura, pero mis lecturas son casi todas de libros de historia. Sólo leo renglón a renglón lo que me interesa.

---

[1]*Colegio Nacional de México: institución mexicana que agrupa a escritores sobresalientes*
[2]*berenjenal: lío, problema*

Informe de la radio

FUENTE 2 (AUDIO): Este informe se titula "Versos sin letra: Una campesina que no sabe leer ni escribir es la sensación del Encuentro de Poetas Colombianas." Está basado en un artículo publicado por la revista *Semana* en Colombia.

Directions: The following question is based on the accompanying printed article and audio selection. First, you will have 5 minutes to read the printed article. Afterward, you will hear the audio selection; you should take notes while you listen. Then, you will have 2 minutes to plan your answer and 2 minutes to record your answer.

Instrucciones: La pregunta siguiente se basa en el artículo impreso y la selección auditiva. Primero, tendrás 5 minutos para leer el artículo impreso. Después, escucharás la selección auditiva; debes tomar apuntes mientras escuchas. Entonces, tendrás 2 minutos para preparar tu respuesta y 2 minutos para grabar tu respuesta.

Imagina que tienes que dar una presentación formal ante una clase de español sobre el siguiente tema:

En el artículo impreso encontrarás información sobre la población hispana y el uso del español en Estados Unidos; también vas a escuchar a dos actores que reproducen una entrevista con Carlos Fuentes donde se discute el mismo tema. En una presentación formal, explica el lugar que ocupa el uso del español en Estados Unidos.

UNIT IV

Texto Impreso

FUENTE 1: Este artículo, "El español en Estados Unidos," por Virginia Azañedo, fue publicado en la revista *Ecos*.

El español en Estados Unidos

Texto: Virginia Azañedo

El español es la segunda lengua más hablada en Estados Unidos. Se calcula que de los 281 millones de estadounidenses más de 35 millones son latinos; lo que supone el 12,5% de la población total. Además, el ritmo de crecimiento de la población hispana avanza a pasos de gigante, y según la Oficina del Censo norteamericana, la población entre el año 1990 y el 2000 creció un 57,9%. Lo que significa que si en 1990 uno de cada diez estadounidenses era de origen hispano, en el 2050 lo será uno de cada cinco; siempre que se mantenga el ritmo de crecimiento actual.

Se habla de los hispanos o latinos en Estados Unidos como un grupo homogéneo; sin embargo, y así lo reseña la Oficina del Censo del país, son individuos muy diferentes; su único nexo es el lingüístico, pues incluso culturalmente existen entre ellos notables diferencias. En general, el grupo de mayor representatividad numérica es el mexicano; más de la mitad de los latinos que viven en Estados Unidos son de México. Les siguen, de lejos, los centroamericanos y puertorriqueños.

Los Estados que presentan mayor densidad de latinos son: California, Texas y Florida. En algunas ciudades tejanas, como en San Antonio y en Brownsville, la mayoría de la población es de origen hispano. Esta situación ha provocado que, por ejemplo, el Estado de Nuevo México haya adoptado el español como lengua oficial. Los Ángeles, Nueva York y Miami son las ciudades con mayor número de hispanos en términos absolutos.

Pero, ¿hablan castellano? Aunque todavía faltan datos confiables al respecto, se estima que una cuarta parte de los hispanos que viven en Estados Unidos son monolingües en español, otra cuarta parte lo son en inglés, y el resto es bilingüe. No se puede hablar del español en Norteamérica sin mencionar el "spanglish", a medio camino entre un idioma y otro. Los primeros libros en "spanglish" ya están a la venta, está en rodaje una película, y en la música hay más que simples referencias.

Dejando este fenómeno, el bilingüismo está adquiriendo cada vez más importancia en Estados Unidos. No sólo entre los latinos; los propios americanos muestran cada vez más interés en aprender la lengua de Cervantes. La razón es que el castellano está empezando a perder la carga negativa que tenía en EEUU por su asociación con las minorías desfavorecidas. Ahora, se ve como una ventaja que aporta beneficios económicos y profesionales.

Informe de la radio

FUENTE 2 (AUDIO): Este informe, sobre el español en Estados Unidos, se basa en una entrevista publicada en la revista *Ecos*.

Directions: The following question is based on the accompanying printed article and audio selection. First, you will have 5 minutes to read the printed article. Afterward, you will hear the audio selection; you should take notes while you listen. Then, you will have 2 minutes to plan your answer and 2 minutes to record your answer.

Instrucciones: La pregunta siguiente se basa en el artículo impreso y la selección auditiva. Primero, tendrás 5 minutos para leer el artículo impreso. Después, escucharás la selección auditiva; debes tomar apuntes mientras escuchas. Entonces, tendrás 2 minutos para preparar tu respuesta y 2 minutos para grabar tu respuesta.

Imagina que tienes que dar una presentación formal ante una clase de español sobre el siguiente tema:

El artículo impreso habla sobre el cultivo de flores en Colombia; la información que vas a escuchar es de la producción de las flores en América Latina. En una presentación formal, discute los diferentes aspectos de la industria de las flores.

UNIT IV

Texto Impreso

FUENTE 1: Este informe, que se titula "Flores para el mundo" por René Steinitz, está basado en un artículo que se publicó en *Ecos*.

Flores para el mundo

Texto: René Steinitz

Regalar flores es regalar alegría. Y hay ocasiones especiales, como el Día de la Madre o el Día de San Valentín, que también son una alegría para las tiendas de flores. El cultivo y la venta de flores frescas constituyen una actividad económica que viene registrando una demanda cada vez mayor. A la cabeza en el consumo de flores se encuentra Alemania, con un gasto anual que se estima en aproximadamente cuatro mil millones de euros. Según esta cifra, cada alemán se gastaría entonces unos 50 euros por año en un ramo de flores. En comparación, el promedio en la Unión Europea es de unos 33 y en los Estados Unidos de 24 euros por habitante.

En el caso de Alemania hay que destacar que solamente el 20% de las flores cortadas se cultivan en el propio país. El 80% restante proviene del exterior y equivale a una importación anual de 300.000 toneladas, de las cuales 48.000 toneladas son de países que no pertenecen a la Unión Europea. Por eso, para algunas naciones de América Latina la floricultura se ha convertido en un importante producto de exportación, cuyos mejores clientes se encuentran precisamente en el mercado europeo y norteamericano. Entre los exportadores de flores cortadas destacan Colombia, Ecuador, Costa Rica, Brasil, México, Guatemala, Perú y Chile. Pero solamente las ventas de Colombia y Ecuador registran niveles realmente significativos.

En cuanto a las flores que se pueden comprar en Europa, resulta imprescindible mencionar que un gran porcentaje de flores "holandesas" también proviene de alguna región latinoamericana, ya que Holanda constituye la puerta de entrada al mercado europeo. Las flores que no se cultivan en ese país, se pueden comprar allí en las grandes subastas que tienen lugar cada día. Esta floreciente industria ha permitido crear numerosos puestos de trabajo en las regiones exportadoras de América Latina y ha conducido a que muchas comunidades rurales hayan podido acceder al mercado internacional.

Se estima que unas 75.000 personas en Colombia y alrededor de 30.000 en Ecuador trabajan directamente en el sector floricultor. A estas cifras se suman otros tantos miles de empleos indirectos en empresas proveedoras y de transportes. En Colombia, la producción de flores para la exportación tuvo su inicio a mediados de la década de 1960 y se concentra en la sabana de Bogotá. En Ecuador, ha tenido un rápido desarrollo a partir de los años ochenta y se localiza en las regiones altas del norte, en las cercanías de Quito y de su aeropuerto. El gran beneficio de este sistema ha llevado a muchas empresas multinacionales a entrar en el lucrativo negocio de las flores y a realizar importantes inversiones en ambos países.

En la era de la globalización, las flores frescas han llegado a ser un producto más del mercado mundial. Las favorables condiciones climáticas, los bajos costos energéticos y los ínfimos salarios compensan con gran aumento los altos costos de transporte para poder ofrecer durante todo el año flores que se compran a miles de kilómetros de su lugar de cultivo. Sin embargo, este *boom* también tiene su lado sombrío. Esto se refiere sobre todo a las deficientes condiciones de trabajo de los floricultores y a los daños ambientales que provoca el uso intensivo de plaguicidas. Las más afectadas son las mujeres, debido a que representan cerca del 70% de la mano de obra que trabaja en las plantaciones. Esta situación ha sido duramente criticada por un gran número de grupos ecologistas, sindicales y de derechos humanos, así como por diferentes Organizaciones no Gubernamentales (ONG).

GO ON TO NEXT PAGE

En 1991, gracias a la acción conjunta de grupos europeos, se inició en Alemania la llamada "Campaña de Flores". No era una compaña contra la producción de flores, sino una posible alternativa para garantizar el respeto de los derechos humanos fundamentales, la protección de los recursos naturales y el entorno ecológico. De esta manera surgió la idea del "sello verde" o "sello ecológico", que se le otorgaría a aquellas empresas que produjeran bajo condiciones sociales y tecnológicas aceptables.

Luego de un largo diálogo y difíciles negociaciones entre organizaciones del Norte y del Sur, se introdujo en 1999 —coincidiendo con el Día de la Madre— el "Flower Label Programme" (FLP). Todavía no son muchas las empresas floricultoras que han transformado su manera de producción y se han adherido a este programa, pero su número puede ir aumentando con el tiempo. En todo caso, las tiendas de flores en Alemania, Suiza y Austria que participan en este programa ya pueden garantizar que las flores que venden con el sello FLP son "flores limpias".

Informe de la radio

FUENTE 2 (AUDIO): Este artículo, "Colombia adorna el mundo con flores," por Gregori Dolz Kerrigan, fue publicado en la revista *Nexos*.

Directions: The following question is based on the accompanying printed article and audio selection. First, you will have 5 minutes to read the printed article. Afterward, you will hear the audio selection; you should take notes while you listen. Then, you will have 2 minutes to plan your answer and 2 minutes to record your answer.

Instrucciones: La pregunta siguiente se basa en el artículo impreso y la selección auditiva. Primero, tendrás 5 minutos para leer el artículo impreso. Después, escucharás la selección auditiva; debes tomar apuntes mientras escuchas. Entonces, tendrás 2 minutos para preparar tu respuesta y 2 minutos para grabar tu respuesta.

Imagina que tienes que dar una presentación formal ante una clase de español sobre el siguiente tema:

El artículo impreso habla sobre la cocina mexicana; el informe que vas a escuchar habla de la cocina española. En una presentación formal, compara el material que presentan estas dos fuentes.

Texto Impreso

FUENTE 1: Este artículo, "Recuperar sabores del pasado," fue publicado en la revista *Ecos*.

Recuperar sabores del pasado

Moles, tortillas, tequila, tamales y tamarindos son palabras, sabores y olores que pertenecen a la cocina mexicana. Existe una corriente en México, capitaneada por Patricia Quintana, que ha decidido luchar contra la comida rápida y barata; y demostrar que la cocina mexicana es rica en matices, en aromas y, sobre todo, que se basa en una importante tradición.

Patricia Quintana ha dedicado treinta años de su vida a investigar, ha viajado y ha cocinado con los mejores chefs: Bocouse, Troisgros, Guérard... y ha sido capaz de revolver en los pucheros de su abuela en busca del pasado. El resultado se puede saborear en su restaurante, "Izote", en Polanco, Ciudad de México.

Izote no es un nombre elegido al azar: significa flor de yuca, e intenta explicarnos que la cocina prehispánica no se opone a la sofisticación, ni lo antiguo con lo moderno. Cordero al vapor en hoja de plátano, pan de cazón, pozole de pollo rojo, camarones al mole de tamarindo, lechón a pibil, o cabrito a la penca de maguey, son algunas de las recetas que le han dado merecida fama, y que responden al concepto de lo que ella entiende por cocina mexicana.

Sus libros de cocina han dado la vuelta al mundo. Patricia se ha convertido en la embajadora culinaria de México, y su libro, "El sabor de México", en un clásico.

Para obtener más información pueden dirigirse a su página web: www.patriciaquintana.com donde, además de conocer más detalles sobre sus libros y recetas, pueden contactar directamente con ella mandándole un correo electrónico; a lo mejor se atreven ustedes a enviarle alguna receta.

Informe de la radio

FUENTE 2 (AUDIO): Este informe, que se titula "La cocina del futuro", por Viviana Carballo, está basado en un artículo que se publicó en *Nexos*.

Directions: The following question is based on the accompanying printed article and audio selection. First, you will have 5 minutes to read the printed article. Afterward, you will hear the audio selection; you should take notes while you listen. Then, you will have 2 minutes to plan your answer and 2 minutes to record your answer.

Instrucciones: La pregunta siguiente se basa en el artículo impreso y la selección auditiva. Primero, tendrás 5 minutos para leer el artículo impreso. Después, escucharás la selección auditiva; debes tomar apuntes mientras escuchas. Entonces, tendrás 2 minutos para preparar tu respuesta y 2 minutos para grabar tu respuesta.

Imagina que tienes que dar una presentación formal ante una clase de español sobre el siguiente tema:

El artículo impreso habla sobre la nueva novela de Javier Marías; el informe que vas a escuchar habla sobre la obra de Gabriel García Márquez. En una presentación formal, compara estos libros publicados de Javier Marías y Gabriel García Márquez.

Texto Impreso

FUENTE 1: Este artículo, "Javier Marías presenta su nueva novela", fue publicado en la revista *Ecos*.

Javier Marías presenta su nueva novela

El escritor madrileño Javier Marías acaba de publicar "Tu rostro mañana", subtitulado
"Fiebre y lanza" (Alfaguara). La novela mezcla historias de la Guerra Civil y la Segunda
Guerra Mundial. El relato está narrado en primera persona por un hombre, Jacques Deza,
que se traslada a Oxford y comienza a trabajar para el servicio secreto exterior británico, el
MI6. Su trabajo consiste en ser "intérprete de vidas y traductor de personas", observarlas y
adivinar si son leales, y si serán leales mañana.

Para ser sinceros, Marías ha escrito sólo media novela. Aun así, son 500 páginas, que
curiosamente están encabezadas por la siguiente frase: "No debería uno contar nunca nada".
La novela plantea muchos dilemas: ¿es mejor hablar o callar?; ¿recordar u olvidar?; ¿qué
podemos esperar de los conocidos, de los amigos? También se mezclan la realidad y la ficción;
hay, por ejemplo, referencias al 11-S y al golpe contra Hugo Chávez. El autor de "Mañana
en la batalla piensa en mí" y "Corazón tan blanco" nos ofrece, además, traición, secretos y
muertes, pero, sobre todo, un gran enigma que no tendrá respuesta hasta dentro de un año,
cuando Javier Marías termine la segunda parte de este relato.

Informe de la radio

FUENTE 2 (AUDIO): Este informe, que se titula "Gabriel García Márquez: Una vida para contarla", está basado en un artículo
que se publicó en *Ecos*.

Directions: The following question is based on the accompanying printed article and audio selection. First, you will have 5 minutes to read the printed article. Afterward, you will hear the audio selection; you should take notes while you listen. Then, you will have 2 minutes to plan your answer and 2 minutes to record your answer.

Instrucciones: La pregunta siguiente se basa en el artículo impreso y la selección auditiva. Primero, tendrás 5 minutos para leer el artículo impreso. Después, escucharás la selección auditiva; debes tomar apuntes mientras escuchas. Entonces, tendrás 2 minutos para preparar tu respuesta y 2 minutos para grabar tu respuesta.

Imagina que tienes que dar una presentación formal ante una clase de español sobre el siguiente tema:

El artículo impreso habla sobre los productos de una pastelería en Guatemala; en el informe oral vas a escuchar a un actor y una actriz que reproducen una entrevista con Laura Esquivel. En una presentación formal, compara las tradiciones que narran estos dos medios de información.

Texto Impreso

FUENTE 1: Este artículo, "Delicias conventuales", por Marjorie Ross, apareció en la revista *Nexos*, publicada en los Estados Unidos.

Delicias conventuales

Cuando le preguntaron a Miguel Ángel Asturias, Premio Nóbel de Literatura, qué quería hacer al regresar a su país después de años de exilio, no lo dudó ni por un momento: ir a comprar dulces a la Antigua Guatemala.

Su tienda predilecta era la Casa de Doña María Gordillo, fundada por Dolores Ortiz, monja exclaustrada del Convento de Santa Clara, en 1872. La monja adoptó a Mercedes Ortiz de Gordillo y le enseñó los secretos de la dulcería. Doña María Gordillo, hija de Mercedes, mantuvo la tienda y aumentó la oferta a más de sesenta variedades de dulces típicos. Sus descendientes continúan la misma tradición hasta hoy.

Es un lugar tan emblemático que no hay turista que se quede sin cruzar su puerta. Adentro esperan decenas de sabrosuras. Entre ellas, diversas cajetas de leche, tartaritas de almendra y cocadas reales; además de una variedad de frutas y verduras, entre las que sobresalen higos, camotes, ayotes y guayabas.

Nunca el azúcar, leche, frutas, harina, huevos y miel han tenido mejor destino. Recetas que se vienen repitiendo desde tiempos de la Colonia, encierran todo el conocimiento de los antiguos conventos y de las tradiciones mestizas de esta tierra.

Basta unos minutos de contemplación enfrente de la tienda de María Gordillo, para confirmar que una mayoría de clientes son mujeres de cierta edad. Pero las apariencias engañan: si les preguntamos para quién están comprando, un porcentaje alto confesará con alegría que para sus esposos e hijos. Es una forma dulcísima de mostrarles su amor a través de estos manjares.

Al igual que Asturias y miles de guatemaltecos, los turistas que visitan el país sienten que con las delicias azucaradas de Doña María Gordillo se llevan un trozo de Guatemala, un recuerdo guardado en la memoria del paladar, que jamás olvida.

Informe de la radio

FUENTE 2 (AUDIO): Esta entrevista, "Tenemos nuestro pasado encerrado en recetas de cocina", reproduce partes de una entrevista publicada en la edición digital del periódico español *El Mundo*.

Directions: The following question is based on the accompanying printed article and audio selection. First, you will have 5 minutes to read the printed article. Afterward, you will hear the audio selection; you should take notes while you listen. Then, you will have 2 minutes to plan your answer and 2 minutes to record your answer.

Instrucciones: La pregunta siguiente se basa en el artículo impreso y la selección auditiva. Primero, tendrás 5 minutos para leer el artículo impreso. Después, escucharás la selección auditiva; debes tomar apuntes mientras escuchas. Entonces, tendrás 2 minutos para preparar tu respuesta y 2 minutos para grabar tu respuesta.

Imagina que tienes que dar una presentación formal ante una clase de español sobre el siguiente tema:

El artículo impreso narra brevemente la vida del cantante de ópera José Carreras; el informe oral presenta a Mayte Martín. En una presentación formal, compara las contribuciones de estas dos personas.

Texto Impreso

FUENTE 1: Este artículo, "José Carreras. Una de las voces más hermosas del siglo…", fue publicado en la revista *Ecos*.

José Carreras
Una de las voces más hermosas del siglo

En el barco que en 1952 cruza el inmenso océano desde el puerto de Buenos Aires hacia el de Barcelona, un niño de apenas seis años canta con irrefrenable entusiasmo ante los tripulantes. Sus padres, catalanes que regresan a casa después de un intento frustrado de radicación en Argentina, le llaman Josep, y el mundo iba a conocerle mucho después como José: el cantante José Carreras.

Esta anécdota de los primeros años es una de las tantas que muestran el incontenible deseo de comunicación que está en la base de la personalidad del gran tenor. A este entusiasmo, la naturaleza lo dotó de una voz sensual y plena, "una de las voces más hermosas de este siglo…" como escribiera la crítica.

José Carreras (Barcelona, 1946) comenzó a estudiar canto a los ocho años. Debutó profesionalmente en el año 1971, en Londres, y unos años después ya había actuado como protagonista principal en los grandes escenarios operísticos de Europa, de los Estados Unidos y de Latinoamérica. Su éxito se consolida definitivamente en los años ochenta cuando pasó a ser una de las figuras indiscutibles en los escenarios internacionales.

Pero fue a finales de esa década, en 1987, y en el apogeo de su éxito, cuando cae enfermo y debe enfrentarse con un diagnóstico tremendo: leucemia aguda, con una probabilidad de sobrevivir del diez por ciento. Aunque parezca sencillo ahora al escribirlo, tras un año de tratamiento y un transplante de médula ósea, José Carreras venció la enfermedad. Y pudo ver como si empezara nuevamente su amada carrera de canto.

En aquel año de 1988, el tenor creó la "Fundación Internacional José Carreras para la lucha contra la leucemia" en Barcelona, con subsedes en Estados Unidos y Suiza, en todas partes con el lema "La leucemia tiene que ser curable-Siempre y para cualquiera".

Informe de la radio

FUENTE 2 (AUDIO): Este informe se titula "Mayte Martín. Flamenco en el corazón". Está basado en un artículo publicado en la revista *Ecos*.

Directions: The following question is based on the accompanying printed article and audio selection. First, you will have 5 minutes to read the printed article. Afterward, you will hear the audio selection; you should take notes while you listen. Then, you will have 2 minutes to plan your answer and 2 minutes to record your answer.

Instrucciones: La pregunta siguiente se basa en el artículo impreso y la selección auditiva. Primero, tendrás 5 minutos para leer el artículo impreso. Después, escucharás la selección auditiva; debes tomar apuntes mientras escuchas. Entonces, tendrás 2 minutos para preparar tu respuesta y 2 minutos para grabar tu respuesta.

Imagina que tienes que dar una presentación formal ante una clase de español sobre el siguiente tema:

En un artículo de periódico vas a leer acerca de la carne ecológica en España; después, vas a escuchar una selección sobre el cultivo de verduras ecológicas en Barcelona. En tu presentación formal, compara la información que vas encontrar en estas dos fuentes.

Texto Impreso

FUENTE 1: Este fragmento del artículo, "Los productos ecológicos despegan en España", por Cristina Graus, fue publicado en el suplemento dominical *El Semanal*, en España.

Los productos ecológicos despegan en España

por Cristina Graus

En la Sierra del Guadarrama, en los verdes prados que se extienden a las afueras del pueblo segoviano de La Losa, un puñado de vacas negras come tranquilamente junto a sus terneros. Allí, en los terrenos de la ganadería Braman, creada hace cinco años por María Cruz Bravo y su marido, Fernando Mantecas, no se practica la inseminación artificial ni se emplean hormonas o antibióticos sin necesidad ni se separa a los chotos[1] de sus madres hasta pasado un año ni se sacrifica un ternero antes del los 18 meses, como sucede en ganaderías tradicionales. En esta ganadería, igual en las 1.777 granjas ecológicas que existen en España, los animales sólo se alimentan de forrajes exentos de pesticidas, fertilizantes y transgénicos y de los pastos frescos en campo de la ganadería. Y reciben unos cuidados saludables que incluyen hasta tratamientos homeopáticos.

Sólo con eso y con un trato que evita cualquier sufrimiento innecesario al animal que le permite desarrollarse en el campo sin prisas y de forma natural, se consigue una carne que ha obtenido el sello ecológico de Agricultura Ecológica de Castilla y León. La granja Braman, siguiendo los métodos tradicionales de producción consiguen unos productos de calidad que están experimentando un enorme auge[2] en su consumo, tanto en España como en el resto de Europa.

La ecoganadería surge de la mano de la agricultura ecológica, un tipo de producción en la que no se emplean pesticidas o fertilizantes. Las ayudas del Gobierno, y sobre todo de la Unión Europea, han contribuido de forma notable al aumento de este tipo de producción agrícola. Y, a partir de ella, la ganadería ecológica, la principal usuaria de los alimentos naturales para los animales, introduciendo un concepto nuevo en la producción: el bienestar animal.

---

[1]*choto: ternero, cría de la vaca*

[2]*auge: incremento*

Informe de la radio

FUENTE 2 (AUDIO): Este informe se titula "Campaña en Barcelona para estimular el cultivo de verduras en patios y terrazas". Está basado en un artículo que apareció en la edición digital del periódico *El Mundo*, publicado en España.

Directions: The following question is based on the accompanying printed article and audio selection. First, you will have 5 minutes to read the printed article. Afterward, you will hear the audio selection; you should take notes while you listen. Then, you will have 2 minutes to plan your answer and 2 minutes to record your answer.

Instrucciones: La pregunta siguiente se basa en el artículo impreso y la selección auditiva. Primero, tendrás 5 minutos para leer el artículo impreso. Después, escucharás la selección auditiva; debes tomar apuntes mientras escuchas. Entonces, tendrás 2 minutos para preparar tu respuesta y 2 minutos para grabar tu respuesta.

Imagina que tienes que dar una presentación formal ante una clase de español sobre el siguiente tema:

El artículo impreso presenta un corto resumen de la carrera musical de Joan Manuel Serrat; el informe que vas a escuchar presenta a dos actores que reproducen una entrevista con Lila Downs acerca de su música. En una presentación formal, compara cómo estos dos músicos usan la música para llevar un mensaje a su público.

Texto Impreso

FUENTE 1: Este artículo "Joan Manuel Serrat: Música desde el corazón", por Covadonga Jiménez, fue publicado en la revista *Ecos*.

Joan Manuel Serrat

Música desde el corazón

Luchador de nacimiento y trovador rebelde, que sigue cantando a la vida y a todo lo que le conmueve, que apuesta por la justicia social y por la identidad cultural de los pueblos. Su extensa carrera musical está marcada por altos y bajos, por premios y prohibiciones, pero siempre siendo fiel a sí mismo y a su gente. En la actualidad, la música sigue siendo su vida y su principal *hobby*, pero, a sus 62 años, y tras superar graves problemas de salud, también siente la necesidad de hacer otras cosas.

Joan Manuel Serrat nace en 1943 en Poble Sec, Barcelona, en una familia obrera. Con 16 años su padre le regala una guitarra, y así inicia su primeros pasos con la música. Tras estudiar Peritaje Industrial y Agrícola, tiene que hacer el servicio militar, y allí comienza a descubrir su vocación de baladista y compositor, que comparte musicalmente en un grupo con otros compañeros. Se une al grupo "Els Setze Jutges" (Los dieciséis jueces), movimiento musical que aboga por la lengua y la cultura catalanas y logra éxitos como "Una guitarra" (1965), y "Ara que tinc vint anys" (1966).

En 1967, saca "Cançó de matinada" y "La Tieta", canciones que interpreta en catalán, convirtiéndose en una de las figuras más importantes de la "Nova cançó" catalana, por entonces, reprimida por el régimen franquista. Un año después se niega a cantar en el festival de Eurovisión si no lo hace en catalán, y esta actitud fue castigada por el régimen franquista, que lo prohibe aparecer durante cinco años en la radio y televisión oficiales. Pero Serrat no se atemoriza y sigue componiendo y grabando; entre los discos más destacados de 1969 tenemos: "Dedicado a Antonio Machado, poeta", "Saeta" y "Penélope". En esa época comienza sus viajes por Latinoamérica, donde encuentra el calor y el entusiasmo de sus gentes, con las que le unen su común deseo de libertad y de justicia. Álbumes inolvidables como "Mediterráneo" o "Miguel Hernández" se convirtieron durante esos años en himnos musicales para muchos latinoamericanos que sufrían la represión de las dictaduras.

En 1975, y tras una gira por el continente americano presentando su trabajo "Piel de manzana", Serrat se atreve, en unas declaraciones a la prensa, a criticar la pena de muerte en España y al régimen franquista, lo que le trae el exilio. Un exilio que le enriquece musical-mente y que le une aún más a los pueblos de Latinoamérica, en especial a Argentina, y a México, donde pasa parte de su exilio.

Joan Manuel Serrat, cronista de una época, poeta y humanista, que sigue cantando al amor, a la justicia, a la libertad y a la vida. Y, por encima de todo, un idealista con los pies en la tierra y mucho corazón.

Covadonga Jiménez

Informe de la radio

FUENTE 2 (AUDIO): Este informe, que se titula "Lila Downs: La música de la migración", se basa en un artículo de Francisco Olaso publicado en la revista *Ecos*.

UNIT IV

Directions: The following question is based on the accompanying printed article and audio selection. First, you will have 5 minutes to read the printed article. Afterward, you will hear the audio selection; you should take notes while you listen. Then, you will have 2 minutes to plan your answer and 2 minutes to record your answer.

Instrucciones: La pregunta siguiente se basa en el artículo impreso y la selección auditiva. Primero, tendrás 5 minutos para leer el artículo impreso. Después, escucharás la selección auditiva; debes tomar apuntes mientras escuchas. Entonces, tendrás 2 minutos para preparar tu respuesta y 2 minutos para grabar tu respuesta.

Imagina que tienes que dar una presentación formal ante una clase de español sobre el siguiente tema:

El artículo impreso describe los instrumentos musicales llamados castañuelas; la información que vas a escuchar es sobre el abanico. En una presentación formal, compara estos dos símbolos de la cultura española.

Texto Impreso

FUENTE 1: Este fragmento es del artículo "Las castañuelas españolas", por Gaby Herzog, publicado en la revista *Ecos*.

Las castañuelas españolas

por Gaby Herzog

Al oír nombrar las castañuelas por lo general se piensa en el flamenco. Pero esta asociación de ideas no es exactamente correcta, pues en el flamenco puro no se tocan las castañuelas, ya que éstas molestan el carácter del cante jondo y no permiten girar las manos de manera característica, dándole al baile otro tipo de expresión.

En cambio, en los bailes folclóricos de las diferentes regiones españolas, como por ejemplo la jota, sí que se usan. También forman parte del baile clásico español, mezcla entre flamenco y ballet, para el que se utiliza música de compositores como Isaac Albéniz y Manuel de Falla, o de la escuela bolera, estilo de baile que se desarrolló en el Madrid del siglo XVIII y que se basa en la técnica del ballet clásico.

Se puede suponer que las castañuelas fueron uno de los primeros instrumentos musicales. Su origen se halla en tiempos muy lejanos. No sólo en España, sino en todos los continentes se encuentran formas primitivas de castañuelas, que se aprietan entre los dedos, se sujetan con la palma de la mano o por un mango. Sin embargo, desde entonces, también las castañuelas han evolucionado.

Las castañuelas izquierda y derecha tienen diferente sonido. A la derecha, por tener un sonido más alto, se la llama "hembra", y a la izquierda, que tiene el sonido más bajo, "macho". Hay castañuelas de diferentes tamaños, tal como los guantes: las mujeres suelen usar los tamaños 6 y 7, los hombres 8 y 9, y para niños las hay a partir del número 3. En Ibiza se encuentran las "Castanyolasses", enormes castañuelas, que tal como las chácaras de las Islas Canarias se sujetan a cuatro dedos y se hacen sonar sacudiendo la muñeca.

Educación musical

Las castañuelas son un instrumento ideal para iniciar a los niños en la música. Profesores de música de diferentes ciudades alemanas, sobre todo en Colonia, han logrado incorporar las castañuelas a sus clases. Con este instrumento, los niños pueden aprender los fundamentos musicales sin tener que preocuparse de la afinación; a desarrollar la habilidad manual y el sentido rítmico combinando el toque de las castañuelas con pasos fáciles, versos y canciones. También en centros de educación especial, han sido aplicadas con éxito las castañuelas. Este instrumento llama la atención y ayuda a incrementar la disciplina en clase.

Estudios médicos han comprobado que el movimiento independiente de los dedos favorece la circulación sanguínea en el cerebro. Por eso se dice que quienes tocan el piano viven más tiempo. Aún no se han llegado a utilizar las castañuelas en la geriatría, pero dado que su técnica es igual a la del piano —aunque es más fácil tocarlas—, valdría la pena que alguien tomara la iniciativa.

En 1991, un grupo de profesoras de música fundó la Asociación Internacional de las Castañuelas Musicales que hoy cuenta con cerca de 200 socios en nueve países europeos y en América. La asociación se dedica al fomento y la difusión de la interpretación de las castañuelas: como instrumento musical independiente, en la educación y formación musical, como instrumento de acompañamiento para el baile, en la terapia musical y en el arte dramático.

GO ON TO NEXT PAGE ➤

Las actividades de la asociación son: la organización y realización de seminarios y conciertos; la publicación de "Posticeo", boletín informativo con noticias del mundo de las castañuelas; la publicación y el envío de literatura musical y material didáctico, y el fomento de contactos e intercambio de experiencias entre socios.

Informe de la radio

FUENTE 2 (AUDIO): Este informe es parte de un artículo que se titula "El abanico: refrescante seducción", por Luisa Moreno-Kirchheim, publicado en la revista *Ecos*.

Directions: The following question is based on the accompanying printed article and audio selection. First, you will have 5 minutes to read the printed article. Afterward, you will hear the audio selection; you should take notes while you listen. Then, you will have 2 minutes to plan your answer and 2 minutes to record your answer.

Instrucciones: La pregunta siguiente se basa en el artículo impreso y la selección auditiva. Primero, tendrás 5 minutos para leer el artículo impreso. Después, escucharás la selección auditiva; debes tomar apuntes mientras escuchas. Entonces, tendrás 2 minutos para preparar tu respuesta y 2 minutos para grabar tu respuesta.

Imagina que tienes que dar una presentación formal ante una clase de español sobre el siguiente tema:

El artículo impreso nos presenta un breve informe sobre César Vallejo; en el informe oral vas a escuchar información sobre José Martí. En una presentación formal, compara a estos dos autores.

Texto Impreso

FUENTE 1: Este fragmento es del artículo "César Vallejo: El gran poeta peruano", por Bárbara Moreno García, publicado en la revista *Ecos*.

César Vallejo: El gran poeta peruano

César Vallejo nació en Santiago de Chuco (zona andina norteña, Perú) en el año 1892; pertenecía a una familia mestiza, siendo el menor de doce hermanos. Se hizo Bachiller en Letras en la Universidad de Trujillo, ciudad en donde fue encarcelado siendo inocente. Se instala en París en 1923, en donde llevó una vida económica de mucha pobreza y de extrema indigencia, dedicándose al periodismo para poder subsistir. Fue en esta ciudad donde recogió las novedades de la literatura (Vanguardismo), pero sin ningún enloquecimiento y más bien con una visión crítica. Luego se aproximó al marxismo, terminando por afiliarse al Partido Comunista Peruano, y viajó a España y a Rusia. Se casó con Georgette Phillipart en 1934, con quien tuvo una tormentosa relación los últimos cuatro años de su vida, pero no tuvo hijos. Murió el 15 de abril de 1938. Y es increíble, pero casi aconteció como lo había anunciado en uno de sus textos, ya que falleció en la capital francesa y precisamente un día lluvioso, aunque en primavera y un día viernes.

La obra de César Vallejo representa una gran ruptura tanto en la tradición literaria de su país como en la de la poesía latinoamericana. Su voz lírica ha llegado incluso a convertirse, con el paso de los años, en cada vez más influyente, más intensa y poderosa.

Este singular creador es el más auténtico representante de la vanguardia pesimista, y en su obra poética descubrimos —desde el inicio— una visión funesta de la existencia humana a la que nota acorralada por innumerables padecimientos, angustias e infortunios. En su primera obra, "Los heraldos negros" (1918), advertimos ya la visión trágica de la existencia humana presente en sus composiciones.

El autor, lo mismo que un espectador, observa a los hombres en el movimiento apresurado de la vida y nota que en cada cara se refleja un desinterés total. Esta indiferencia y actitud negativa ha dejado incluso una marca permanente en los rostros acostumbrados a repetir una y otra vez: "¡ya no quiero más!". Los billetes de la lotería que vende el suertero son como "panes tantálicos", o sea, algo inalcanzable, y el que los vende muestra indiferencia hacia sus compradores que tienen puestas todas sus esperanzas precisamente en el sorteo. Según el autor, Dios mismo es incapaz de amar.

"Trilce" (1922) es quizás el libro fundamental de Vallejo, puesto que logra consagrarlo como poeta. El nombre es un neologismo que el creador inventa de manera atrevida y vanguardista, y está formado por la asociación de dos términos: triste y dulce.

En la obra de Vallejo también encontramos una rebelión contra la injusticia, un sentimiento de fraternidad hacia los oprimidos. Sabemos que —solidario con los pobres— aunque militara en el partido comunista, esto no significó hacer concesiones estéticas, es decir, no optó por un arte poético explícito y documental. Un buen ejemplo lo podemos apreciar en "España, aparta de mí este cáliz" (1937), en donde nos comunica, emocionado y sobrecogido, el exterminio de tantos inocentes salidos de las entrañas mismas del pueblo.

Queremos concluir nuestra composición añadiendo una nota positiva, esclareciendo que en esta lírica no todo es sombrío, hundimiento o caída. A medida que la herencia poética de este alto representante de nuestras Letras se manifiesta o evoluciona, sentimos una idea central que está presente en el fondo de las composiciones. Nos referimos a la confianza o la fe puesta en el amor y la solidaridad, como las únicas fuerzas "milagrosas" de la humanidad; es decir, sólo a través de estas dos entidades podrán los hombres vencer y superar las dolencias, las angustias y los tormentos por los que siempre están amenazados.

Informe de la radio

FUENTE 2 (AUDIO): Este informe, que se titula "José Martí: 150 Aniversario de su nacimiento", está basado en un artículo que se publicó en *Ecos*.

Appendix A

Thematic Vocabulary

The vocabulary lists that appear here have been grouped thematically in order to make it easier for you to learn new words and review already familiar ones. Your teacher may add additional words and themes depending on what other topics or themes arise in the classroom.

Please note that within each theme's list of nouns, sometimes verbs and other words related with the subject are included. Although this is far from an exhaustive list, it is a good way to review useful vocabulary and learn some new words.

Los animales domésticos y los salvajes

ardilla	*squirrel*
ballena	*whale*
burro	*donkey*
caballo	*horse*
camello	*camel*
canguro	*kangaroo*
cebra	*zebra*
cerdo, puerco	*pig*
colmena	*beehive*
conejo	*rabbit*
cordero	*lamb*
delfín (m)	*dolphin*
elefante (m)	*elephant*
foca	*seal*
gato	*cat*
gusano	*worm*
jirafa	*giraffe*
león (m)	*lion*
liebre (f)	*hare*
lobo	*wolf*
mono	*monkey*
mulo	*mule*
murciélago	*bat*
oso	*bear*
oveja	*sheep, ewe*
perro	*dog*
rana	*frog*
rata	*rat*
ratón (m)	*mouse*
sapo	*toad*
serpiente (f)	*serpent, snake*
tigre (m)	*tiger*
toro	*bull*
tortuga	*turtle*
vaca	*cow*
venado	*stag, deer*
yegua	*mare*
zorro	*fox*

Los árboles y las flores

árbol (m)	*tree*
arbusto	*bush, shrub*
botón (m)	*bud*
cáscara	*rind, skin*
corteza	*bark, peel*
espina	*thorn*
hoja	*leaf*
huerto	*orchard*
palmera	*palm tree*
pétalo	*petal*
raíz (f)	*root*
rama	*branch*
ramo	*bouquet, bunch*
semilla	*seed*
tallo	*stem*
tronco	*trunk*

Las armas

ametralladora	*machine gun*
arma	*arm, weapon*
bomba	*bomb*
cañón (m)	*cannon*
dinamita	*dynamite*
escopeta	*shotgun*
espada	*sword*
flecha	*arrow*
pistola	*pistol*
pólvora	*gunpowder*
puñal (m)	*dagger*
revólver (m)	*revolver*

Las aves

águila	*eagle*
búho, lechuza	*owl*
canario	*canary*
cigüeña	*stork*

cisne (m)	swan	cocina	kitchen
cuervo	crow, raven	colchón (m)	mattress
faisán (m)	pheasant	comedor (m)	dining room
gallina	hen	corredor (m)	corridor
gallo	rooster	cortina	curtain
gaviota	seagull	cristal (m)	pane of glass
golondrina	swallow	cubiertos	cutlery
gorrión (m)	sparrow	cuna	cradle
loro	parrot	desván (m)	attic
nido	nest	dormitorio, alcoba	bedroom
paloma	dove, pigeon	ducha	shower
pata	paw, foot	entrada	hall, entrance
pato	duck	escalera	staircase, stepladder
pavo	turkey	espejo	mirror
pavo real	peacock	estufa, cocina	stove
perico	parakeet	florero	vase
pico	beak	funda	pillowcase
pingüino	penguin	garaje (m)	garage
pluma	feather	grifo	faucet
pollo	chicken	habitación (f), cuarto	room
ruiseñor (m)	nightingale	horno	oven
		lámpara	lamp

Las bebidas

		lavamanos (m)	bathroom sink
		lavaplatos (m)	dishwasher
agua	water	llave (f)	key
bebida	drink, beverage	luz (f)	light
café (m)	coffee	manta	blanket
café solo	black coffee	mantel (m)	tablecloth
chocolate (m)	chocolate	nevera	icebox, refrigerator
crema	cream	olla	pot
gaseosa	soda (carbonated beverage)	pared (f)	wall
jugo, zumo	juice	pasillo	hall
leche (f)	milk	percha	hanger
leche malteada	malted milk	persiana	blind
limonada	lemonade	pisapapeles (m)	paperweight
refresco	refreshment, soft drink	piscina	pool
sidra	cider	piso	floor (as in level or story)
té (m)	tea	plancha	iron
		refrigerador (m)	refrigerator

La casa

		sábana	sheet (of a bed)
		sala	living room
alfombra	carpet, rug	sartén (f)	frying pan
almohada	pillow	sótano	basement, cellar
ascensor (m)	elevator	suelo, piso	floor
azotea	flat roof	techo	ceiling, floor
balcón (m)	balcony	tejado	roof
bandeja	tray	teléfono	telephone
baño	bathroom	timbre (m)	doorbell
batidora	blender, mixer	toalla	towel
bombilla	light bulb	tocadiscos (m)	record player
calefacción (f)	heating	toldo	awning
cazuela, cacerola	pan	umbral (m)	threshold
cenicero	ashtray	vajilla	table service, dinner service
césped (m)	lawn	ventana	window
cesto, canasta	basket	vestíbulo	vestibule, lobby, hall
chimenea	fireplace, chimney		

Para limpiar y arreglar la casa

alicates	*pliers*
aspiradora	*vacuum cleaner*
barrer	*to sweep*
brocha	*paint brush*
clavo	*nail*
cubo	*bucket, pail*
destornillador (m)	*screwdriver*
enchufe (m)	*socket, outlet*
escoba	*broom*
fregadero	*kitchen sink*
fregar	*to wash the dishes*
jabón (m)	*soap*
lavar	*to wash*
limpiar	*to clean*
llave inglesa (f)	*wrench*
martillo	*hammer*
pasar la aspiradora	*to vacuum*
planchar	*to iron*
plumero	*feather duster*
sacudir los muebles	*to dust the furniture*
serrucho	*saw*
taladro	*drill*
tornillo	*screw*
trapear	*to mop*
trapeador (m)	*mop*
tuerca	*nut*

Características físicas

ágil	*agile, nimble*
alegre	*happy*
alto	*tall*
anciano	*elderly*
bajo	*short*
bizco	*cross-eyed*
calvo	*bald*
canoso	*gray-haired*
ciego	*blind*
cojo	*lame*
corpulento, grueso	*stout, portly*
delgado	*slim, thin*
elegante	*elegant*
enfermo	*sick*
esbelto	*slender*
feo	*ugly*
flaco	*skinny*
fuerte	*strong*
gordo	*fat*
grande	*big*
guapo	*handsome*
hermoso	*beautiful*
joven	*young*
lento	*slow*
listo	*clever*

negro	*black*
blanco	*white*
manco	*one-armed, one-handed*
moreno	*dark*
mudo	*dumb, mute*
pálido	*pale*
pequeño	*small*
pelirrojo	*redheaded*
pesado	*heavy*
rápido	*quick*
robusto	*robust*
rubio	*fair, blond*
sano	*healthy*
sordo	*deaf*
tuerto	*one-eyed*
viejo	*old*
zurdo	*left-handed*

Características de la personalidad e inteligencia

aburrido	*boring*
agradable	*pleasant*
alegre	*happy*
antipático	*unpleasant, disagreeable*
cortés	*polite, courteous*
cuerdo	*sane*
culto	*well educated, cultured*
descortés	*impolite*
diligente	*diligent, laborious*
distraído	*absentminded*
encantador	*charming*
generoso	*generous*
grosero	*rude*
hablador	*talkative*
honrado	*honest, trustworthy*
inteligente	*intelligent*
listo	*clever*
loco	*mad, crazy*
malcriado	*spoiled*
mentiroso, embustero	*liar*
nervioso	*nervous*
perezoso	*lazy*
quieto	*calm*
responsable	*responsible*
sensato	*sensible*
sensible	*sensitive*
serio	*serious*
simpático	*nice*
sincero	*sincere*
terco, testarudo	*stubborn*
tonto	*foolish, silly, dumb*
trabajador	*hard working*
tranquilo	*calm*
triste	*sad*
valiente	*courageous*
vanidoso, engreído	*conceited*

El cuerpo humano

arruga	*wrinkle*
barba	*beard*
barbilla	*chin*
bigote (m)	*mustache*
boca	*mouth*
brazo	*arm*
cabeza	*head*
cadera	*hip*
cara, faz (f), rostro	*face*
ceja	*eyebrow*
cerebro	*brain*
cintura	*waist*
codo	*elbow*
columna vertebral	*backbone*
corazón (m)	*heart*
costilla	*rib*
cuello	*neck*
cuerpo	*body*
cutis (m)	*complexion*
dedo	*finger, toe*
diente (m)	*tooth*
encía	*gum*
espalda	*back*
estómago	*stomach*
frente (f)	*forehead*
garganta	*throat*
hígado	*liver*
hombro	*shoulder*
hueso	*bone*
labio	*lip*
lágrima	*tear*
lengua	*tongue*
lunar (m)	*birthmark, beauty mark, mole*
mano (f)	*hand*
mejilla	*cheek*
muela	*molar, tooth*
muñeca	*wrist*
nariz (f)	*nose*
nuca	*nape, back of neck*
nudillo	*knuckle*
oído	*inner ear*
ojo	*eye*
ombligo	*navel, belly button*
oreja	*outer ear*
párpado	*eyelid*
patillas	*sideburns*
pecho	*chest*
pelo, cabello	*hair*
pestaña	*eyelash*
pie (m)	*foot*
piel (f)	*skin*
pierna	*leg*
pulmón (m)	*lung*
puño	*fist*
riñón (m)	*kidney*
rodilla	*knee*
sangre (f)	*blood*
seno	*breast*
sudor (m)	*sweat*
talón (m)	*heal*
tobillo	*ankle*
uña	*nail*
verruga	*wart*

La escuela y la oficina

alumno/alumna, estudiante (m/f)	*student*
aprobar	*to pass*
archivo	*file*
asignatura, materia	*subject*
aula, salón de clase (m)	*classroom*
biblioteca	*library*
bolígrafo	*ballpoint pen*
borrador (m)	*blackboard eraser*
calculador (m)	*calculator*
computadora	*computer*
conferencia	*lecture*
contestador automático (m)	*answering machine*
copiadora	*copy machine*
cuaderno, libreta	*notebook*
curso	*course*
dibujar	*to draw*
director	*principal*
ejercicio	*exercise*
enseñar	*to teach*
escritorio	*desk*
escuela, colegio	*school*
estante (m)	*bookcase*
examen (m), prueba	*test*
fichero	*file cabinet*
goma de borrar	*eraser*
grapa	*staple*
grapadora	*stapler*
impresora	*printer*
lápiz (m)	*pencil*
lectura	*reading*
libro	*book*
nota, calificación (f)	*grade, mark*
papel (m)	*paper*
papelera	*wastepaper basket*
pizarra	*blackboard*
pluma	*pen*
pupitre (m)	*school desk*
regla	*ruler*
reprobar	*to fail an examination*
sacapuntas (m)	*pencil sharpener*
sello	*stamp*
sobre (m)	*envelope*

sujetapapeles (m)	paperclip
suspender	to fail
tarea	homework
tinta	ink
tiza	chalk

La familia

abuelo/abuela	grandfather/grandmother
ahijado/ahijada	godson/goddaughter
bebé (m/f)	baby
bisabuelo/bisabuela	great-grandfather/ great-grandmother
bisnieto/bisnieta	great-grandson/ great-granddaughter
casado	married
cuñado/cuñada	brother-in-law/sister-in-law
esposa, mujer	wife
esposo, marido	husband
hermano/hermana	brother/sister
hermanastro/hermanastra	stepbrother/stepsister
hijastro/hijastra	stepson/stepdaughter
hijo/hija	son/daughter
madrastra	stepmother
madre	mother
madrina	godmother
nieto/nieta	grandson/granddaughter
novio/novia	boyfriend/girlfriend
nuera	daughter-in-law
padrastro	stepfather
padre	father
padres	parents
padrino	godfather
pariente (m)	relative
primo/prima	cousin
sobrino/sobrina	nephew/niece
soltero/soltera	bachelor/spinster
solterón/solterona	old (confirmed) bachelor/ old maid
suegro/suegra	father-in-law/mother-in-law
tío/tía	uncle/aunt
viudo/viuda	widower/widow
yerno	son-in-law

Los frutos

aguacate (m)	avocado
albaricoque (m)	apricot
almendra	almond
cacahuete (m), maní (m)	peanut
cáscara	rind, peel, skin, shell
cereza	cherry
ciruela	plum
ciruela pasa	prune
coco	coconut
dátil (m)	date
frambuesa	raspberry

fresa	strawberry
limón (m)	lemon
mandarina	tangerine
manzana	apple
melocotón (m), durazno	peach
melón (m)	melon
naranja	orange
nuez (f)	nut, walnut
pera	pear
piña	pineapple
plátano, banana	banana
toronja, pomelo	grapefruit
sandía	watermelon
semilla	seed
uva	grape
uva pasa	raisin
zarzamora	blackberry

Las hortalizas y las legumbres

ajo	garlic
apio	celery
batata	sweet potato, yam
calabaza	pumpkin, squash
cebolla	onion
champiñón (m), hongo, seta	mushroom
col (f), repollo	cabbage
coliflor (f)	cauliflower
espárrago	asparagus
garbanzo	chick pea
habichuela, frijol (m)	bean
lechuga	lettuce
legumbre (f)	vegetable
lenteja	lentil
papa, patata	potato
pepino	cucumber
perejil (m)	parsley
pimiento	pepper
rábano	radish
tomate (m)	tomato
zanahoria	carrot

Los insectos, los arácnidos y los anélidos

abeja	bee
araña	spider
avispa	wasp
cucaracha	cockroach
grillo	cricket
gusano	worm
hormiga	ant
mariposa	butterfly
mosca	fly
mosquito	mosquito
pulga	flea
saltamontes (m)	grasshopper

Los materiales

algodón (m)	*cotton*
cuero	*leather*
hule (m), caucho	*rubber*
lana	*wool*
lino	*linen, flax*
mezclilla	*denim*
pana	*corduroy*
piel (f)	*fur*
seda	*silk*
tela	*material*
terciopelo	*velvet*

Los metales y los minerales

acero	*steel*
aluminio	*aluminum*
bronce (m)	*bronze*
cinc (m)	*zinc*
cobre (m)	*copper*
hierro	*iron*
mármol (m)	*marble*
oro	*gold*
plata	*silver*
platino	*platinum*

Los muebles y las partes de los muebles

armario	*wardrobe, cupboard*
butaca, sillón (m)	*armchair*
cajón (m)	*drawer, case, chest*
cama	*bed*
cómoda	*chest of drawers, bureau*
cuadro	*picture*
escritorio	*desk*
espejo	*mirror*
estante (m)	*shelf*
gaveta	*drawer*
lámpara	*lamp*
librero	*bookcase*
mesa	*table*
mueble (m)	*piece of furniture*
silla	*chair*
sofá (m)	*sofa*
tocador (m)	*dressing table*
vitrina	*display case*

Los mariscos

almeja	*clam*
calamar (m)	*squid*
camarón (m)	*shrimp*
cangrejo	*crab*
langosta	*lobster*
marisco	*shellfish*
mejillón (m)	*mussel*
ostra	*oyster*

Los peces

anchoa	*anchovy*
atún (m)	*tuna*
pescado	*fish (ready to be eaten)*
pez (m)	*fish (alive)*
pulpo	*octopus*
salmón (m)	*salmon*
sardina	*sardine*
tiburón (m)	*shark*

Las profesiones y los oficios

abogado/abogada	*lawyer*
acomodador/ acomodadora	*usher*
actor/actriz	*actor/actress*
albañil	*bricklayer*
ama de casa	*housewife*
arquitecto/arquitecta	*architect*
artesano/artesana	*astisan, craftsman*
autor/autora	*author*
bailarín/bailarina	*dancer*
banquero/banquera	*banker*
barbero	*barber*
bombero/bombera	*fireman*
botones	*bellboy*
cajero/cajera	*teller, cashier*
camarero/camarera	*waiter*
cantante (m/f)	*singer*
carnicero/carnicera	*butcher*
carpintero/carpintera	*carpenter*
cartero/cartera	*postman, mailman*
cirujano/cirujana	*surgeon*
cocinero/cocinera	*cook*
comerciante (m/f)	*merchant, shopkeeper*
conductor/conductora	*conductor, driver*
contador/contadora	*accountant*
criado/criada, sirviente (m/f)	*servant*
cura, padre, sacerdote	*priest*
dentista (m/f)	*dentist*
dependiente (m/f)	*clerk*
desempleo	*unemployment*
despedir	*fire*
diseñador/diseñadora	*designer*
empleado/empleada	*employee*
empleo	*employment, job*
empresario/empresaria	*agent, businessman*
enfermero/enfermera	*nurse*
escritor/escritora	*writer*
escultor/escultora	*sculptor*
farmacéutico/ famacéutica	*pharmacist*
florista (m/f)	*florist*
fontanero/fontanera, plomero/plomera	*plumber*

fotógrafo/fotógrafa	*photographer*	camarero/camarera, mozo/moza	*waiter/waitress*
gerente (m/f)	*manager*	carne (f)	*meat*
guía (m/f)	*guide*	cena	*supper, dinner*
huelga	*strike*	chuleta	*chop*
ingeniero/ingeniera	*engineer*	clara	*egg white*
intérprete (m/f)	*interpreter*	cocinero/cocinera	*cook, chef*
jardinero/jardinera	*gardener*	comida	*meal, food*
joyero/joyera	*jeweler*	copa	*wineglass*
juez/jueza	*judge*	cubierto	*utensils, cutlery*
locutor/locutora	*announcer*	cuchara	*spoon, tablespoon*
maestro/maestra	*teacher*	cucharita	*teaspoon*
marinero/marinera	*sailor*	cuchillo	*knife*
mayordomo/ mayordoma	*butler*	cuenta	*bill, check*
mecánico/mecánica	*mechanic*	desayuno	*breakfast*
mecanógrafo/ mecanógrafa	*typist*	dulces (m)	*sweets*
		ensalada	*salad*
médico/médica	*doctor*	entremeses (m)	*hors d'oevres, appetizers*
modisto/modista	*dress designer, dressmaker*	fiambres (m)	*cold cuts*
músico/música	*musician*	flan (m)	*caramel custard*
oculista (m/f)	*occulist*	galleta	*cracker, biscuit*
odontólogo/odontóloga	*dentista*	helado	*ice cream*
oficio	*occupation*	hielo	*ice*
panadero/panadera	*baker*	huevo	*egg*
paro	*lockout, unemployment*	jamón (m)	*ham*
pastor/pastora	*shepherd*	legumbres (f)	*vegetables*
peluquero/peluquera	*hairdresser*	mantel (m)	*tablecloth*
periodista (m/f)	*journalist*	mantequilla	*butter*
pescador/pescadora	*fisherman*	merienda	*light meal, snack*
pianista (m/f)	*pianist*	mermelada	*jam*
piloto (m/f)	*pilot*	miel (f)	*honey*
pintor/pintora	*painter*	mostaza	*mustard*
poeta (m/f)	*poet*	palillo	*toothpick*
profesor/profesora	*professor, teacher*	pan (m)	*bread*
reportero/reportera	*reporter*	pastel (m)	*cake*
sastre/sastra	*tailor*	pimienta	*pepper*
secretario/secretaria	*secretary*	plato	*dish, plate*
soldado (m/f)	*soldier*	postre (m)	*dessert*
sueldo	*salary*	queso	*cheese*
taxista (m/f)	*taxi driver*	sal (f)	*salt*
tenedor/tenedora de libros	*bookkeeper*	salchichón (m), salchicha, chorizo	*sausage*
trabajo	*work, job*	salero	*saltshaker*
traductor/traductora	*translator*	salsa	*sauce, gravy*
vendedor/vendedora	*salesman*	servilleta	*napkin*
zapatero/zapatera	*shoemaker*	sopa	*soup*
		taza	*cup*

El restaurante

		tenedor (m)	*fork*
		tocino	*bacon*
aceite (m)	*oil*	tortilla	*omelette (in Spain); flat corn cake, flour pancake (in Latin America)*
aceituna	*olive*		
albóndiga	*meatball*		
alimento	*food*	tostada	*toast*
almuerzo	*lunch*	vaso	*glass*
azucarero	*sugar bowl*	yema	*egg yolk*
bocadillo, emparedado	*sandwich*		

La ropa y los artículos personales

abrigo	*coat, overcoat*
aguja	*needle*
alfiler (m)	*pin*
anillo	*ring*
anteojos, lentes (m), espejuelos, gafas	*eyeglasses*
arete (m), pendiente (m)	*earring*
babero	*bib*
bastón (m)	*walking stick, cane*
bata	*dressing gown, robe*
billetera	*wallet, billfold*
blusa	*blouse*
bolsa, bolso	*purse, handbag*
bolsillo	*pocket*
bota	*boot*
botón (m)	*button*
calcetín (m)	*sock*
calzado	*footwear*
calzoncillos	*underpants, boxer shorts*
camisa	*shirt*
camiseta	*undershirt, t-shirt*
camisón (m)	*nightgown*
capa	*cape*
cartera	*purse, wallet*
cepillo	*brush*
cepillo de dientes	*toothbrush*
cepillo para el pelo	*hairbrush*
chaleco	*vest*
chaqueta	*jacket*
cinturón (m)	*belt*
collar (f)	*necklace*
corbata	*necktie*
cuello	*collar*
dedal (m)	*thimble*
delantal (m)	*apron*
falda	*skirt*
gorra, gorro	*cap*
guante (m)	*glove*
hebilla	*buckle, clasp*
hilo	*thread*
imperdible (m)	*safety pin*
llavero	*key ring*
maleta	*suitcase*
manga	*sleeve*
media	*stocking*
ojal (m)	*buttonhole*
pantalón (m)	*pants*
pañuelo	*handkerchief*
paraguas (m)	*umbrella*
peine (m)	*comb*
pendiente (m)	*earring*
pijama	*pajamas*
portamonedas (m)	*change purse*
pulsera	*bracelet*

ropa	*clothes*
sandalia	*sandal*
sombrero	*hat*
sombrilla, parasol (m)	*parasol, sunshade*
tijeras	*scissors*
tirante (m)	*suspender*
traje (m)	*suit*
velo	*veil*
vestido	*dress*
zapato	*shoe*

El tiempo

aguacero, chaparrón (m)	*heavy shower, downpour*
arco iris (m)	*rainbow*
brillar	*to shine*
brisa	*breeze*
calor (m)	*heat*
ciclón (m)	*cyclone*
cielo	*sky*
clima (m)	*climate*
despejado	*cloudless, clear*
escarcha	*frost*
estrella	*star*
frío	*cold*
gota	*drop*
gotear	*to drop, drip, dribble, leak*
granizo	*hail*
helar	*to freeze*
hielo	*freeze, ice*
huracán (m)	*hurricane*
llover	*to rain*
llovizna	*drizzle*
lloviznar	*to drizzle*
lluvia	*rain*
lluvioso	*rainy*
luna	*moon*
neblina	*mist*
nevar	*to snow*
niebla	*fog, mist*
nieve (f)	*snow*
nube (f)	*cloud*
nublado	*cloudy*
ola	*wave*
rayo	*thunderbolt*
relámpago	*lightning*
relampaguear	*to flash with lightning*
remolino	*whirlwind*
sol (m)	*sun*
soleado	*sunny*
tormenta	*storm*
tronar	*to thunder*
trueno	*thunder*
viento	*wind*

Las tiendas

almacén (m)	department store
barbería	barber shop
cafetería	cafeteria, coffee shop
carnicería	butcher shop
confitería, dulcería	candy store, confectionery store
escaparate (m)	(shop) window
farmacia, botica	pharmacy
ferretería	hardware store
florería, floristería	flower shop
frutería	fruit store
joyería	jewelry store
juguetería	toy shop
lavandería	laundry
lechería	dairy (store)
librería	bookshop, bookstore
mercado	market
mostrador (m)	counter
mueblería	furniture store
panadería	bakery
papelería	stationery store
pastelería	cake shop, bakery
peluquería	barber shop, beauty parlor
pescadería	fish market
puesto/quiosco de periódicos	newstand
relojería	watchmaker's shop
sastrería	tailor's shop
supermercado	supermarket
tienda	shop, store
tintorería	dry cleaner's
vitrina	window, display case
zapatería	shoe store

Los medios de transporte y los viajes

aduana	customs
aeropuerto	airport
agencia de viajes	travel agency
andén (m)	platform of railroad station
asiento	seat
asistente de vuelo (m/f)	flight attendant
aterrizar	to land
autobús (m), ómnibus (m)	bus
autopista, carretera	highway
avión (m), aeroplano	airplane
barco	ship, boat
baúl (m)	trunk
bicicleta	bicycle
billete (m)	ticket
camarote (m)	cabin of a ship
camino	road, path
camión (m)	truck
coche (m), carro, automóvil (m)	car
despegar	to take off
equipaje (m)	luggage
estación (f)	station
ferrocarril (m)	railway, railroad
guía	guide book; guide
helicóptero	helicopter
horario	schedule
itinerario	itinerary
llegada	arrival
maleta	suitcase
mapa (m)	map
metro	subway
motocicleta	motorcycle
muelle (m)	dock
parada	bus stop
pasajero/pasajera	passenger
pasaporte (m)	passport
pensión (f)	inn
piloto (m/f)	pilot
pista	runway
puente (m)	bridge
puerto	port, harbor
sala de espera	waiting room
salida	departure
semáforo	traffic light
señal de tráfico (f)	traffic signal
senda	path
tarjeta de embarque	boarding pass
tranvía (m)	street car, tram
tren (m)	train
trineo	sleigh
tripulación (f)	crew
viaje (m)	trip, journey
volar	to fly
vuelo	flight

Appendix B

Useful Idiomatic Expressions

The following is not an exhaustive list of idiomatic expressions, but instead, a useful starting place for learning these kinds of vocabulary items. You should add new expressions to your list as you come across them. You should focus on ten to fifteen expressions a week, try to memorize them, and then use them in class in your conversations and in your written work. They will not only help you express yourself with ease, but they will also be useful in many parts of the examination, especially in the Writing (Paragraph Completion With and Without Root Words) section.

Using *dar(se)*

dar a	*to face, to look out on*
dar con	*to run into*
dar a conocer	*to make known*
dar cuerda	*to wind*
dar gritos	*to shout, to scream*
dar la hora	*to strike (the hour)*
dar las gracias	*to thank*
dar recuerdos a	*to give regards to*
dar un abrazo	*to hug*
dar un paseo	*to take a walk*
dar un paseo (una vuelta) en coche	*to go for a ride*
dar una vuelta	*to take a walk*
darse cuenta de (que)	*to realize (that)*
darse la mano	*to shake hands*
darse prisa	*to hurry*

Using *echar*

echar (una carta, una tarjeta, etc.)	*to mail (a letter, a card, etc.)*
echar la culpa	*to blame*
echar(se) a perder	*to spoil, to ruin, to lose its good taste*
echarle de menos a alguien	*to miss someone*
echarse a reír	*to burst out laughing*

Using *estar*

estar a punto de	*to be about to*
estar al día	*to be up to date (current)*
estar bien enterado	*to be well-informed*
estar de acuerdo	*to agree unanimously*
estar de buen (mal) humor	*to be in a good (bad) mood*
estar de moda	*to be in style (fashionable)*
estar de pie	*to be standing*
estar de vuelta	*to be back*

estar enamorado de	*to be in love with*
estar harto de	*to be fed up with*
estar muerto de hambre	*to be starving*
estar muerto de cansancio	*to be dead tired*
estar muerto de sueño	*to be very sleepy*
estar para + infinitive	*to be about to, to be at the point of*
(no) estar para bromas	*to not be in the mood for jokes*
estar por	*to be in favor of*
estar seguro	*to be sure*

Using *hacer*

(no) hacer caso a	*(not) to pay attention, (not) to listen to, to ignore*
hacer el papel de	*to play the part (role) of*
hacer escala	*to make a stop (i.e. plane)*
hacer hincapié	*to emphasize*
hacer la cama	*to make the bed*
hacer la maleta	*to pack one's suitcase*
hacer pedazos	*to smash, to tear into pieces*
hacer un viaje	*to take a trip*
hacer una pregunta	*to ask a question*
hacer una visita	*to pay a visit*
hacerle daño a alguien	*to hurt someone*
hacer(le) falta	*to lack, to be in need of, to be lacking*
hacer(le) saber	*to inform, to let someone know (something)*
hacerse cargo	*to take charge of*
hacerse daño	*to get hurt, to hurt (oneself)*
hacerse tarde	*to get late*

Using *hacer* to talk about weather

¿Qué tiempo hace?	*What is the weather like?*
Hace buen tiempo.	*The weather is good.*
Hace (mucho) calor.	*It is (very) hot/warm.*
Hace (mucho) fresco.	*It is (very) cool.*
Hace (mucho) frío.	*It is (very) cold.*

Hace mal tiempo.	The weather is bad.
Hace (mucho) sol.	It is (very) sunny.
Hace (mucho) viento.	It is (very) windy.

Using *ir*

ir al centro	to go downtown
ir de compras	to go shopping
ir de tiendas	to go shopping

Using *llegar*

llegar a ser	to become (goal achieved over time)
llegar a tiempo	to be (arrive) on time
llegar atrasado	to be (arrive) late
llegar con atraso	to be (arrive) late
llegar con retraso	to be (arrive) late
llegar tarde	to be (arrive) late
llegar temprano	to be (arrive) early

Using *ponerse*

ponerse de acuerdo	to agree, to come to an agreement
ponerse de pie	to stand
ponerse de rodillas	to kneel (down)

Using *tener*

tener… años	to be…years old
tener buena (mala) cara	to look good (bad)
tener (mucha) calma	to be (very) calm
tener (mucho) calor	to be/feel (very) hot
tener (muchos) celos (de)	to be (very) jealous (of)
tener (mucho) cuidado	to be (very) careful
tener deseos de	to feel like, to have an urge to
tener dolor de (garganta, cabeza, etc.)	to have a (sore throat, headache, etc.)
tener en cuenta	to take into account
tener (mucha) envidia (de)	to be (very) envious (of)
tener (mucho) éxito	to be (very) successful
tener (mucho) frío	to be/feel (very) cold
tener ganas de	to feel like, to have an urge to
tener (mucha) hambre	to be (very) hungry
tener la culpa (de)	to be to blame (for), to be one's fault
tener la palabra	to have the floor
tener (mucha) lástima de	to feel (very) sorry for
tener lugar	to take place
tener (mucho) miedo (de)	to be (very much) afraid (of)
tener mucho gusto en	to be pleased to

tener presente	to keep in mind, to take into account
tener (mucha) prisa	to be in a (big) hurry
tener que + infinitive	to have to
tener que ver con	to have to do with
(no) tener razón	to be right (wrong)
tener (mucha) sed	to be (very) thirsty
tener (mucho) sueño	to be (very) sleepy
tener (mucha) suerte	to be (very) lucky
tener (mucha) vergüenza (de)	to be (very much) ashamed (of)

Using other verbs

andar mal (de salud, de dinero, etc.)	to be (sick, broke, etc.)
aprender de memoria	to memorize, to learn by heart
caerle bien (mal) a alguien	to make a good (bad) impression (on someone)
caerse muerto	to drop dead
cambiar de idea	to change one's mind
contar con	to rely on
costarle trabajo	to be difficult for someone
creer que sí (no)	(not) to think so
cumplir… años	to turn…years old
deberse a	to be due to
decir (muchos) disparates	to talk nonsense
decir que sí (no)	to say yes (no)
dejar caer	to drop
dormir a pierna suelta	to sleep like a log (soundly)
ganarse la vida	to earn one's living
llamar a la puerta	to knock on the door
llevar a cabo	to carry out, to accomplish, to finish
llevarse bien (mal) con	to get (not get) along with
mantener el interés	to hold one's interest
morirse de risa	to die laughing
no servir para nada	to be good for nothing
pagar al contado (en efectivo)	to pay cash
pasar lista	to call the roll
pasarlo bien (mal)	to have a good (bad) time
pedir prestado	to borrow
perder el tiempo	to waste one's time
ponerse de acuerdo	to agree
ponerse de pie	to stand (up)
portarse bien/mal	to behave/misbehave
prestar atención	to pay attention
quedar(le) bien (mal)	to look good (on somebody)
querer decir	to mean
saber a	to taste like
sacar una nota	to get a grade (on a paper or assignment)
sacar una foto(grafía)	to take a picture
sentarle bien	to agree with one, to suit one

ser aficionado a	to be a fan of, to be fond of	así es que	so
ser hora de	to be time to	así, así	so-so
tocarle a uno	to be one's turn	cada vez	each time
tomar el sol	to sunbathe	cada vez más	more and more
tomarle el pelo a alguien	to pull someone's leg, to fool (someone)	cada vez menos	less and less
		claro que sí (no)	of course (not)
valer la pena	to be worthwhile, to be worth the trouble	como siempre	as usual
		con (sin) cuidado	carefully (carelessly)
volverse loco	to go crazy	con (su) permiso	excuse me, with your permission

Other idiomatic expressions

		con frecuencia	frequently
		con mucho gusto	gladly
¡Basta!	Enough!	Creo que no.	I don't think so.
a (algunas) veces	sometimes, at times	Creo que sí.	I think so.
a bordo	on board	cuanto antes	as soon as possible
a ciegas	blindly	de antemano	beforehand
a diario	daily	de aquí en adelante	from now on
a fin de cuentas	in the end, after all (is said and done), in the final analysis	de buena (mala) gana	willingly (unwillingly)
		de costumbre	usually
a fondo	thoroughly, in detail	de día	by day
a la + nationality (f)	in (nationality) style of	de ese (este) modo / de esa (esta) manera	in that way, so
a la carrera	quickly, on the run		
a la fuerza	by force	de excursión	on a picnic
a la larga	in the long run	de frente	facing forward, from the front
a la vez	at the same time	de golpe	all at once, suddenly
a lo largo	throughout, along	de hecho	in fact, as a matter of fact, actually
a lo lejos	in the distance, far off, at a distance		
		de hoy en adelante	from now on, henceforth
a más tardar	at the latest	de memoria	by heart
a menudo	often, frequently	de nada	you are welcome
a mi parecer	in my opinion	de ningún modo	by no means, on no account, absolutely not
a pie	on foot, walking		
a propósito	by the way	de ninguna manera	by no means, on no account, absolutely not
a solas	alone		
a su vez	in turn	de noche	by night
a tiempo	on time	de nuevo	again
a tropezones	by fits and starts	de otra manera	in another way
a última hora	at the last minute	de otro modo	otherwise
a ver	let's see	de par en par	wide open
ahora mismo	right now, right away, at once	de postre	for dessert
al aire libre	outdoors	de prisa	quickly
al amanecer	at dawn, at daybreak	de pronto	suddenly, all of a sudden
al anochecer	at dusk, at nightfall	de repente	suddenly, all of a sudden
al contado	cash, for cash	de todos modos	at any rate, anyway, anyhow
al contrario	on the contrary	de última moda	in the latest style
al fin	finally, at last	de una vez	at once, at one time
al fin y al cabo	in the end, after all (is said and done)	de veras	really, truly, honestly
		de vez en cuando	from time to time, once in a while
al menos	at least		
al mismo tiempo	at the same time	dentro de poco	in a short while, in a little while
al parecer	apparently, seemingly	derecho	straight ahead
al pie de la letra	literally	desde luego	of course
al por mayor	wholesale	día de fiesta (m)	holiday
al por menor	retail	en alguna parte	somewhere
al principio	at first, at the beginning	en balde	in vain
al revés	upside down, inside out, backwards	en broma	in fun, jokingly
		en cambio	on the other hand

en casa	at home	por ejemplo	for example
en cuanto	as soon as	por el (lo) contrario	on the contrary
en efecto	as a matter of fact, indeed	por escrito	in writing
en el acto	immediately	por ese motivo	for that reason
en el fondo	at heart	por eso	therefore, that's why, because of that
en fin	finally, in short, lastly		
en la actualidad	presently	por favor	please
en primer lugar	in the first place	por fin	finally, at last
en punto	on the dot, sharp (telling time)	por la mañana	in the morning
en realidad	actually, in fact	por la noche	in the evening
en resumidas cuentas	in short	por la tarde	in the afternoon
en seguida	immediately, at once	por lo común	as a rule, usually
en serio	seriously	por lo general	generally, usually
en todas partes	everywhere	por lo menos	at least
en todo caso	in any case	por lo mismo	for that very reason
en voz alta (baja)	aloud (in a low voice)	por lo pronto	for the time being, in the meantime
entre paréntesis	in parentheses, by the way		
hace poco	a (short) while ago	por lo tanto	so, therefore, consequently
hasta la fecha	up until now	por lo visto	apparently
hoy día	nowadays	por más que	no matter how much
hoy mismo	this very day	por otra parte	on the other hand
lo de menos	the least important thing	por otro lado	on the other hand
lo de siempre	just as usual, the same old story	por poco	almost, nearly
lo más pronto posible	as soon as possible	por supuesto	of course, naturally
lo mismo	the same thing	por teléfono	by phone
lo que importa	what matters	por todas partes	everywhere
mejor dicho	in other words, rather	por un lado	on one hand
mejor que nunca	better than ever	rara vez	rarely
menos mal	so much the better, it's a good thing that…	sano y salvo	safe and sound
		sin duda	without a doubt
mientras tanto	meanwhile, in the meantime	sin embargo	however, nevertheless
ni siquiera	not even	sin querer	unintentionally, without meaning to
no obstante	nevertheless, however		
otra vez	again, once more	sobre todo	above all, especially
para siempre	forever	tal como	such as
peor que nunca	worse than ever	tal vez	perhaps
pocas veces	rarely	tanto mejor	so much the better
poco a poco	little by little, gradually	tarde o temprano	sooner or later
por ahora	for now, for the present	todavía no	not yet
por allí	that way, around there, through there	todo el mundo	everyone, everybody
		un poco de	a little (bit of)
por aquí	this way, around here, through here	una vez que	as soon as
		uno por (a) uno	one by one
por casualidad	by chance, by any chance	vivo o muerto	dead or alive
por cierto	by the way, incidentally	ya	already
por consiguiente	therefore, consequently	ya lo creo	I should say so, of course
por desgracia	unfortunately	ya no	no longer

Appendix C

Deceptive Words and Important Spanish Verbs With More than One Translation

Deceptive Words: Spanish-English

actual	*current, of the present time (day)*
actualmente	*at present, at the present time*
anciano/anciana	*old man (woman)*
antiguo	*ancient, former, old*
apoyar	*to support*
arena	*sand*
asistir a	*to attend, to be present at, to take care of someone*
atender	*to take care of, to attend to, to pay attention to*
auditorio	*audience*
bien educado	*well mannered*
campo	*field, countryside*
carácter (m)	*character*
collar (m)	*necklace*
colorado	*red*
conferencia	*lecture*
confidencia	*secret, trust*
constipado	*common cold*
copa	*wine glass*
calidad (f)	*quality*
cualidad (f)	*quality, attribute, characteristic*
cuenta	*bill*
dato	*fact*
decepcionado	*disappointed*
diario	*newspaper*
disgusto	*unpleasantness*
editor/editora	*publisher*
embarazada	*pregnant*
en realidad	*actually*
éxito	*success*
fábrica	*factory*
funcionar	*to work (device, apparatus, machine)*
grande	*large*
idioma (m)	*language*
ignorar	*to not know*
introducir	*to insert, usher in*
largo	*long*
lectura	*reading*
letra	*letter (alphabet)*
librería	*bookstore*
mantel (m)	*tablecloth*
mayor	*older*

pan (m)	*bread*
parientes	*relatives*
personaje (m)	*character (in a play)*
presentar	*to introduce (a person)*
realizar	*to fulfill, to carry out, achieve*
realmente	*actually*
recordar	*to remember*
restar	*to subtract, to deduct*
sano	*healthy*
sensible	*sensitive*
sopa	*soup*
soportar	*to tolerate, to bear, to endure*
suceso	*event, happening*
tabla	*board, plank, table of contents*
tinta	*ink*
vaso	*glass*

Deceptive words: English-Spanish

actually	en realidad, realmente
assist (to)	ayudar
attend, take care of	atender
attend, be present at	asistir
audience (formal interview with somebody important)	audiencia
auditorium	auditorio, salón de actos
blind (window)	persiana
camp	campamento
carry out, fulfill	realizar
collar	cuello
confidence	confianza
cup	taza
date (calendar)	fecha
disgust	asco
editor	redactor/redactora
embarrassed	avergonzado
event, happening	suceso
exciting	emocionante
exit	salida
fabric	tela
factory	fábrica
hearing (trial)	audiencia
idiom	modismo
ignore	no hacer caso

introduce a person (to)	presentar
large	grande
lecture	conferencia
letter (missive)	carta
library	biblioteca
mayor	alcalde/alcaldesa
memory	recuerdo, memoria
older	mayor
parents	padres
present (day)	actual
publisher	editor/editora
realize (become aware of)	darse cuenta de
record (to)	grabar
relative(s)	pariente(s)
sane	cuerdo(a)
sensitive	sensible
soap	jabón (m)
soup	sopa
story	cuento
succeed (in)	lograr
success	éxito
vase	florero, jarrón (m)
well mannered	bien educado

Important Spanish verbs with more than one translation

ask (a question)	preguntar, hacer una pregunta
ask for (inquire about)	preguntar por
ask for (request)	pedir
be	ser/estar
become (change in physical or emotional state)	ponerse + adjective
become (change through conscious effort)	hacerse
become (goal achieved over time)	llegar a ser
become (sudden, involuntary change)	volverse + adjective

know (be acquainted with a person, place, thing)	conocer
know (facts)	saber
know how to + infinitive	saber + infinitive
leave (behind)	dejar
leave (go away)	irse
leave (go out)	salir
move (change location of something)	mudar
move (change place of residence, work etc.)	mudarse
move (put in motion)	mover
move (to put oneself in motion)	moverse
spend (money)	gastar
spend (time)	pasar
play (sport/game)	jugar
play (a musical instrument/music)	tocar
return (come back)	volver
return (give back what has been borrowed)	devolver
take (carry from place to place)	llevar
take (catch, grasp, seize, take in)	tomar
think of/about (used to ask for an opinion)	pensar de
think of/about (used to express what is on someone's mind)	pensar en

Appendix D

Some Words and Expressions Used to Connect Ideas

Conjunctions

A conjunction is a word that is used to link sentences, clauses, phrases, or words. Some conjunctions will require the use of the subjunctive — in some cases always; in others only when there is doubt.

Some common conjunctions are:

*a condición de que	on condition that, provided that
*a fin de que	so that, in order that
*a menos que	unless
*a no ser que	unless
a pesar de que	in spite of
*antes (de) que	before
así que	as soon as
aun	even, still
aun cuando	even when
aunque	even if, even though, although
cada vez que	each time that
como	as, since
*como si	as if
*con tal (de) que	provided that
cuando	when
de manera que	so, so that, in such a way that
de modo que	so, so that, in such a way that
desde que	since
después de que	after
*en caso de que	in case that
en cuanto	as soon as
hasta que	until
luego que	as soon as, after
mientras	while
*mientras que	while, so long as, as long as
mientras tanto	meanwhile
ni... ni	neither...nor
ni siquiera	not even
o***	or
*para que	so that, in order that
pero	but
por más que	no matter how, however much
porque	because
puesto que	since, inasmuch as, seeing that
que	that
si	if, whether
siempre que	whenever, provided that
sin embargo	nevertheless, however
*sin que	without
sino	but, but rather
sino que	but that, but rather that
tan pronto como	as soon as
una vez que	once
y**	and
ya que	since, seeing that

*always followed by the subjunctive
**when followed by a word that begins with *i* or *hi*, use *e* instead of *y* (*padre e hijo*)
***when followed by a word that begins with *o* or *ho*, use *u* instead of *o* (*septiembre u octubre*)

Connecting words and expressions

The following words and expressions allow you to connect your thoughts and show the relationship between different parts of a sentence. The lists are by no means exhaustive, but they will help you to connect ideas, to summarize, to emphasize, and so on. Learning them will enrich your vocabulary and help you to speak and write more fluently.

1. **To begin to introduce an idea,** you may use the following:

a partir de	beginning with
al + infinitive	upon (action); for example, upon learning = al saber, upon leaving = al salir, etc.
al principio	at the beginning
como punto de partida	as a point of departure
en primer lugar	in the first place
para empezar	to begin

2. **To add another idea,** or if you are telling a story and want **to add the next step or express sequence** (ideas that were taking place before, after, or at the same time), you may use the following:

a la (misma) vez	at the same time
además	besides, furthermore
ahora mismo	right now
al mismo tiempo	at the same time
antes de + infinitive	before (action)
con respecto a	with respect to, regarding

de antemano	beforehand, in advance
de aquí (ahora, hoy) en adelante	from now on
dentro de poco	shortly, in a short while
hace poco	a short while ago
después de + infinitive	after (action)
durante	during
en cuanto	as soon as
en la actualidad	presently
entonces	then
hasta el momento, la fecha	until now
hoy día	nowadays
luego	then, later
mientras	while
mientras tanto	meanwhile
para continuar	to continue
primero	first
también	also
tampoco	neither, not...either
tan pronto como	as soon as
y	and

3. **To express a contrasting point of view or to restrict another one** previously expressed, you may use the following:

a pesar de (que)	in spite of (the fact that)
aunque	although
como	as, in as much as
de lo contrario	otherwise
de ninguna manera	by no means
en cambio	on the other hand
pero	but
por el/al contrario	on the contrary
sin embargo	however, nevertheless
sino	but
sino que	but rather

4. **To present different aspects of a topic or to make transitions,** you may use the following:

así que	so, therefore
con relación a	in relation to
con respecto a	with respect to
conviene indicar/ señalar	it is suitable to indicate/point out
de ese modo	in that way, so
de modo/manera que	so (that)
en cuanto a	regarding
hablando de	speaking of, in reference to
no... sino (que)	not...but rather
por lo común	as a rule, usually
por lo general	generally
por otro lado	on the other hand
por un lado	on the one hand
también viene al caso	it is also to the point

5. **To emphasize**, you may use the following:

a mi parecer	in my opinion
además	furthermore, in addition
de hecho	in fact, as a matter of fact
en otras palabras	in other words
en realidad	actually, in fact
es decir	that is to say, in other words
hay que tomar en cuenta que	one must realize (take into account) that
lo importante es que	what is important is that
lo que importa es que	what matters is that
o sea	that is to say, in other words
sin duda	without a doubt
sobre todo	above all

6. **To give examples**, you may use the following:

| para ilustrar | to illustrate |
| por ejemplo | for example |

7. **To draw a conclusion or show cause and effect,** you may use the following:

a causa de	on account of, because of
a fin de cuentas	in the end, after all
al fin	finally, at last, in the end
al fin y al cabo	in the end, after all (is said and done)
al parecer	apparently, seemingly
así que	so, therefore
como	because
como consecuencia	as a consequence
como resultado	as a result
de todos modos	at any rate, anyhow
debido a	owing to, because of
en conclusión	in conclusion
en definitiva	in conclusion, definitively, finally
en fin	finally, in short
en resumen	in summary
en resumidas cuentas	in short
en todo caso	in any case
finalmente	finally
para concluir	to conclude
para resumir	to summarize
para terminar	to end
por	because of
por consiguiente	therefore
por ese motivo	for that reason
por fin	finally, at last
por lo mismo	for the same reason
por lo tanto	therefore, consequently
porque	because
puesto que	since, inasmuch as, seeing that
ya que	since, seeing that

Appendix E

Useful Expressions for Informal Speaking (Simulated Conversation)

As you prepare for the simulated conversations in the exam, the following expressions will help you express different ideas more effectively. Study a few expressions from each list regularly and try to incorporate them into your communication in class with your classmates, or when practicing this type of exercise on your own. This is far from an exhaustive list, but as you master these expressions, you will be able to add more to your repertoire. You will see that some words may appear more than once according to the situation.

To accept an invitation

¡Claro!	*Of course!*
¡Claro que sí!	*Of course!*
¡Cómo no!	*Of course!*
¡Con mucho gusto!	*It will be a pleasure!*
¡Desde luego!	*Of course!*
¡Por supuesto!	*Of course!*

To turn down an invitation

¡De ninguna manera!	*No way!*
Lo siento pero…	*I am sorry, but…*
No voy a poder…	*I am not going to be able to…*
Ya tengo planes.	*I already have plans.*

To express apathy

Como quieras.	*Whatever you say.*
(Me) da igual.	*It makes no difference (to me). /It's all the same (to me).*
(Me) da lo mismo.	*It makes no difference (to me). /It's all the same (to me).*
No (me) importa.	*It doesn't matter (to me).*

To express agreement

Creo que sí.	*I believe so.*
(Estoy) De acuerdo.	*I agree.*
En efecto.	*Yes indeed.*
Es verdad.	*It is true. It is so.*
Eso es.	*That's it.*
No cabe duda.	*There's no room for doubt.*
Por supuesto que sí.	*Agree. Of course.*
Tienes razón.	*You are right.*

To express disagreement

¡Claro que no!	*Of course not!*
De ninguna manera.	*No way.*
Estás equivocado(a).	*You are wrong.*
Ni hablar	*No way.*
¡Ni lo sueñes!	*Don't even think about it!*
No estoy de acuerdo.	*I do not agree.*
No puede ser.	*It is impossible (can't be done).*
¡Por supuesto que no!	*Of course, not!*
¡Qué va!	*No way!*

To express surprise

¿De verdad?	*Is that true?*
¿En serio?	*Seriously?*
¡Figúrate!	*Imagine!*
Lo dudo.	*I doubt it.*
¡Mentira!	*You are kidding me!*
¡No lo puedo creer!	*I can't believe it!*
¡No me digas!	*You don't say!*
Parece mentira.	*It's hard to believe.*
¡Qué bárbaro!	*I can't believe it!*
¡Qué raro!	*That's odd/weird!*

To express an alternative

¿Has pensado que… ?	*Have you thought about…?*
¿No te parece que… ?	*Don't you think that…?*
¿Por qué no consideras… ?	*Why don't you consider…?*
¿Qué te parece si… ?	*What do you think if…?*
Sería mejor que…	*It would be better that…*

To express preferences

A mí me parece que…	*It seems to me that…*
Después de pensarlo, yo…	*After thinking about it, I…*
Para mí…	*For me…*
Personalmente, yo prefiero…	*Personally, I prefer…*

To express uncertainty or indecision

Estoy un poco confundido(a).	*I am a little confused.*
No estoy seguro(a) de lo que dijiste, pero…	*I am not sure what you said, but…*

To express indignation or disbelief

¡Eso es el colmo!	*That is the last straw!*
¡Ni lo sueñes!	*Don't even think about it!*
¡No es posible!	*It can't be!*
¡No puedo más!	*I can't take it anymore!*
¡Qué barbaridad!	*Good grief!*
¡Qué horror!	*That's terrible!*

To express concern

¡Cuánto lo siento!	*I am so sorry!*
¡Qué lástima!	*What a shame!*
¡Qué pena!	*What a pity!*

To ask for another opinion or suggestions

¿Qué te parece si… ?	*What do you think if…?*
Y tú, ¿qué piensas?	*And what do you think?*

To explain further

Como…	*As…*
Por esa razón…	*For that reason…*
Por lo tanto…	*Therefore…*
Ya que…	*Because…*

To express acquiescence

Está bien.	*O.K., It's all right.*
No hay más remedio.	*There is no other solution.*

To express disbelief

¿En serio?	*Seriously?*
Lo dudo.	*I doubt it.*
Parece mentira.	*It's hard to believe.*

To express regret

Lo siento.	*I'm sorry.*
¡Qué lástima!	*What a pity!*
¡Qué pena!	*What a pity!*

To express dissatisfaction or frustration

Eso no vale.	*That's not fair.*
No puedo más.	*I can't stand it anymore.*

To express an opinion

Creo (Pienso) que…	*I think that…*
(Me) parece que…	*It seems (to me) that…*
Que yo sepa…	*As far as I know…*

To express probability

Debe de ser…	*It is probably…*
Es probable que…	*It's likely that…*

To explain or clarify what you have said

A mí me parece que…	*It seems to me that…*
En otras palabras…	*In other words…*
Es decir…	*That is to say…*
Es que…	*The fact is (that)…*
O sea…	*That is to say…*

To ask for an opinion or a suggestion

¿Qué crees (piensas) tú?	*What do you think?*
¿Qué harías tú?	*What would you do?*
¿Qué te parece?	*How do you like it? What about it? What do you think of…?*
¿Te importa?	*Do you mind?*
¿Te parece bien?	*Do you like the suggestion?*

To suggest an alternative

¿No crees que… ?	*Don't you think that…?*
Propongo que…	*I propose that…*
Sería mejor…	*It would be better to…*
Sugiero que..	*I suggest that…*

To ask for permission

¿Me permites (dejas)… ?	*May I…?*
¿Se puede… ?	*May I…?*
¿Te molesta que… ?	*Do you mind if…?*

Appendix F

Prepositions and Verbs With or Without Prepositions

A preposition is a word that is used with nouns and pronouns (and sometimes verbs) to show their relationship to some other part of a sentence.

Simple prepositions

a	*at, to*
ante	*before*
bajo	*under*
con	*with*
contra	*against*
de	*of, from*
desde	*from, since*
durante	*during*
en	*in, on, into, at*
entre	*among, between*
excepto	*except*
hacia	*toward*
hasta	*until, as far as, up to*
mediante	*by means of*
menos	*except*
para	*for, in order to, considering*
por	*for, by, through, for the sake of, in exchange for, per*
salvo	*except, save*
según	*according to*
sin	*without*
sobre	*on, about, over, concerning*
tras	*after, behind*

Compound prepositions

a cargo de	*in charge of*
a causa de	*because of, on account of*
a diferencia de	*unlike*
a eso de	*about, around (+ time of day)*
a excepción de	*with the exception of*
a favor de	*in favor of*
a fin de	*in order to*
a fines de	*toward (at) the end of*
a fuerza de	*by dint of, by force of*
a lo largo de	*throughout*
a mediados de	*in the middle of*
a partir de	*beginning with, from...on, starting on...*
a pesar de (que)	*in spite of, despite*
a principios de	*at the beginning of..., early in...*
a través de	*through*

acerca de	*about, concerning*
además de	*besides, in addition to*
al cabo de	*at the end of*
al lado de	*next to, alongside of*
alrededor de	*around (place)*
antes de	*before (time, order)*
cerca de	*near, close to*
con motivo de	*with the purpose of*
con respecto a	*regarding*
conforme a	*according to*
contrario a	*contrary to*
debajo de	*under, beneath*
debido a	*due to*
delante de	*before (space), in front of*
dentro de	*within, inside of, in*
después de	*after (time, order)*
detrás de	*behind (place), after*
en busca de	*in search of*
en contra de	*against*
en cuanto a	*regarding, in regard to, as for*
en lugar de	*instead of, in place of*
en vez de	*instead of, in place of*
en frente de	*before, in front of*
en medio de	*in the middle of*
en virtud de	*by virtue of*
encima de	*on top of, above, over*
frente a	*opposite to, across from*
fuera de	*outside of, beyond*
junto a	*next to, close to*
lejos de	*far from, distant from*
por causa de	*on account of, because of*
por razón de	*as a consequence of, by reason of*
respecto a	*relative to*

Verbs that do not require a preposition when followed by a noun (except when the direct object is a person)

buscar	*to look for*
escuchar	*to listen to*
esperar	*to wait for, to hope for*
mirar	*to look at*
pagar	*to pay for*
pedir	*to ask for, request*

Common verbs that do not require a preposition before an infinitive

aconsejar	*to advise*
acordar	*to agree*
conseguir	*to succeed in*
deber	*ought to (should) (moral obligation)*
decidir	*to decide*
dejar	*to allow, let*
desear	*to wish*
esperar	*to hope, to expect*
hacer	*to make*
intentar	*to attempt to, to try to*
lograr	*to succeed in*
mandar	*to order*
merecer	*to deserve*
necesitar	*to need*
oír	*to hear*
olvidar	*to forget*
parecer	*to seem*
pedir	*to ask*
pensar	*to plan, to intend*
permitir	*to allow, permit*
poder	*to be able, can*
preferir	*to prefer*
prohibir	*to forbid*
prometer	*to promise*
proponer(se)	*to propose*
querer	*to want*
recordar	*to remember*
saber	*to know how*
sentir	*to regret*
soler	*to be accustomed, used to*
temer	*to be afraid, to fear*
ver	*to see*

Verbs that take *a* + infinitive

acostumbrarse a	*to become accustomed to, to become used to*
alcanzar a	*to succeed in, to manage to*
animar(se) a	*to feel encouraged to*
aprender a	*to learn to, to learn how to*
apresurarse a	*to hurry to*
arriesgarse a	*to expose oneself to danger, to dare to, to risk*
aspirar a	*to aspire to*
atreverse a	*to dare to*
ayudar a	*to help to*
comenzar a	*to begin to*
comprometerse a	*to commit oneself to*
convidar a	*to invite to*
decidirse a	*to decide to*
dedicarse a	*to devote oneself to*
desafiar a	*to dare to, to challenge to*
detenerse a	*to pause to, to stop to*

determinarse a	*to resolve to*
disponerse a	*to get ready to*
echarse a	*to begin to, to start to*
empezar a	*to begin to, to start to*
enseñar a	*to teach to*
exponerse a	*to run the risk of*
inclinarse a	*to be inclined to*
inspirar a	*to inspire to*
invitar a	*to invite to*
ir a	*to go to*
limitarse a	*to limit oneself to*
llegar a	*to come to, to manage to, to succeed in*
meterse a	*to begin to*
negarse a	*to refuse to*
obligar a	*to oblige to, to obligate to*
ofrecerse a	*to volunteer to, to offer to*
oponerse a	*to be opposed to*
pararse a	*to stop to, to pause to*
ponerse a	*to begin to, to start to*
principiar a	*to begin to, to start to*
quedarse a	*to remain to*
regresar a	*to return to*
renunciar a	*to give up, renounce*
resignarse a	*to resign oneself to*
resistirse a	*to oppose, to resist*
resolverse a	*to make up one's mind to*
romper a	*to start (suddenly), to burst out*
salir a	*to go out to*
sentarse a	*to sit down to*
venir a	*to come to, to end up by*
volver a	*to [do something] again, to return to*

Verbs that take *a* + noun or pronoun

acercarse a	*to approach, to go near*
acostumbrarse a	*to become accustomed to, to get used to*
aficionarse a	*to become fond of*
asemejarse a	*to resemble, to look like*
asistir a	*to attend*
asomarse a	*to appear at, to lean out of, to look out of*
dar a	*to face, to look out on, to open on*
deberse a	*to be due to*
dedicarse a	*to devote oneself to*
desafiar a	*to dare to, to challenge to*
destinar a	*to assign to*
dirigirse a	*to go to, to go toward*
entrar a	*to enter*
faltar a	*to be absent from*
ir a	*to go to*
jugar a	*to play a sport or a game*
limitarse a	*to limit oneself to*
llegar a	*to get to be, to arrive at, to reach a place*

oler a	*to smell of, to smell like*
oponerse a	*to be opposed to*
parecerse a	*to resemble, to look like*
pasar a	*to proceed to, to pass on to*
referirse a	*to refer to*
renunciar a	*to give up, renounce*
resignarse a	*to resign oneself to*
saber a	*to taste of or like*
sonar a	*to sound like*
subir a	*to get on, to get into, to climb into*

Verbs that take *con* + infinitive

amenazar con	*to threaten to*
conformarse con	*to put up with, to be satisfied with*
contar con	*to count on, to rely on*
contentarse con	*to be satisfied with*
cumplir con	*to fulfill (an obligation, duty)*
soñar con	*to dream of, to dream about*

Verbs that take *con* + noun or pronoun

acabar con	*to put an end to, to finish, to exhaust*
amenazar con	*to threaten to*
bastar con	*to be enough*
casarse con	*to marry*
comprometerse con	*to get engaged to*
conformarse con	*to be satisfied with*
contar con	*to count on, rely on*
contentarse con	*to be satisfied with*
cumplir con	*to fulfill (an obligation, duty)*
dar con	*to come upon, to meet*
encontrarse con	*to run into, to meet*
entenderse con	*to have an understanding with*
meterse con	*to pick a quarrel with*
quedarse con	*to keep, to hold on to*
reunirse con	*to meet with, to join*
romper con	*to break off with, to break up with*
soñar con	*to dream of, to dream about*
tropezar con	*to come upon, to run into, to stumble against*

Verbs that take *de* + infinitive

acabar de	*to have just*
acordarse de	*to remember to*
alegrarse de	*to be glad to*
arrepentirse de	*to repent*
asombrarse de	*to be astonished at*
asustarse de	*to be frightened at, to get alarmed (about something)*
avergonzarse de	*to be ashamed of*
cansarse de	*to become tired of*
cesar de	*to cease, to stop*
deber de	*should, must (probability)*

dejar de	*to stop doing something, to fail to*
desistir de	*to desist from, to give up doing something*
encargarse de	*to take charge of*
gozar de	*to enjoy*
haber de	*must, to have to*
ocuparse de	*to attend to, to pay attention to*
olvidarse de	*to forget to*
parar de	*to stop*
quejarse de	*to complain of or about*
sorprenderse de	*to be surprised to*
terminar de	*to finish*
tratar de	*to try to*
tratarse de	*to be a question or matter of, to deal with*

Verbs that take *de* + noun or pronoun

abusar de	*to abuse, to take advantage of, to overindulge in*
acordarse de	*to remember*
alejarse de	*to go/move away from*
apartarse de	*to keep away from, to withdraw from*
apoderarse de	*to take possession of, to take hold of*
aprovecharse de	*to take advantage of*
arrepentirse de	*to be sorry for, to repent of*
asombrarse de	*to be astonished at*
asustarse de	*to be frightened at, to get alarmed (about something)*
avergonzarse de	*to be ashamed of*
bajar de	*to get out of, to descend from, to get off (of)*
burlarse de	*to make fun of*
cambiar de	*to change (trains, buses, clothes, etc.)*
cansarse de	*to become tired of*
carecer de	*to lack, to be lacking*
compadecerse de	*to feel sorry for, to sympathize with*
constar de	*to consist of*
cuidar de	*to take care of, to look after*
depender de	*to depend on*
deshacerse de	*to get rid of, to part with*
despedirse de	*to say goodbye to, to take leave of*
disfrutar de	*to enjoy*
dudar de	*to doubt*
enamorarse de	*to fall in love with*
encargarse de	*to take charge of*
enterarse de	*to find out about, to become aware of*
gozar de	*to enjoy*
huir de	*to flee from*
irse de	*to leave*
marcharse de	*to leave*

ocuparse de	to attend to, to pay attention to, to look after
olvidarse de	to forget
pensar de	to have an opinion about, to think of or about
preocuparse de	to worry about, to be concerned about
quejarse de	to complain of or about
reírse de	to laugh at
salir de	to leave (from), to go out of
separarse de	to leave
servir de	to serve as
servirse de	to make use of, to use
tratarse de	to be a question of, to deal with
valerse de	to make use of, to avail oneself of

Verbs that generally take *en* + infinitive

complacer(se) en	to take pleasure in, to be pleased to
confiar en	to trust in, to be confident in
consentir en	to consent to
convenir en	to agree to, to agree on
empeñarse en	to persist in, to insist on
esforzarse en	to strive for, to try to
insistir en	to insist on
pensar en	to think of, to think about
persistir en	to persist in
quedar en	to agree to, to agree on
tardar en	to be late in, to delay in
vacilar en	to hesitate to

Verbs that generally take *en* + noun or pronoun

apoyarse en	to lean against, to lean on
confiar en	to rely on, to trust (in)
consistir en	to consist of
convertirse en	to become, to convert to, to turn into
entrar en	to enter, to go into
fijarse en	to notice, to take notice of
influir en	to have an influence on
meterse en	to get involved in, to meddle in
pararse en	to stop at
pensar en	to think of, to think about

Verbs that generally take *por* + infinitive, noun, pronoun, or adjective

acabar por	to end (up) by
dar por	to consider, to regard as
darse por	to pretend, to consider oneself
empezar por	to begin by
esforzarse por	to strive to
estar por	to be in favor of
interesarse por	to take an interest in
luchar por	to struggle to
pasar por	to be considered as
preguntar por	to ask for, to inquire about
preocuparse por	to worry about
terminar por	to end (up) by
tomar por	to take someone for

Appendix G

Dividing Words into Syllables and Accentuation Rules

Dividing words into syllables

In order to learn how to accentuate properly in Spanish, you must become familiar with how to divide words into syllables. Follow these rules to learn how to divide words by syllables.

1. Consonants, including *ch*, *ll*, and *rr*, go with the vowel that follows:

   ca-mi-no
   a-ve-ni-da
   mu-cha-cho
   ca-lle
   te-rre-no
   ciu-dad

2. When two consonants are together, the first consonant goes with the preceding syllable and the second with the following syllable:

   per-so-na
   par-que
   tam-po-co

3. When *b*, *c*, *f*, *g*, or *p* are followed by *l* or *r*, along with *dr* and *tr*, these combinations are kept together and go with the following vowel:

   pre-sen-te
   cre-ma
   blan-co
   flo-res
   tra-ba-jo
   gra-tis

4. When there are three or more consonants between two vowels, only the last consonant goes with the following vowel, unless the following consonant is *l* or *r:*

   trans-por-te
   cons-ti-tu-ción
   ins-pec-tor

   If the last consonant is *l* or *r:*
   abs-trac-to
   ins-truc-ción
   san-gre

5. The vowels are divided into two groups:

   Strong vowels: *a, e, o*
   Weak vowels: *i, u*

   When two strong vowels (*a, e, o*) appear together, they are divided in separate syllables:

   co-rre-o
   o-es-te
   ma-es-tra

6. A strong and a weak vowel (*i, u*) or two weak vowels together are normally part of the same syllable. These combinations are called dipthongs:

   ai-re
   hue-le
   ciu-dad
   vie-jo

7. A strong and a weak vowel are separated into separate syllables if a written accent occurs on the weak vowel:

   rí-o
   per-mi-tí-an
   con-ti-nú-an

   If the accent mark appears on the strong vowel, they are not separated into syllables:

   tam-bién
   re-vo-lu-ción
   lim-pió

Some easy-to-follow rules for words' stress and accentuation

1. If a word ends in a vowel or in *n* or *s*, it is stressed on the next-to-last syllable:

   camino
   persona
   terminan
   lecciones

2. If a word ends in any consonant (except *r* or *s*), it is stressed on the last syllable:

parasol
reloj
preparar
pared

3. If words do not fall into the two groups mentioned, the stress is shown with a written accent on the stressed vowel:

francés
teléfono
bolígrafo
aritmética

4. Note that if the stress is on the weak vowel, a written accent must appear:

continúa
carnicería

5. In order to differentiate the meaning between two words that are spelled alike, the written accent is used. A few examples are:

de = preposition	*dé* = form of the verb *dar*
el = article	*él* = subject pronoun
mas = but	*más* = more
mi = possessive adjective	*mí* = prepositional pronoun
se = pronoun	*sé* = form of the verb *saber* or *ser*
si = if	*sí* = yes
solo = alone	*sólo* = only
te = pronoun	*té* = tea
aun = even	*aún* = still, yet

6. All interrogative words have a written accent, except when they are used as conjunctions or relative pronouns:

¿Qué te dijo Samuel?
What did Samuel say to you?
Me dijo que había hablado con Rosario.
He told me that he had spoken to Rosario.

7. It is no longer necessary to place an accent mark on the demonstrative pronouns. Write an accent mark only when the meaning of a form of *ese*, *este*, or *aquel* is unclear:

¿Por qué entraron aquéllos a la sala?
Why did they bring those into the living room?
¿Por qué entraron aquellos a la sala?
Why did those (people) go into the living room?
Préstame este disco compacto y ése.
Lend me this compact disc and that one.
(Note that demonstrative adjectives are not accentuated.)

8. When forming adverbs with the ending *–mente*, the adjective form which the adverb is formed retains the written accent:

El correo no es muy rápido y pierden los paquetes fácilmente.
The post office is not very fast and they easily lose packages.

Sources

p. 64: "Un instante del sol" by Alberto Serrat, from *Cuentos cubanos contemporáneos*, p. 178. © 1989 Universidad Veracruzana, Jalapa, Veracruz.

p. 65: "Al encuentro de Venus y el Sol" from *México desconocido*, December 2005.

p. 67: "A través de las ondas" by Soledad Puérolas, Ollero y Ramos Editores, S.L.

p. 68: "Amor secreto" by Manuel Payno, from *El cuento hispanoamericano*, pp. 39–40. © 1970 Fondo de Cultura Económica, México, D.F.

p. 69: "Cuentos hicieron fiesta en Alajuela, Costa Rica" by Juan Madrigal Rodríguez from www.nacion.com, Grupo Nación.

p. 72: "Un mendigo" by Manuel Rojas from *El delincuente* © 1948 Empress Editora Zig-Zag, S.A.

p. 73: "Un hombre" by José María Gironella, pp. 28–29. © Ediciones Destino, S.A., Barcelona, España.

p. 74: "Aprenda a hablar argentino" by Leslie M. Mira from *Américas*, a bimonthly magazine published by the General Secretariat of the Organization of American States (OAS). Used by permission.

p. 75: "Tormento" by Benito Pérez Galdós, p. 71. © 1986 Alianza Editorial, Madrid, España.

p. 76: "El hermano asno" by Eduardo Barrios, pp. 90–91. © 1946 Editorial Losada, S.A. Buenos Aires, Argentina.

p. 77: "Nuevas identidades de mujeres mexicanas" by Elizabeth Coonrod Martínez from *Américas*, a bimonthly magazine published by the General Secretariat of the Organization of American States (OAS). Used by permission.

p. 78: "Batllés Hermanos, S.L." by Samuel Ros from *Antología*, Ediciones Cátedra.

p. 79: "Efecto Mozart" from www.elcultural.es.

p. 81: "Mi estado físico" by Martin Rejtman from *McOndo*, Grijalbo Mondadori, S.A.

p. 82: "Judíos en la España de hoy" by Juana Vera © *Ecos de España y Latinoamérica*, March 2003, www.ecos-online.de. Used by permission.

pp. 84, 85: Excerpt from *Y Matarazo no llamó...* by Elena Garro © 1989 Elena Garro © 1991 Editorial Grijalbo, S.A.

p. 87: "Elena Poniatowska: Entrelíneas de los olvidados" by Elizabeth Coonrod Martínez reprinted from *Américas*, a bimonthly magazine published by the General Secretariat of the Organization of American States (OAS). Used by permission.

p. 89: "La gentileza de los desconocidos" by Antonio Muñoz Molina from *Nada del otro mundo* © 1988, 1993 Antonio Muñoz Molina © 1993 Espasa Calpe, S.A.

p. 90: "El regreso" by Carmen Laforet from *Cuento español de posguerra*.

p. 91: "Laguna" by Manuel Rojas from *El bonete maulino y otros cuentos* © Editorial Universitaria, S.A.

p. 92: "Santiago Calatrava: La construtión de una leyenda" by Ana Cristina Reymundo from *Nexos*, April–May 2004.

p. 94: "Un arriesgado proyecto de TV," *Prensa Libre*.

p. 96: "Baladas de la frontera" by Louis Werner reprinted from *Américas*, a bimonthly magazine published by the General Secretariat of the Organization of American States (OAS). Used by permission.

UNIT III Writing

p. 105 (top): *Sin camino*, José Luis Castillo-Puche, p. 67. © 1983 Ediciones Destino, S.A., Madrid, España.

p. 106 (top): *La familia de León Roch* by Benito Pérez Galdós, p. 201. © 1972 Alianza Editorial, S.A., Madrid, España. (bottom) *Crónica de una muerte anunciada*, Gabriel García Márquez, pp. 31–32. © 1981 Editorial La Oveja Negra, Bogotá, Colombia.

p. 107 (top): *El sueño de los héroes*, Adolfo Bioy Casares, p. 112. © 1976 Alianza Editorial, Madrid, España.

p. 108 (top): *Sin camino*, José Luis Castillo-Puche, p. 140. © 1983 Ediciones Destinolibro, S.A. Barcelona, España. (bottom) "Arranca el primer congreso de ecourbanismo" from *El Volero, San Juan* © 2002 Caribbean International News Corp.

p. 109 (top): "La extraña fuga de Iván Grober" by L.M. Albamonte, from *Cuentos fantásticos argentinos*, p. 30–31 © 1960 Emecé Editores, S.A., Buenos Aires, Argentina. (bottom) "Una celebración cultural desde cuatro puntos" from *El Comercio (Ecuador)* www.elcomercio.com.

p. 110 (top): "El leve Pedro" by Enrique Anderson Imbert, from *Cuentos fantásticos argentinos*, p. 31 © 1960 Emecé Editores, S.A., Buenos Aires, Argentina. (bottom) "Ahora, como antes, encontrar a un trabajo…" from *El Comercio (Ecuador)* www.elcomercio.com.

p. 111 (bottom): "Elena Poniatowska: Entrelíneas de los olvidados" by Elizabeth Coonrod Martínez reprinted from *Américas*, a bimonthly magazine published by the General Secretariat of the Organization of American States (OAS). Used by permission.

p. 112 (bottom): "Desfile de ciencia en el Carnaval de Rio" reprinted from *Américas*, a bimonthly magazine published by the General Secretariat of the Organization of American States (OAS). Used by permission.

pp. 113, 115 (top), 116 (top): "El secreto" by Eusebio Ruvalcaba from *Todos los niños* © 1997 Primera edición.

p. 114: "Los naipes: las cartas rectangulares con el diseño de una cara tienen su historia" by Rosana Ubanell from *American Airlines Nexos* © 2002 American Airlines Publishing Grupo.

p. 117: "El fantasma del patio" by Manuel Rojas from *Obras completas de Manuel Rojas* © 1961 p. 111. Empress Editora Zig-Zag, S.A.

pp. 118 (bottom), 120 (top): "Laguna" by Manuel Rojas from *El bonete maulino y otros cuentos* © Editorial Universitaria, S.A.

p. 120 (bottom): "El calzado invernal" from *Hoy* de Nueva York, January 5, 2006.

p. 122: "Pequeños fotografos" by Claudia Munaiz from *Prensolibre.com*

p. 124 (top): "Isabel Allende" by Jorge Ramos from *Detrás de la máscara* © 1998 Jorge Ramos Ávalos and Editorial Grijalbo, S.A. de C.V. (bottom) "Lo que vi" by Jorge Ramos © 1999 Jorge Ramos Ávalos and Editorial Grijalbo, S.A. de C.V.

p. 125 (bottom): "¿Y dónde queda San José de las Matas" Freddy Ginebra Giudicelli from *Antes de que pierda la memoria* © 2003 Freddy Ginebra Giudicelli.

p. 127 (top), p. 129 (top): "Chichén Itza" from www.terra.com

p. 128 (top): "El charlestón" by José Donoso from *La nueva narrativa hispánica* © 1971 Seix Barral.

p. 129 (bottom): "La fotografia y la lectura" by Pedro Salinas from *La responsabilidad del escritor y otros ensayos* © 1961 Editorial Seix Barral.

p. 130: "La ceguera" by Jorge Luis Borges from *Antología del ensayo español, hispanoamericano y puertorriqueño siglo XX* © 1990 Tercera Edición and Editorial Plaza Mayor, Inc.

p. 131: "Viva FM" by Mark Holston reprinted from *Américas*, a bimonthly magazine published by the General Secretariat of the Organization of American States (OAS). Used by permission.

p. 132 (top): "Museo Tumbas Reales de Sipán" from www.comunidadandina.org

p. 133: (top) "Telediario" from *Telediario.com* (bottom): "El paseo" by Calvert Casey from *Cuento cubano del siglo XX Antologia* © 2002 Fondo de Cultura Económica.

p. 134 (bottom): "La intimidad de Mario" from *El País*, December 15, 2005.

p. 135 (top): *Y Matarazo no llamó...* by Elena Garro © 1989 Elena Garro © 1991 Editorial Grijalbo, S.A.

p. 140: "Recordemos al Libertador" from *El Comercio*, Lima, August 11, 1996.

p. 141: "Crece más del doble el número de medios hispanos editados en EEUU" from Elmundo.es

p. 143: "La campaña 'Mira por los demás' recoge 5.000 gafas para reciclar y reutilizar en países subdesarrollados" from Elmundo.es.

p. 144: "Publicidad de television afecta la nutrición de los niños" from Diariofrontera.com, December 11, 2005.

p. 157: (top) "Guatemala – El nivel más alto de desnutrición" © *Ecos de España y Latinoamérica* July 2002, www.ecos-online.de. Used by permission. (bottom): "América Latina – Bajísimo gasto educativo" © *Ecos de España y Latinoamérica* July 2002, www.ecos-online.de. Used by permission.

p. 159: (top) "Chile destila el aire" © *Ecos de España y Latinoamérica* June 2003, www.ecos-online.de. Used by permission. (bottom) "Zorita, la central nuclear que divide a España" © *Ecos de España y Latinoamérica* December 2002, www.ecos-online.de. Used by permission.

p. 161: (top) "'Toque de queda' en Canarias" © *Ecos de España y Latinoamérica* February 2002, www.ecos-online.de. Used by permission. (bottom) "España protege de la television a los niños" © *Ecos de España y Latinoamérica* January 2005, www.ecos-online.de. Used by permission.

p. 163: "Teresa Perales: campeona paralímpica y parlamentaria" © *Ecos de España y Latinoamérica* December 2004, www.ecos-online.de. Used by permission.

p. 164: "Eva la Yerbabuenaa – El flamenco desde dentro" © *Ecos de España y Latinoamérica* March 2002, www.ecos-online.de. Used by permission.

p. 166: (top) "Zaragoza se entrega a la Virgen del Pilar" © *Ecos de España y Latinoamérica* October 2005, www.ecos-online.de. Used by permission. (bottom) "Carnaval en Lantz" © *Ecos de España y Latinoamérica* February 2005, www.ecos-online.de. Used by permission.

p. 168: (top) "Uruguay: El tesoro hundido en el mar" © *Ecos de España y Latinoamérica* April 2002, www.ecos-online.de. Used by permission. (bottom) "En breve – Perú: Otro mundo bajo Cuzco" © *Ecos de España y Latinoamérica* August 2003, www.ecos-online.de. Used by permission.

p. 170: "¿Libros o refrescos?" © *Ecos de España y Latinoamérica*, November 2002, www.ecos-online.de. Used by permission.

p. 171: "¡eureka!, la primera revista gratuita de divulgación científica" by Charo Marcos from www.elmundo.es.

p. 173: "Papalote: Aprender y disfrutar" © *Ecos de España y Latinoamérica*, February–March 2004, www.ecos-online.de. Used by permission.

p. 174: "Un museo con pulso de vida" by Joyce Gregory Wyels from *Américas*, a bimonthly magazine published by the General Secretariat of the Organization of American States (OAS). Used by permission.

p. 176: "Cuando hay buena cultura, hay buena comida" by Ana Laura Valle A. from *Geomundo*, June 2002.

p. 177: "La Patum de Berga" from www.elcultural.es.

p. 179: (top) "Famillias paraguas en Navidad" © *Ecos de España y Latinoamérica* December 2003, www.ecos-online.de. Used by permission. (bottom) "Vivir en compañía" © *Ecos de España y Latinoamérica* September 2003, www.ecos-online.de. Used by permission.

p. 182: "Bolivia: Nuevas especies en las Yungas" © *Ecos de España y Latinoamérica* September 2003, www.ecos-online.de. Used by permission.

p. 183: "Tragedia ecológica en Chile – Mueren cisnes en reserva natural" by Hernán Neira © *Ecos de España y Latinoamérica* September 2003, www.ecos-online.de. Used by permission.

p. 185: (top) "Mapuches en pie de guerra" © *Ecos de España y Latinoamérica* February 2002, www.ecos-online.de. Used by permission. (bottom) "Congreso indígena en defensa de sus derechos" © ECOS de España y Latinoamérica December 2004, www.ecos-online.de. Used by permission.

p. 187: "Antonio Machado" © *Ecos de España y Latinoamérica* March 1998, www.ecos-online.de. Used by permission.

p. 188: "Natalia Toledo: Poetisa en español y zapoteco" © *Ecos de España y Latinoamérica* December 2004, www.ecos-online.de. Used by permission.

p. 190: "Embrujo en las ollas" by Marjorie Ross from *Nexos*, October–November 2002.

p. 191: "Sabor y alma sudamericana" by Jack Robertiello from *Américas*, a bimonthly magazine published by the General Secretariat of the Organization of American States (OAS). Used by permission.

p. 193: "Jóvenes" by Santiago Gamboa from *Cambio*, May 2, 2005.

p. 194: "La soledad de la nueva «generación»" by Maria José Pérez-Barco from *ABC Domingo*, November 27, 2005.

p. 196: "Calle Olvera" by Alejandra y Fabrico Espasande from *Nexos*, December 2005/January 2006.

p. 197: "La mitad del mundo se desplaza" from *Américas*, a bimonthly magazine published by the General Secretariat of the Organization of American States (OAS). Used by permission.

p. 199: "Libros viejos" by Arturo Pérez-Reverte from *Con ánimo de ofender*.

p. 200: "La extinción de los libros" by Luis Aguilar León from *Todo tiene su tiempo*. © 1997 Ediciones Universal.

UNIT IV Speaking

p. 226: "Ecuador – Restauran el malecón en Guayaquil" by Vanessa Pittaluga © *Ecos de España y Latinoamérica* March 2003, www.ecos-online.de. Used by permission.

p. 228: "Empleo para adultos mayores" by Mary Cárdenas from *Vive*, October 2005.

p. 230: "Juanes" by Covadonga Jiménez © *Ecos de España y Latinoamérica* December 2003, www.ecos-online.de. Used by permission.

p. 232: "250 guardias elaboran un censo" from www.elmundo.es 1/1/2006.

p. 234: "En el idioma de las telenovelas" by Lucia Castro from www.lanacion.com.ar.

p. 236: "Potosí: Bolivia suspendida en el tiempo" by David Adams from *Nexos*, October–November 2005.

p. 238: "Paco de Lucía—El maestro de la guitarra flamenca" by Covadonga Jimenez © *Ecos de España y Latinoamérica*, October 2004, www.ecos-online.de. Used by permission.

p. 240: "Campsinos, a cocinar con gas" by Redacción de *El Pais* from *El País* (Santiago de Cali) November 28, 2005.

p. 242: "El 'salto de Ángel'" © *Ecos de España y Latinoamérica* May 2003, www.ecos-online.de. Used by permission.

p. 244: "Revisar *El Quijote* exige una actitud modesta" from *Cambio*, May 2, 2005.

p. 246: "El español en Estados Unidos" by Virginia Azañedo © *Ecos de España y Latinoamérica* September 2003, www.ecos-online.de. Used by permission.

p. 248: "Flores para el mundo" by René Steinitz © *Ecos de España y Latinoamérica* August 2002, www.ecos-online.de. Used by permission.

p. 251: "Recuperar sabores del pasado" © *Ecos de España y Latinoamérica* June 2003, www.ecos-online.de. Used by permission.

p. 253: "Javier Marías presenta su nueva novela" © *Ecos de España y Latinoamérica* January 2003, www.ecos-online.de. Used by permission.

p. 255: "Delicias conventuales" by Majorie Ross from *Nexos*, December 2005.

p. 257: "José Carreras: Una de las voces mas hermosas del siglo…" © *Ecos de España y Latinoamérica*, www.ecos-online.de. Used by permission.

p. 259: "Los productos ecológicos despegan en España" by Cristina Graus from *El Semanal*, November 27, 2005.

p. 261: "Joan Manuel Serrat: Música desde el corazón" by Covadonga Jiménez © *Ecos de España y Latinoamérica* February 2005, www.ecos-online.de. Used by permission.

p. 263: "Las castañuelas españolas" by Gaby Herzog © *Ecos de España y Latinoamérica* January 2001, www.ecos-online.de. Used by permission.

p. 266: "César Vallejo: El gran poeta peruano" by Bárbara Moreno García © *Ecos de España y Latinoamérica* December 2003, www.ecos-online.de. Used by permission.